杨晔——译

世界の歴史13
東南アジアの伝統と発展

后浪

东南亚的传统与发展

〔日〕石泽良昭 〔日〕生田滋 著

民主与建设出版社
·北京·

目　录

第五章　迈向繁荣的东南亚古典世界
——13 世纪前的中南半岛 / 115

序章——东南亚概况

东南亚

如今大家对"东南亚"这个词并不陌生。关于"东南亚"的范围,现在已基本达成共识。不仅是在日本,即便在东南亚各国以及欧美各国也取得共识,即东南亚地区包括缅甸、泰国、老挝、柬埔寨、越南、菲律宾、文莱、马来西亚、新加坡、印度尼西亚、东帝汶。当然,这是政治层面上的划分,与文化层面上的划分多少有些不同。例如,印度尼西亚的伊里安查亚省从语言、民族、文化的特征来看,并不属于东南亚文化圈,而是属于美拉尼西亚。这些细节不再赘述,我们姑且粗略地将东南亚地区定义为上述 11 个国家。

"东南亚"一词从何而来?有何渊源?关于这些问题,有很多有趣的说法。不过,这些都属于近现代如何认识东南亚这一问题的范畴,在此我们暂且不做深入探讨。

东南亚的地理范围

从地理位置上来看，东南亚与南亚的分界线起于喜马拉雅山脉东端，经巴特开山脉、那加丘陵、阿拉干（若开）山脉，一直延伸到安达曼群岛、尼科巴群岛。分界线以西是南亚，印度文明支配着居住在南亚土地上的人们的生活。

接着是东南亚与东亚的分界线。在喜马拉雅山脉的东端，几座南北走向的山脉并排耸立，几条河流从北向南流淌于峡谷之间。东边是广阔的云贵高原（大致为云南省和贵州省的高原地带），再向东绵延着南岭山脉、武夷山脉。从地理上来说，东南亚和东亚的分水岭就是云贵高原及其东侧绵延不断的一系列山脉。分水岭以北是长江流域和黄河流域，这里历史悠久，孕育了华夏民族，也由此诞生了华夏文明及以其为核心的中国文明。大约在公元前3世纪，华夏族开始越过此分水岭向南挺进，统治了南部大部分地区。从这个意义上来说，现在缅甸、老挝、越南各国与中国的国界线，其实就是当时华夏族南下的界限。这些国界线在19世纪末被确定为如今东南亚与东亚的边界线。换而言之，东南亚与东亚的边界并非地理上的划分，而是政治上的划分。

为了慎重起见，我们来看看东南亚的东侧边界线，它始于中国台湾，经菲律宾群岛东部，一直延伸到马鲁古群岛。边界线东边是密克罗尼西亚群岛，即被称作"小岛群岛"的一群岛屿。再往东是波利尼西亚，即被总称为"多岛群岛"的一群岛屿。此外，东南亚的东南面是美拉尼西亚，即"黑人群岛"。美拉尼西亚是由以新几内亚岛为中心向东绵延的群岛组

成的。密克罗尼西亚、波利尼西亚、美拉尼西亚虽然各自形成
了独特的文化圈，但同时又被统称为大洋洲（Oceania）。美拉
尼西亚的南边是澳大利亚大陆。澳大利亚大陆虽然不在大洋洲
范围内，但将其归到美拉尼西亚进行文化研究更为合适。[①]

　　最后是东南亚的南侧边界线，它是由爪哇岛、苏门答腊
岛等岛屿组成的大、小巽他群岛。边界线以南，无人居住，只
有南极海的巨浪不断拍打着爪哇岛南岸。

大陆地区和群岛地区

　　东南亚可以分为大陆地区和群岛地区两大部分。大陆地
区指的是中南半岛，有缅甸、泰国、柬埔寨、老挝、越南。群
岛地区包括马来半岛和多个岛屿，有菲律宾、文莱、马来西
亚、新加坡、印度尼西亚、东帝汶。马来半岛虽然也是中南半
岛的一部分，但因为更接近群岛地区，故而一般将其归为群岛
地区。在本书所涉及的时代，即大致到19世纪为止，在东南
亚，大陆地区各国的大陆性、农业性较强，而群岛地区各国的
海洋性、商业性较强。大陆地区和群岛地区这种分类法，虽然
是权宜之计，但便于研究，所以本书也采用这种分类法，分
别由石泽良昭和生田滋负责编写大陆地区和群岛地区相应的
内容。

[①]　大洋洲本来指"不属于任何大洲的太平洋岛屿"。分为美拉尼西亚、波利尼
西亚、密克罗尼西亚三部分。广义上大洋洲包括澳大利亚、新西兰与新几内亚岛。
本书脚注若未加说明，均为译注。

东南亚大陆地区地形

根据板块构造学说，东南亚位于亚欧板块，印度洋板块从南侧与其相撞。印度洋板块左侧为印度大陆，和亚欧板块碰撞形成喜马拉雅山脉。此外，两大板块的碰撞挤压，还形成了数十条南北走向的山脉，纵跨于喜马拉雅山与云贵高原之间；形成了中南半岛的西侧分界线——巴特开山、那加丘陵、阿拉干山脉。这种碰撞挤压仍在持续，导致山脉海拔仍在上升，峡谷不断加深。但是中南半岛因不受挤压的影响，那里的地质相对稳定。古老的高山被常年侵蚀成略有起伏的丘陵，来自北部褶曲地带的河流流经于此，灌溉着这片丘陵。最西边有巴特开山、那加丘陵、阿拉干山脉，伊洛瓦底江紧挨着从其东侧流过。从掸邦高原向南延伸、贯穿马来半岛的山脉，其西侧是萨尔温江，东侧是湄南河。再往东一直向南延伸的是长山山脉（安南山脉）。它北连云贵高原，西侧是湄公河，东侧是红河。

从地形来看，大陆地区大致可以分为山地、平原和三角洲三部分。山地，即上文中的山脉和丘陵；平原指伊洛瓦底江、湄南河、湄公河以及红河流域的平原地带；三角洲指伊洛瓦底江、湄南河、湄公河以及红河入海口的平坦宽阔地带。

东南亚群岛地区地形

印度洋板块向着东南亚所在的亚欧板块南部俯冲，由此形成了大、小巽他群岛，岛上火山带连绵不断。东侧的菲律宾海板块俯冲到亚欧板块下方，由此形成了菲律宾群岛，同样火山带连绵不断。总之，板块俯冲而形成的大、小巽他群岛和菲律宾群岛上山脉绵延，火山和温泉星罗棋布。另外，各地零散分布着盆地，海岸线附近有延伸开来的平原。另一方面，位于群岛地区中心的加里曼丹岛（婆罗洲）和苏拉威西岛两大岛屿以及周围的众多小岛，地质相对稳定。

群岛地区大致可以分为高地和低地。高地有贯穿大、小巽他群岛和菲律宾群岛的山脉，加里曼丹岛、苏拉威西岛中央的山地，以及在其山麓延展开来的高原地带。低地是指海岸线附近的平原和零海拔地带，主要集中在苏门答腊岛东海岸和加里曼丹岛上。岛屿上没有大江大河，所以三角洲的规模并不大。

围绕岛屿四周的安达曼海、南海、爪哇海、苏禄海、西里伯斯海、班达海等海域，几乎都是浅水高温的海域。因此，这里海产丰饶，人们依靠发达的渔业生活。而且，该区域没有台风，海浪平稳，驾着简易小舟也能出海远航。自古以来，人们便通过海路往来，文化的传播也得以频繁起来。

季风气候

东南亚大致位于东经93°—141°、北纬23° 30′—南纬10°的热带地域，地理位置相对于日本而言，略靠西。提到东南亚，人们的印象首先是"全年高温潮湿"。的确，东南亚地区常年没有降雪，也无四季变化，中南半岛尤其内陆地区最高气温经常在40℃以上。但是在海拔稍高的地方，会感到出奇的凉爽，甚至是冷，给人一种不是东南亚的错觉，当地人身着毛衣也会冻得瑟瑟发抖。旱季的东南亚气候干爽宜人，但是一到雨季，就会变得湿热。印度尼西亚在雨季时期，即使是有太阳的天气，空气湿度也近于100%，衣服晒不干。

这种与日本迥异的气候变化是由季风（monsoon）的变化引起的，因此这种气候便叫作季风气候（monsoon climate）。东南亚地区是典型的季风气候。关于东南亚的季风，笔者将引用铃木秀夫的观点进行说明。

东南亚的风

东南亚的季风气候是由赤道附近环绕地球一周的"赤道西风"带来的。赤道西风中聚集着大块大块的空气团，也被称为"赤道气团"。赤道西风覆盖面并不那么大，且温度较低。它在到达东南亚前经过印度洋时，充分吸收了印度洋洋面上空的水蒸气。因此，赤道西风在东南亚一遇上高山阻挡，便立刻形成强降雨。另外在平原，地表吸收太阳热量后，热辐射到空中，使近地表空气温度升高，形成上升气流，也会出现积雨云，下起那种短时间的强降雨，也就是骤雨。去东南亚旅游的话，一般会有这种别样的体验：雨季时期，上午晴空万里，酷暑难耐；一到下午，一望无际的天空云团滚滚，暴雨骤起，四周漆黑一片。但是这场骤雨不会持续太久，最长30分钟或1小时，便会放晴。雨后的温度，凉爽宜人。孩童声、鸟鸣犬吠和汽车的声音，瞬间清晰入耳。这时天色已晚，光线微暗。在东南亚的严酷气候里，一阵骤雨之后，确实有令人心情舒畅的一瞬。

当北半球到了夏季时，赤道西风受印度洋南部产生的高气压影响，向北推进，大致经过东南亚的北半部。因此在这个时期的这片区域，赤道西风强劲，形成雨季。而东南亚的南半部，自东面的南太平洋高气压带吹来的干燥的东南风盛行，形成旱季。

当北半球进入冬季时，亚欧大陆上的西伯利亚高气压逐渐增强，将赤道西风一直向南推进。这一时期东南亚地区的南半部受赤道西风影响显著，形成雨季。而在北半部，从阿留申低气压（与西伯利亚高气压相对应的气压名称，实际就是北太平洋高气压，风从北太平洋而来，持续吹向赤道方向）带不断吹来干燥的东北风，形成旱季。

从南太平洋高气压带吹来的东南风和从北太平洋高气压带吹来的东北风，风向、风速稳定，自古以来人们航海便借助于它们。因此，这种风被称为"贸易风""信风"。有时也被称为"热带气团"。

东南亚气候带

根据赤道西风的季节变化情况，东南亚地区大致可以分为两个气候带。

第一个气候带是从苏门答腊岛到加里曼丹岛、新几内亚岛等岛屿，也就是北纬10°到南纬5°之间的区域。正如前文所述，赤道西风随季节的变化南下或北上，但这片区域几乎全年受赤道西风影响显著，即全年被赤道气团覆盖。这相当于阿里索夫气候分类下的EE气候带，即把一年分成两个阶段来考虑的话，一年两个阶段都被赤道气团（E）覆盖。所以这里全年都是雨季也是理所当然的。不过，即使在该区域，一年中雨季特征明确体现出来的地区也是西半部，也就是从苏门答腊岛、马来半岛，一直到加里曼丹岛；其东部的苏拉威西岛则体现了下文将要谈到的热带季风气候带特征。再往东，赤道西风再次吸收海上的水汽，使新几内亚岛呈现全年雨季的特征。根据这种特征，我们称这个气候带为湿润气候带。具体来说，除了菲律宾群岛和爪哇岛东部以东的区域之外，群岛地区几乎都属于湿润气候带。

　　第二个气候带是除上述地区之外的东南亚，相当于阿里索夫说的 ET 气候带。这片地区有半年被赤道气团（E）覆盖，余下的半年时间被热带气团（T）覆盖。所以，这里吹赤道西风时为雨季，吹东北、东南贸易风时为旱季。因此这片地域被称为热带季风气候带，也称季风气候带。具体来说，东南亚大陆地区、菲律宾群岛以及爪哇岛东部以东的地区属于热带季风气候带。

东南亚的植被

　　在遭受人类大规模破坏之前，从东南亚大陆地区的北半部绵延至东亚南部的山岳地带覆盖着有"暖温带常绿林"之称的森林。为使大量降水迅速流走，暖温带常绿林的树木长着表面覆盖角质层而有光泽的叶子。代表树种有茶树、山茶树、柿树等。在日本，多称其为照叶[①]树林。构成照叶树林的树种，多数会结出数量众多、营养丰富的果实。

---

① 日语的照叶，即常绿阔叶。

照叶树林在北方的平原也有分布，而南下进入热带季风气候带之后，其分布仅限于高地，平地则广布热带落叶林，也叫作季风林。不过，由于降水量的不同，植被情况也迥然不同。在降水量极少（年降水量800毫米左右，甚至更少）的地区，低矮的落叶树、半落叶树稀疏，稻科植物茂盛，形成稀树草原。降水量稍大（1200毫米左右）的地方，覆盖着典型的热带落叶林，树高20～25米，雨季时叶片长出，旱季时叶片脱落，以免受干旱之害。树种有龙脑香科树木、柚木、紫檀、黑檀、花梨等。一旦热带落叶林遭到人类大规模破坏，因气候条件恶劣而难以再生，大多就会变成稀树草原。如果降水量再增加，常绿树就会逐渐增多，接近热带雨林。这被称为热带常绿季节林（季雨林）。其树木高达30米甚至50米，树种丰富，以龙脑香科为主，还有豆科、木兰科、樟科、桑科、山茶科等。另外，竹类丰富也是一大特征。

热带雨林

提起"东南亚"，大家很容易想到"热带雨林"。一般说到热带雨林，总的是指"常绿季节林"和接下来叙述的"热带低地雨林"。热带低地雨林（以下简称"热带雨林"）虽然是湿润气候带的代表性森林，但湿润气候带并非完全被热带雨林覆盖。热带雨林在海拔稍高、赤道西风作用明显、降雨量多的地方遍布。在海拔更高的地区，高地林茂盛；在海拔更低的地区，常绿季节林分布广泛。

热带雨林由三层高度各异的植被组成，最高的A层以龙脑香科为主，由豆科等多种树木构成。树干几乎无分枝，顶端是较小的菜花形树冠。树木较高的有 30 米以上，也有高达 60 米甚至 70 米的。这些树木仿佛星星点点地从 B 层伸出来似的。B 层由樟科、橄榄科、楝科、山毛榉科等树木构成，比 A 层稍低，树冠紧密相连，从上空俯视，完全看不到地面。C 层更低一些，由大戟科、茜草科、桑科等树木构成。这些树上缠绕着各种藤蔓植物，也有兰、羊齿等很多寄生植物。因为这些树冠密密麻麻，所以阳光被遮蔽，林中光线昏暗。雨水也几乎被树冠挡住。通风差，因此湿度接近 100%。落叶来不及腐烂入土就已被蚂蚁等昆虫分食。

沼泽森林与红树林

在群岛地区的低地，从内陆到海岸，遍布沼泽森林和红树林。沼泽森林分布在低洼湿地，由树皮为白色的白千层构成，那里还有莎草和白茅。在内陆地区，这些树木倒下之后堆积在低洼湿地，但是因为这里的水酸性强，所以倒下的树木不易腐蚀，逐渐形成泥炭。但是河流近处酸性弱，倒下的树易腐蚀，枯树就被分解成泥土。距离海岸更近的地方，潮汐引起海水倒灌，红树林茂盛。红树林主要由红树科、使君子科、楝科等根系特殊的树木组成。

东南亚的动物

东南亚的植被极其复杂，与之相应，东南亚的动物也多种多样。笼统来讲，华莱士线以西是包括印度等在内的东洋界的一部分，哺乳类动物除猩猩等类人猿外，印度象、虎、鹿、犀牛等动物也不少。与此相对，华莱士线以东的澳大利亚界，几乎看不到类人猿，但像极乐鸟这样色彩鲜艳的鸟类物种丰富。自然而然，19世纪博物学家阿尔弗雷德·拉塞尔·华莱士通过研究东南亚纷繁复杂的动植物样态，萌生了进化论的构想。海洋、江河中不仅鱼类资源丰富，儒艮等哺乳类、玳瑁等龟类也很多。

东南亚的矿物资源

提到东南亚的矿物资源，脑海里首先浮现的是石油，但石油资源的重要性凸显是19世纪末以后的事了。在本书所涉及的时期，东南亚各地黄金的数量虽然不多，但黄金的生产却很重要。除此之外，银、锡、铜、铁等资源在各地均有出产，但没有所谓的大矿山，像沙金那样的沉积矿床很多。我想指出的是，正因为如此，使用原始技术生产并非难事。

第一章　东南亚历史的曙光

东南亚的史前时代

巽他陆架和莎湖陆架

　　玉木冰期是距今约 5 万至 2 万年前的最后一个冰期，当时众多的河流冻结成冰，导致地球整体海平面降低。因此在东南亚，海平面比现在约低 150 米，东南亚群岛地区与南海、爪哇海的大部分区域组成了有"巽他陆架"之称的巨大陆地，与大陆地区连为一体。在它的东面，是今澳大利亚大陆与新几内亚岛连为一体的广阔的莎湖陆架。巽他陆架与莎湖陆架之间的海域因华莱士得名，被称为华莱士区。菲律宾群岛、苏拉威西岛、马鲁古群岛、小巽他群岛散落其中。

　　这一时期全球变冷，但南亚、东南亚，还有大洋洲位于热带，包括阿拉伯海和孟加拉湾的印度洋面积变化不大，因此其气候即便没有现在这么热，也相当温暖。考虑当时的植被，可以认为热带西风与沿着巽他陆架西海岸、南海岸分布的今阿拉干山脉、马来半岛，以及由高大山脉构成的大、小巽他群岛撞上，引起大量降雨，形成了茂盛的热带雨林。虽然在巽他陆架内部，也有局部地区因大量降雨形成茂盛的热带雨林，但大部分地区降水量稀少，形成了茂盛的热带稀树草原、落叶阔叶林、常绿季节林。因流入缩小的南海、班达海的大河流速较快，虽然一般认为在其流域内一定程度上有沼泽森林、红树林分布，但范围一定是有限的。赤道西风进一步向东推进，即使通过华莱士区，在那里吸收的水蒸气也较少，所以莎湖陆架上广为分布的是落叶阔叶林或稀树草原。

在这样的环境条件下，在东南亚大陆地区或者在东南亚大陆地区延伸地带的巽他群岛上，生活着什么动物呢？从整体来看，当然和现今的东南亚差别不大，但是在热带稀树草原或者落叶阔叶林带，可以看到许多如今在少数地区才能看到的野牛等大型草食动物。当然，像鹿、猪这样的中型动物也很多，以它们为食的虎类想必也不在少数。

东南亚的原住民

东南亚与非洲并称为人类进化的重要舞台，这一点由爪哇猿人那样的直立猿人化石的发现可以得知。继直立猿人之后不久，现代人类的直接祖先——新人[①]定居了下来。他们是旧

[①]　新人是晚期智人的旧称、俗称。

石器文化的缔造者。其中定居在莎湖陆架的人们，在适应环境变化中进化，变成了澳大利亚原住民和居住在新几内亚岛及其东侧群岛的美拉尼西亚人。他们被统称为澳大利亚土著居民。另一方面，定居在巽他陆架的人群中，为适应热带雨林生活环境而变矮的人群被认为是现在的尼格利陀人的祖先。他们身材矮小，男性平均身高 1.5 米，女性 1.4 米，皮肤黑褐，鬈发，基本上过着采集狩猎的生活。另外，适应海边或潮湿地带生活的人群是现在所谓的原始马来人的祖先。他们和尼格利陀人一样，皮肤黑褐，鬈发，但身材比尼格利陀人高。他们主要生活在小巽他群岛。

蒙古人种

居住在今天的东亚、东南亚、北亚的大部分居民以及南北美洲大陆上的原住民，构成了蒙古人种这一大人种。蒙古人种黄皮肤，直发，多为单眼皮，是为适应冰河时期严酷气候而诞生的人种。

现在的蒙古人种大致可分为北方类型和南方类型。笼统来说，北方类型为日本民族和汉族等生活在温带、亚寒带、寒带的人群，身材较高，面部扁平，手足短小。这是为了适应严寒，尽量减少身体热量流失。南方类型为生活在现在中国南部的少数民族以及居住在东南亚的人群。他们的肤色比北方类型深，这样能使身体免受强烈阳光的伤害。另外，他们身材较矮小，手脚长。这是为了便于身体散热。

蒙古人种大概是什么时候移居到东南亚地区的？对此，

当然没有定论。这种移居也不是一蹴而就的，而是经历多次大的浪潮，其间一直持续地迁徙。泰国、马来半岛、苏门答腊岛、加里曼丹岛、苏拉威西岛等地，都有被统称为古蒙古人种的人群居住，他们被认为是蒙古人种中最早定居在东南亚地区的人群的后代。他们现在的居住地，基本上仅限于巽他陆架区域。据此，可以认为大概在巽他陆架和莎湖陆架还是陆地的时期，他们的祖先就迁移到了巽他陆架。

地球变暖与东南亚

地球气候开始变暖，玉木冰期结束，大概是在12000年前。此后，气候越发温暖而湿润，大概在距今1万年到7000年前，即公元前5000年左右，全球平均气温比现在高1～2℃。现代人类的祖先晚期智人，为了适应这种逐渐温暖湿润的气候，不再猎捕因气候变化而渐渐消失的大型食草动物，取而代之的是猎捕小型食草动物和鸟类等，并且不得不更多依赖植物类的食物。为此，他们研发了弓箭、陶器、带子和绳子等纤维制品的制作技术和使用方法，由此诞生了新文化。这就是新石器文化。

地球气候变暖，随之而来的是冰河融化汇入大海，海平面上升。由此，南海、华莱士区的海域逐渐扩大，浅海蔓延至此前曾为陆地的大陆架上，大河流过平坦的土地，注入浅海。因此，河流流速变缓，流域内水涝地带和湿润地带扩大，沼泽森林和红树林变得茂盛。不久，大陆地区与群岛地区分离，赤道西风可以在南海、爪哇海域再次吸收水蒸气，东南亚整体上由热带稀树草原转变为落叶阔叶林，又由落叶阔叶林转变为常绿季节林。另外，加里曼丹岛的降雨量增加，这里的热带雨林变得茂盛。如此这般，东南亚的大陆地区、群岛地区开始被各种森林覆盖。

在这种情况下，当地居民的生活发生了变化。当之前树木稀少、草原辽阔的环境变为湿润、森林茂密的环境后，野牛等大型食草动物消失了，鹿、山羊和猪等中型食草动物的数量也减少了。东南亚的植被种类丰富，尤其是竹、藤等植物很容易获取，所以人们首先考虑充分利用这些植物资源。他们拍打树木内皮，使其薄薄地延展开来，制成一种叫塔帕的布；利用竹、藤制作陷阱装置；利用含有生物碱的毒草制作毒箭头使用。箭头不需要是石镞，只要把竹子前端削尖，制成竹制吹箭就已足够。就这样，人们使用简单的工具，捕获小动物、鸟、鱼类和贝类，由此轻松获得了必需的蛋白质。东南亚主要的家禽家畜——猪、狗、鸡等的饲养大概到这时候也已经开始了。

根栽农耕文化

人类的生存离不开蛋白质、脂肪与碳水化合物。东南亚居民为了补充碳水化合物，大概试吃了各种随手获得的果实和薯类，其中香蕉类的野生种很重要。大概是因为其含有丰富的淀粉，而且随处可见，更重要的是果实无毒。

现在我们食用的香蕉是没有籽的，但野生的有籽。个别植株发生基因突变长出没有籽的果实，经人类挑选，最终培育出稳定、果肉多且无籽的香蕉品种，即现在香蕉的祖先品种。

如果这种作业发生在房前屋后的菜园里，听起来倒也不错，但实际上大概是在垃圾场里经过很长时间完成的。像这样，人工培育出的栽培用的品种，叫作栽培种，培育栽培种这一过程叫作栽培化。香蕉的栽培化是在如今的马来半岛附近推进的。

就像食用香蕉类一样，人们也开始食用被统称为山药（薯蓣）类的多年生薯类。山药类在日本是指野山药（日本薯蓣）、家山药，但热带品种的山药类块茎个头之巨大，是日本的野山药、家山药无法比拟的。包括山药类在内的薯类，为了应对旱季，在根部即块茎处储存碳水化合物。所以，必须是在雨季和旱季分明的热带季风气候带，才能长出有食用价值的薯类。也就是说，最开始食用山药类的地方，是属于热带季风气候带的东南亚大陆地区，尤其是山地。

包括山药类在内，薯类基本上都具有毒性。吃山药泥时，嘴边沾到的话就会痒，而引起这种症状的就是毒素。食用山药类时，只要将其刨成细条之后，用香蕉的大叶片包起来，通过石烤或蒸煮加热一下就可以祛除毒性了。

一般认为，人类很早就开始食用香蕉类、山药类食物。然而经过相当长的时间之后，人类才开始食用芋头类。日本的芋头属于其中的温带品种之一。而芋头类的热带品种，其个头之大是日本芋头无法比拟的。因为芋头类植物在湿地野生，所以它的栽培化应该是在山麓有水源的地方实现的。中尾佐助认为，山药类的食用开始于热带季风气候带的大陆地区山地西部。从无人食用生芋头这一点也可得知，芋头类植物有很强的毒性。当然，只要加热毒素就会消失。不过，人类首先要筛选出来毒性小的芋头，再经过烹调使之能够食用，这一过程就很漫长了吧。

除此之外，甘蔗也是东南亚非常重要的栽培作物。只不过甘蔗的食用开始于新几内亚岛，引入东南亚的是已被栽培化的甘蔗。甘蔗为开花做准备，在茎秆里储存了糖分，所以不受旱季、雨季的气候影响。因此也能在湿润气候带栽培。当然，当时也不是用于制作砂糖，而是直接啃着吃的。

这样在东南亚，属于热带季风气候带的大陆地区的山地，形成了香蕉类、山药类、芋头类、甘蔗类组合栽培的农耕文化，中尾佐助称之为"复合根栽农耕文化"。

中尾佐助指出，复合根栽农耕文化（以下简称"根栽农耕文化"）的特征首先是，栽培方式为分根、分株、扦插等，和稻子、小麦等杂粮不同，它们不需要种子。因此，只要有掘棒作为农具就够了，有制作掘棒时用的利器石斧即可。栽培场所可以是房屋周围的菜园，或者充其量有块火田就够了。接下来第二个特征就是利用多倍体培育无籽香蕉、毛少的山药、大块茎的芋头。第三个特征是缺少豆类等油料作物。中尾佐助将其列为根栽农耕文化的缺点，然而并非如此，根栽农耕文化正因为是在可通过其他方式获取蛋白质、脂肪的地区发展的，所以才具有这样的特征。还需要指出的是，根栽农耕生产出来的食材，除芋头类外，烹调时并非一定要用陶器。

根栽农耕文化的主力是女性。如此一来，男性狩猎，女性农耕，由此产生了性别分工。

和平文化

在最大限度利用植物资源的根栽农耕文化里，必不可少的利器，主要是可以砍树、建房屋、制作掘棒的石斧等。因此，在大陆地区，人们会将河床上的砾石打损，制成单刃砍砸器，将砾石的一部分研磨制成局部磨制石器，或者将砾石四周仔细打损，制成椭圆形的苏门答腊式石斧等。这种制作石器的文化最初在越南北部的和平发现，所以被称为和平文化。和平文化大概起源于公元前1万年，持续到公元前5000年。发展开来的形态可见于同样在越南北部发现的北山文化。

人们没有在和平文化遗址发现陶器，认为当时尚未使用陶器。和平文化遗址从大陆地区延伸到马来半岛，即分布在热带季风气候带。而再往南的群岛地区，即湿润气候带却尚无发现。由此可知，和平文化是由创造根栽农耕文化的人们发展起来的文化。另一方面，在群岛地区，人们依然在使用旧石器时代的传统细石器。

照叶树林文化的传播

在诞生根栽农耕文化的东南亚热带季风气候带的北边，广阔分布着暖温带常绿林，即照叶林带。为了方便，下文称其为照叶林带。照叶林带的居民，从南方的根栽农耕文化中引进了薯类培植技术，并尝试运用这种技术实现野生温带品种薯类的栽培化。于是，疏毛魔芋、魔芋等温带地区生长的薯类被食用了起来。不过，这些薯类植物基本上都有毒，为了去除毒性，人们需要对其加热或冲洗。而为了冲洗，需要想方设法造出木制或竹制的各种容器。至于加热工具，陶器必不可少。薯类的食用在低洼地盛行，这里有冲洗所需的大量清水。

薯类经冲洗后被食用，或者用陶器蒸煮，这类技术自然也被传播到了根栽农耕文化地带。这一时期大概是大陆地区开始制作陶器的公元前 4000 年左右。分布在越南北部的多笔文化是在东南亚最早制作陶器的文化，是在和平文化的基础上，受照叶林文化的影响而形成的。芋头类植物加入根栽农耕文化，大概是陶器开始使用之后的事情了。

西谷椰子和海民的诞生

一般认为，创造根栽农耕文化的人们，大都住在大陆地区的山地。从那里到海岸线一带，覆盖着各种森林，不适宜人类生存。但是，走出那里来到海岸就会发现，大风吹走了蚊子等害虫，病原菌被太阳晒死，人类生活有了可能。在海与森林之间的这片极为狭窄的地带（叫作海岸沿线地带），虽然靠渔业很容易摄取脂肪、蛋白质，但很难获得碳水化合物。如果就是这样的环境，是不适宜人类生活的。人们可以在这一海岸沿线地带居住生活，已经是西谷椰子开始被食用之后的事了。

西谷椰子最初为野生，原产地在波斯湾沿岸的某个地方。摘取其腋芽扦插，可以使其繁殖。西谷椰子为了它一生中唯一的一次开花，树干中蓄积着淀粉，所以人们在西谷椰子临近开花时砍倒树干，切开树干掏出纤维质，淘洗获取淀粉。人们之所以会注意到西谷椰子，可能是受甘蔗的启发，它们都有为了开花积蓄碳水化合物的特性。这种从西谷椰子类植物中获取淀粉所需要的淘洗技术，与其说是独自开发出来的，倒不如说是基于照叶林带淘洗薯类的技术发展而来的。

由于开始食用西谷椰子，人们能够在属于湿润气候带的大部分群岛地区生存，这对东南亚历史有着重要的意义。在食用椰子果实里蓄积的纯净汁液成为可能后，海岸线一带人们的活动越发活跃起来。

社会与文化的起源

根栽农耕文化形成后，规模虽小，但人口激增，即产生了人口爆发式增长。与此同时，为了利用有限的营养源养育尽可能多的人们，有必要规范个人的行为，超越家庭的村落单位这一社会组织出现了。这种社会组织同时也是拥有一种文化的共同体。他们创造的社会与文化，现在在印度尼西亚的塞兰岛上的韦马莱人传承下来的神话传说中也可以看到。在此做一简要概括。

据韦马莱人神话传说，最初的人类，是从塞兰岛西边的努努萨库山上生长的已熟了的香蕉果实里出生的。这时这些个香蕉里只有一个尚未成熟的果实，生出了一个名叫萨忒奈①的女孩，她成为人类的统治者。也就是说，在原始社会里，人与神的区别并不明显。人类形成九个家族四处游历，来到了被称为"九之广场"的森林中的一个神圣的广场。当时，有一个名叫阿麦塔（意为黑）的男子。一日，阿麦塔带着狗在森林中打

---

① Mulua Satene，暂译为"萨忒奈"，生活在塞兰岛上的神仙。

猎。他的狗追逐着一头猪，猪跳进池塘淹死了。阿麦塔把猪的尸体捞起来发现，猪的牙齿上粘着颗椰核。这是世界上第一颗椰核。

阿麦塔受到梦的启发，把椰核种下去，转眼间就生长开花了。阿麦塔想切下花做饮料的时候，不小心伤到手指，流的血与花汁混合到一起，生出了女孩。阿麦塔给她取名海努维勒，意为"椰树的枝"。海努维勒很快就长大了，因为她排出的大便是各种各样的宝物，人们很快变得富裕起来。也就是说海努维勒是能创造宝物的富饶女神。

不久，人们举行了一个持续九夜的圆圈舞会，海努维勒站在圆圈的中央，将各种各样的宝物分发给跳舞的人。但是到第九个晚上，人们开始感觉不好，在广场上将海努维勒活埋杀害。也就是说，人们渐渐萌生智慧，对海努维勒身上神秘、不合常理的力量感到恐惧，所以才将其杀害。结果，人们再也不能将无尽的宝物无限地据为己有了。

阿麦塔得知这一消息后，挖出了海努维勒的遗体，切成数块埋在广场四周。然后那里长出了各种各样的薯类植物，此后人们便以薯类植物为主食。这里把海努维勒描述成了即使被人类杀害仍然眷顾人类的形象，但一般认为，原本这个故事讲的是人类杀害了女神，作为惩罚，人类自此以后，只能以从女神尸体上长出的薯类植物为食物。到此为止的记载，其背景是人们有以下的记忆：栽培植物是按照甘蔗、椰子和薯类的顺序实现栽培化的；就像猪的死亡象征的那样，大概气候变暖导致狩猎活动越发艰难。在日本的《古事记》中，须佐之男命被天照大神从高天原流放，他去拜访大宜都比卖神乞求食物的时候，因为大宜都比卖神从鼻、口、臀取出各种食物劝他吃，所以须佐之男命一怒之下杀死了大宜都比卖神。这时她的眼睛生出稻子，耳朵生出谷子，鼻子长出红豆，阴部长出小麦，臀部长出大豆。有记述说，这就是作物种子的起源。另外《日本书纪》对五谷神也有着类似的记述。天照大神就相当于萨忒奈，大宜都比卖神即五谷神，相当于海努维勒，这些都是一目了然的。

阿麦塔唯独没有埋葬海努维勒的双臂，将其带到了萨忒奈那儿。阿麦塔痛恨人类。萨忒奈对杀害海努维勒的人气愤不已，她在广场上建了一扇九层螺旋大门，自己则坐在门一侧的大树下。能穿过这扇门的人还是人；不能穿过这扇门的人，变成了各种动物或者死后的灵魂。她用海努维勒的手，殴打那些穿过门的人，让他们从九根或五根竹子上跳过，之后形成了"五团体"和"九团体"这样的社会组织。作为杀害女神的惩罚，人类与动物、死后的灵魂之间的区别自此产生是这部分内容的观点。也就是说，将人类从自然中区分出来，即文化由此诞生。同时，作为惩罚，人类必须经历考验，建立社会组织。简单来讲，这部分内容的观点是，文化与社会随着农耕的开始而诞生。

之后萨忒奈离开了人类，在塞兰岛南面的萨拉法山上成为神灵，并寄居在那里。想去她身边的人必须先死亡。自此开始，人与神彻底分开，神和人不再一起生活。人只有死后才有机会和神一起生活。即，人类的"死"也是和农耕同时开始的。

基础文化的形成

地球寒冷化和蒙古人种南方类型的形成

气候变暖从约 12000 年前开始，在约 5000 年前，即公元前 3000 年左右结束，以此为分水岭，之后寒冷化、干燥化再次开始。这场变化是全球规模的，但不同地区发生的时间和程度有很大差别。在亚热带、温带、亚寒带地区，人们为了应对气候变化，也就是环境恶化，开始发展以谷物栽培为基础的农业。为了最大限度利用有限的资源，人们建设城市，以城市为根据地，对生产和消费进行严格管理，由此诞生了所谓的"文明"社会。大概在这一时期，与东南亚关系密切的长江流域，也诞生了下游的良渚文化、中游的屈家岭文化这些接近城市文明高度的文化。

中国南部山区的居民也随着寒冷化、干燥化，从高处到低处、从北向南依次迁移。这样一来，人们生活的场所或靠近河流或邻近海边，人们开始使用船，海上、水上活动与人们的生活更加紧密起来。这表现在人们开始认为死后的世界在海的彼岸，逝者乘着船前往那个世界，于是船形的棺材开始出现。另外，人们开始认为祖先从彼岸过来也是乘船的，为了和祖先一起生活，得到祖先的庇佑，人们住进船形的房屋。人们慰藉先祖之灵，在葬礼的时候举行"竞渡"，也就是赛船，也是为此。在长江流域以南的中国南部，农历五月初五时，会举行被称作"龙舟节"的龙舟比赛。冲绳的爬龙、

长崎的佩龙 ① 也是这种文化影响下的产物，都从"竞渡"衍生而来。

　　他们往南迁移的过程中，身上原有的南方特征强化了，不久便形成蒙古人种南方类型。公元前 2000 年左右，或者稍晚些时候，东南亚各地已广泛分布蒙古人种南方类型。连马达加斯加岛上的居民中也有蒙古人种南方类型（现在混血变多），其祖先的迁移也是从这一时期开始的。

东南亚的语言

　　东南亚地区的蒙古人种南方类型的分布，大体上可以分为两层来探讨。在地球开始寒冷化、干燥化的初始阶段，居住在东南亚地区的人们属于第一层，即年代相对古老的一层。在群岛地区的人们，使用南岛系的语言，这些语言统称为南岛语系。在大陆地区的人们，使用南亚系的语言，这些语言统称为南亚语系。

　　这里，简单了解一下东南亚语言。东南亚的很

Saya mau belajar Bahasa Indonesia.
我 想 学习 语言 印度尼西亚

多语言都有共同的特征。第一是单词没有词形变化，文章的意思由单词的排列顺序决定。例如，用印度尼西亚语说"我想学习印度尼西亚语"的时候，句中单词顺序为"我、想、学习、语言、印度尼西亚"（参照上面例子）。这样的语言叫作孤立语。与之相对，像英语、法语那样单词词形发生变化的语

---

① 据《长崎市史》，长崎佩龙，起源于 1655 年左右的德川时代。

言叫作屈折语；像日语这样附上助词、助动词使意思明确的语言叫作黏着语。但是东南亚语言，尤其是南岛语系，很多时候为了清楚表达语意，会给单词附着各种接头词、中缀词、接尾词。有时为了使意义得以强调，会把同一个单词叠加使用。比如印度尼西亚语中"Jalan"意为"路"，加上表示动词的接头词"Ber"之后，变成了"Berjalan"，意思是"走路"；"Jalanjalan"意为"散步"。另外，和日语一样，像一"匹"一"头"这样的量词也很丰富（例子省略）。语序基本上是"主语＋谓语（动词）＋宾语"，或者"被修饰语＋修饰语"。比如印度尼西亚语中的"红花"是"bunga（花）merah（红）"。在音韵方面，音节的基本模式是"辅音＋元音＋辅音"。有时候也会缺失前面的辅音或后面的辅音。单词基本上为一到三个音节，双音节居多。前面提到的"bunga"（花）和"merah"（红），都是常用两千词中的词，也都是双音节。

最后想谈一下声调。众所周知，汉语是有声调的，而东南亚的各种语言中，有声调的也不少。南岛语系中的语言都没有声调，但南亚语系中的越南语有声调。只是它并非原本就有声调，而是受台-卡岱语系①影响，才有的声调。台-卡岱语系、藏缅语系②，以及属于同一大语系的汉语，大都有声调。

---

① 即壮侗语系，国外学者常称其为台–卡岱语系。这个语系之前被归为汉藏语系的一个语族，不过现在一些人认为它是一个独立的语系。
② 一般认为是"藏缅语族"，语言系属分类上属于汉藏语系。但本文作者认为是藏缅语系。

南岛语系

群岛地区的南岛语系大致可以有如下分类。另外，括号中所列为现今东南亚各国的通用语言或者主要语言。[①]

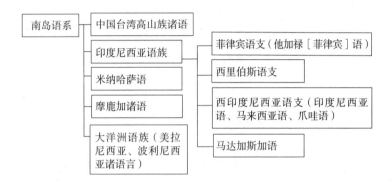

南亚语系

另外，东南亚大陆地区所使用的南亚语系，分类如下：

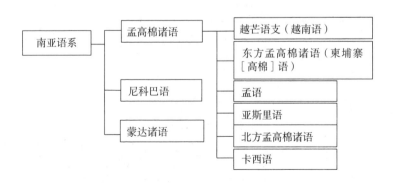

[①]　作者对南岛语系、南亚语系、台-卡岱语系和藏缅语系（族）的分类同中外语言学家的主流分类法似颇有不同，仅代表作者个人观点。

台-卡岱语系和藏缅语系

　　属于年代相对新的第二层的人们，在历史时代开始之时，还居住在现今的中国或者大陆地区北部的山岳地带，大约在七八世纪的时候来到平原地区。他们大致可以分为使用台-卡岱语系语言的人和使用藏缅语系语言的人。如上文所述，这两个语系和汉语共同构成一个大语系。明显特征是属于孤立语、有声调。

　　属于台-卡岱语系的各种语言分类如下：

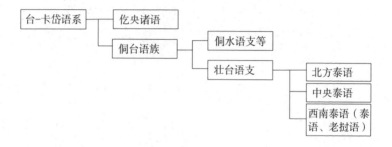

　　属于藏缅语系的各语言分类如下：

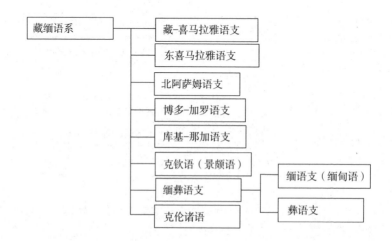

移居波利尼西亚、密克罗尼西亚

距今约 3600 年前，也就是在公元前 1600 年左右，有一群人从东南亚或中国南方的某地出发，定居在今新几内亚岛北岸到俾斯麦群岛一带，形成了独特的文化圈。他们被称为拉皮塔人，他们的文化被称为拉皮塔文化。

拉皮塔文化包括猪、鸡、狗的饲养，香蕉、山药类、芋头类的栽培，陶器制作等技术。他们靠船移居，拥有出色的航海技术。不久，他们就开始从这一地区向波利尼西亚迁移。

大概在同一时期，人们从今菲律宾群岛迁移到密克罗尼西亚。由此可以得知，在此之前，东南亚一带已经出现在海上生活的情形了。

稻作的起源

根据佐藤洋一郎的观点，稻子是在距今约 12000 年前，即地球温暖化、湿润化之初，在长江中下游流域开始种植的。最初在长江流域栽培的是粳米，相当于现在日本水稻的祖先。通过栽培生产出来的米味道好、营养均衡，热量上也有优势。因此，稻子比其他稻科栽培植物更受重视。

这里我们必须注意的是，当时虽然称之为"稻作"，但并不像现在这样，只挑选稻子，在特定的地方栽培，而是混同其他杂粮一起栽培。因此，所谓的"稻作"，确切是指稻米、杂谷农耕文化的一种形态。

野生稻子生长在水畔，因此一般认为稻作之初就有水田耕作。不过虽说是水田，但现在这样的水田是在青铜器或铁器农具出现之后开始耕种的，最初的水田一定极为简单。

稻作向东南亚的传播

长江中下游流域形成的稻米、杂谷农耕文化，不久便向北、东、南三个方向传播开来，北至华北地区，东至日本列岛，南至中国南部的山地、丘陵一带，之后传播到东南亚。传播到东南亚的稻米、杂谷农耕文化为旱作。

稻米、杂谷农耕文化是从中国台湾经由菲律宾群岛到达小巽他群岛，这样一路传播到东南亚的。这条路线经过了火山、短期休耕地。其携带的稻子被称为布鲁稻或爪哇稻，是能结出大粒米的品种。

一般认为，稻米、杂谷农耕文化在东南亚的传播，大约可追溯到公元前2000年。如前文所述，几乎在同一时期，蒙古人种南方类型开始从中国南部向东南亚迁徙，这里不禁让人产生疑问，蒙古人种南方类型的东南亚迁徙与稻作的传播是否有关联呢？从时间上来看，并不能断言二者没有关联。

稻米、杂谷农耕文化被引进进行根栽农耕的火田里。不过根栽农耕没有因此被彻底替换掉。烧掉森林（被称作烧荒）形成火田，第一年栽培包括稻子在内的杂粮，第二年栽培薯类、甘蔗，第三年舍弃不用，在其他地方烧荒，如此这般，包括稻子在内的杂粮纳入了根栽农耕的循环之中。一般说来，和更北部照叶林的火田一样，大陆地区的山地也进行以稻子外的杂粮为主的刀耕火种。而在群岛地区，旱稻成为刀耕火种的主要作物。这种变化大概与水田耕作的引进有很大关系。相关内容在后文会再次提及。

佐佐木高明把这样的火田耕作称为以旱稻为主的火田耕作。从分布范围来看，和东南亚地区完全一致。东南亚的基础文化正是这种以旱稻为主的火田耕作的产物。

历史意识的觉醒

接受稻米、杂谷农耕文化，从事以旱稻为主的火田耕作的人们很珍视稻子，在他们的精神世界里，只有人和稻子具有灵魂。据高谷好一所言，苏拉威西岛北部哥伦打洛省刀耕火种者在播种时进行繁杂的仪式，之后在抽穗、收获的时候也有一系列仪式，这是人们在格外小心地祈愿稻子的灵魂不要从稻子中抽离，稻穗不要变成空壳，也就是不要歉收。这样的仪式不仅在苏拉威西岛北部，在其他以旱稻为主的火田耕作地区也可以看到。这说明在短时间内将稻子栽培技术引入不怎么适合的地区，会出现技术尚不稳定，仅凭人力难以丰收的状况。因此有必要通过一系列的仪式与稻魂打好交道，同时也需要一种外在的力量，协助人类促进稻子生长。能发挥这一作用的，是住在森林或山上的神灵。烧荒时要竖一个召唤神灵的神灵依附物，这样才能请来众多神灵造访火田，守护稻子茁壮成长。这个神灵就是祖先的魂。因此，稻子收获完毕并顺利装仓后，人们举行仪式对稻魂表示感谢的同时，也必须向守卫稻魂的先祖灵魂表达敬意和谢意。另外，因为人食用稻米，稻魂便转附于人体。如此，人与稻子之间便有了灵魂交流，稻魂同时也就成了祖先的灵魂。就这样，进行以旱稻为主的火田耕作的人们，为了弥补不成熟的旱稻栽培技术，需要神灵的帮助，由此诞生了有祖先意识的所谓"历史意识"。

政治组织的起源

新栽培植物的引进多由男性完成。这大概是因为作物的收成情况会影响其在社会中的威信吧。在这种竞争下，诞生了个人的或者说家庭的财产等观念。为了避免竞争引起的人与人之间或家庭与家庭之间的冲突，有必要建立一个统一的组织，也就是政治组织。另外，稻子的灵魂也好，祖先的灵魂也好，即使相信其存在，也无法真切地感受到他们的存在，因而需要一个拥有特殊能力的人与他们沟通，所谓的祭司便由此诞生。

尽管祖先之灵会提供帮助，但其能力也分很多种，希望拥有强大灵力的祖先之灵保佑自己也是人之常情。从这个意义来讲，最有能力的灵应该是最先来到这个世界上的人类的灵魂吧。如此一来，一个家族中最古老的祖先之灵，或者说部落居民中最早定居当地的祖先之灵非常重要，在人世间具有这一血统的人物也很受重视。就这样，一族或者部落的首领——酋长诞生了。由酋长统治的国家，被称为"酋长国"。

平地上的水田耕作

火田耕作是在斜坡上进行的。但是烧荒的场地沿着斜坡慢慢下移，很快就下移至山间盆地。这样一来，便可以利用流淌的小河和水洼，开展原始的水田耕作。部落也从坡地转移到平地。不论是东南亚大陆地区还是群岛地区，在山间有盆地，盆地上有小河流经之地，这一现象都能看到。

　　在东南亚大陆地区，自今泰国东北部绵延至老挝、柬埔寨北部的广阔平原，干湿季变化显著，旱季更长。因此，人们开始定居此地是在能够栽培稻子、杂粮之后——这些作物可以作为旱季的粮食储备。这一地区，使用简单的技术便可用于农田灌溉的河流不多，因此不得不利用雨季降水进行水田耕作。据新田荣治所言，该地开始利用雨水进行水田耕作，在公元前2000年左右。因为只是依赖石器耕作，所以虽说是水田，应该也是极其简易的，这里同时也栽培其他作物，从而分散风险。

　　这样，东南亚的大陆地区和群岛地区都在因地制宜地进行着各种形态的农业耕种：在山地斜坡上进行以旱稻为主的火田耕作；在山间盆地利用河流或泉水进行水田耕作；在老挝、泰国东北部的平原利用降水进行水田耕作；在环绕平原的山地，由于平原地带已经种了水稻，没必要再种旱稻，进行的是以杂粮为主的火田耕作。但是红河、湄公河、湄南河、伊洛瓦底江等河口发达的三角洲地带，还不适合人类居住。

青铜器时代

　　东亚诞生青铜文化，大约是在公元前3000年，或者更早一些。近期的考古学调查表明，在中国的华北和长江流域有两处青铜器文化的中心地。当然东南亚的青铜器文化的源头正是长江流域。

　　在中国华北和长江流域，青铜器文化发达，做工精美的青铜器的大量生产，也对中国南方造成了巨大影响。金光灿烂的大件青铜器、熠熠生辉的青铜箭头和矛尖等，是能赢得声望的宝物，即威信财富，只要拥有它们就会获得别人的尊重。要得到这些青铜器，就需要通过交易，与长江流域建立联系。长江流域可以从周围地区调运铜矿石，而锡矿石则必须从北方或南方获取。从中国南部地区进入长江流域的交易品有生丝、漆这样的照叶林带产品，一定也有黄金，但最重要的还是锡矿石和奴隶。大概东南亚最初通过这种交易获得成品，不久就从复制、仿造青铜器开始进入青铜器文化时代。

最先开始青铜器制作的是今广西壮族自治区的南宁地区。青铜器的制作技术是从南宁沿着西江渐渐向东传播的。与南宁一并，越南北部的红河三角洲上游附近，也开始制作青铜器，并向红河三角洲南岸传播。最初制作的青铜器主要有嵌入型斧头、枪矛的尖头、手镯、串珠、鱼钩、铃、碗等。

综上，我们可以认为，中国南部、越南北部的青铜器制作大概开始于公元前1200年左右。这一时期几乎与长江中游屈家岭文化和四川三星堆文化的衰落时期重叠。据说在屈家岭文化、三星堆文化出于某种原因衰落之时，身怀铸造青铜器技术的工匠开始向南分散迁徙，不过这只是个假说。

铁器时代

中国在公元前6世纪左右，也就是春秋时代中期进入铁器时代。在中国，制铁的特征是铸铁技术发达，因此适合农具的铸造，但不适合锋利兵器的铸造，即使已经开始使用铁，兵器也仍是由青铜制造的。制铁技术经由长江流域传至东南亚，是在之后不久的公元前 5 世纪左右，农具等首先换成了铁器。此后，在东南亚，铁和青铜并用的时代一直持续着。

东山文化

东南亚青铜器文化的代表是铜鼓。铜鼓最先在越南北部的东山发现，所以创造铜鼓的文化被称为东山文化。东山文化的形成大概是在公元前 5 世纪。这与从中国传入铁器文化的时期大致相同。一般认为，东山文化和受其影响的泰国东北部的班清文化之所以大概从这一时期开始得以迅速发展，是因为随着铁制农具开始使用，生产力得到发展，原本用于制作农具的铜、锡有了剩余，开始被用于祭祀器具的制作。

铜鼓于何时、何处开始制造，研究者意见不一。但只要看一下以形式分类的铜鼓出土分布图便可得知，最古老样式（先黑格尔 I 式）的铜鼓多发现于云南省昆明盆地，之后绝大多数正规样式（黑格尔 I 式）的文物发现于越南北部。当然这与发掘的频率有关，但大体上可以说铜鼓的制作始于昆明盆地，在越南北部得以真正发展。和东山文化一样以铜鼓为象征的石寨山文化，应该就是从这种古老形式的铜鼓文化发展而来的。

铜鼓大小各异，大的直径有 1 米，高达 80 厘米，重近100 千克。特殊情况下也有更大的。铜鼓是否有模型尚不明确，但从整体来看，铜鼓分为上部、中部和下部，并饰以各式各样的花纹。上部的鼓面中央画着星形图案，象征太阳。其周围描绘着各种花纹，其中鸟类居多。另外还有村落风景一类的图，一般认为其描绘的是死后的世界。石寨山文化中的铜鼓，鼓面图案描绘得很有立体感。

上部的侧凸部分描绘着人们戴着羽冠，面向前方站在船上的图案。有时船本身也装饰有鸟头图案。这被认为是逝者去往另一个世界的盛装游行。正如前文所述，人们认为逝者的世界在海的彼岸。以这种铜鼓作为陪葬品下葬的情况也有，这时多数会把逝者的遗体放入船形棺材。另外，笔者认为，画中乘船的人们面朝前进方向这一点，与起源于竞渡的赛船，比如长崎的佩龙，有着相同之处。铜鼓中间部分描绘的似乎是现世，大多画着各种各样的动物。铜鼓的下部是起稳定作用的底座，一般没有什么特别的花纹（以上是关于黑格尔Ⅰ式铜鼓的描述，其他样式的可能有些许不同）。铜鼓本身是精美的艺术品，一定是手艺精湛的工匠制作的。

仔细观察铜鼓本身，自然地就会明白铜鼓的功能。首先，它是将彼世、现世以及船（连接彼世与现世）这一世界的构造具体展现出来的世界之轴，或者说是宇宙之轴，当然它彰显了因稻作的引进而产生的酋长权威。铜鼓金色的光辉与叩击时发出的深长鸣音，这本身就营造了肃穆庄严的气氛。其次，作为上述功能的延伸，铜鼓被用作葬礼等仪式的祭器。在这个意义上，铜鼓和日本的铜铎发挥着类似的作用。

班清文化

与东山遗址并列为东南亚青铜器文化最有名的遗址的是

泰国东北部的班清文化遗址。通过对此地埋葬遗址的发掘，发现了大量的青铜器陪葬品，与此同时还出土了多件白底红纹的精美陶器。班清文化一度被认为是公元前 3600 年左右的世界上最古老的青铜器文化，泰国曾为了彰显国威大肆宣传这一点。但是现在，至少在研究者之间，这一观点被否定了，班清文化的发展被认为始于公元前 1000 年左右，青铜器的使用与东山文化基本上始于同一时期。当然，班清遗址的重要性和班清文化的历史价值，与年代久远与否并无关系。

铁器文化的推广

铁器文化的传播给泰国东北部以及老挝等平原地带带来了巨大的变化。泰国东北部和老挝的平原地区是红土，黏性强，含铁量高。铁质从这种红土里析出，包裹在黏土颗粒周围形成外壳，它们集中到一起成块覆盖在地表。这一地区铁器的制作和使用，始于公元前 4 世纪左右，当时人们把这些块状物大量收集起来，并开发出了冶铁技术。另外，在含盐量高而不适合农耕的土地上，旱季时含大量盐分的地下水渗出地表，蒸发后形成结晶。将这些结晶收集起来，溶解到水中，再使用制盐陶器熬煮制盐，这一技术也是在这一时期研发的。于是，该地为了获得冶铁和制盐必需的燃料，大规模砍伐原始森林，形成了现在的稀树草原景观。

在冶铁制盐的地区，凡是河流交通要塞都建起了环濠村落。这些环濠村落是当地生产的盐和铁与水稻耕作地区生产的稻米进行交易的基地。当然这里也出现了领袖，形成了酋长国。如此一来，稻子栽培地带和冶铁、制盐地带通过交易网连接而成的经济圈，在包括泰国东北部和老挝在内的内陆地区成立。至此，可以看到东南亚大陆地区朝着建立独立国家迈出了第一步。

沙黄文化

在中国南部、越南北部开始制造青铜器的大概同一时期，在今越南中部、南部沿海地区诞生了制造青铜器、耕种水稻和杂谷的另一文化。该文化特征是下葬时使用瓮棺。该文化被称为沙黄文化。菲律宾群岛也曾发现沙黄文化的所属文物，一般认为人们通过海上交通将沙黄文化传到东南亚群岛地区。

东南亚群岛地区和东山文化

青铜器文化大概从公元前5世纪开始传播到东南亚群岛地区，而东山文化诞生不久也扩展至东南亚群岛地区。从发现的铜鼓分布图来看，铜鼓经马来半岛传到了苏门答腊岛、爪哇岛、巴厘岛等大、小巽他群岛。爪哇岛、巴厘岛发现的铜鼓大部分的确是制作于东山或其附近地区，通过交易被带到了这里，但也有一些是爪哇岛、巴厘岛当地产的，能看到其中有特别大型的铜鼓。

象征东山文化的铜鼓，在进入历史时代之后也发挥了重要的作用。与其形状相似的铜鼓类物品，在某些地方至今仍被人们使用。在这个意义上，可以说东山文化在东南亚的基础文化中占据了重要地位。

第二章　印度文明的传入及国家的形成

以印度为中心的国际贸易之路

古印度及其文明

由于本系列丛书第三册[①]中详细介绍了古印度及其文明，故在此仅对相关内容做一简单介绍，以加深读者对东南亚历史的理解。

大约在公元前 6 世纪初，古印度恒河流域中游诞生了城市国家，随后在北印度出现了 16 个国家分立。从此，印度文明迎来了真正意义上的发展。不久，乔达摩·悉达多（约公元前566—前486 年）在摩揭陀国创立了佛教。几乎在同一时期，筏驮摩那创立了耆那教，但耆那教没有被传播到东南亚。

[①] 本书为日本中央公论新社系列丛书《世界的历史》的第十三册，第三册为《古代印度文明与社会》。

亚历山大大帝与印度

亚历山大大帝（公元前336—前323年在位）于公元前326年至次年入侵印度西北部。为抵御其入侵，印度各国展开联合，其中旃陀罗笈多（约公元前317—前293年在位）于公元前317年前后统一了北印度和恒河流域，创建了孔雀帝国。第三代国王阿育王（约公元前268—前232年在位）时期，孔雀帝国达到全盛，版图最大。阿育王虔诚信佛，于各地筑佛塔，并保护佛教僧团。另外，阿育王时代佛教被传播到锡兰岛，不久便在该地形成了上座部佛教。

孔雀帝国在阿育王去世后不久便四分五裂，此后恒河流域出现了几个国家交替更迭。另一方面，西北印度受到来自中亚各族的持续入侵，后由这些入侵者创建了贵霜王国（45—450年前后）。贵霜王国的阎膏珍（约77—101年在位）于1世纪后半叶首次发行了大、中、小三种金币，之后金币的铸造开始盛行。贵霜王国在迦腻色迦王（78—103年前后或130—155年前后在位）统治时期为鼎盛时期，他还制定了以公元78年为纪元年的塞迦历。但他去世后，贵霜王国陷入分裂状态。

印度文明的形成

当时的印度文化深受希腊文化的影响。除希腊风格的货币铸造、整齐有序的城市建设、天文学、占星术、戏剧等之外，大约在1世纪末，犍陀罗地区还受希腊文化影响，开始雕刻佛像。

这个时期婆罗门教整备各种各样的诸神体系，形成了以湿婆和毗湿奴为至上神的诸神体系。本书为方便起见，将其称为湿婆教和毗湿奴教。另外，佛教最初是旨在拯救自己的一种信仰，但从公元 2 世纪左右开始，出现了致力于普度众生、具有哲学教义的大乘佛教，人们开始信奉菩萨并将其视为救赎者。

安度罗王朝 [①]（约公元前 32—320 年），建立于南印度安度罗地区，在印度与东南亚的关系中扮演着重要的角色。湿婆教、毗湿奴教活跃于此的同时，佛教僧团也在王室庇护之下开展活动，修建了各式各样的佛教建筑。受犍陀罗美术影响，位于吉斯德纳河南岸的阿马拉瓦蒂地区，发展起独特的佛教艺术。

《厄立特里亚航海记》

印度出产的国际贸易商品，除棉织物、象牙制品、宝石之外，还有胡椒、肉桂等香料。这些商品通过陆路，即丝绸之路，输出到各地；通过海路，从古吉拉特地区出发，经由波斯湾或红海输出到古希腊世界。相反，古希腊世界的各国没有印度需要的商品，最终向印度输出金银，且以黄金居多。

古希腊世界最大的城市便是埃及的亚历山大。亚历山大以希腊人为主，聚集了大量人口。他们以希腊语为通用语，对学术、艺术及文化的发展做出了重要贡献。其经济基础为尼

---

① 即百乘王朝。

罗河流域的谷物耕作，以及通过红海展开的与印度洋地区的贸易。

罗马共和国从公元前 1 世纪中叶开始加强同埃及的关系，经亚历山大，获取产自印度和非洲东海岸的产品，最终于公元前 48 年将埃及王国发展为其保护国，并于公元前 30 年将其占领，划为属地。

罗马人一接触先进的埃及以及东方国家，就立即被其奢华的生活所吸引，痴迷于获取奢侈品。但罗马无法提供等价的输出商品，所以不得不输出金银原料和金银币。

罗马统治埃及以后，以亚历山大为据点的希腊商人更加活跃。《厄立特里亚航海记》为一匿名希腊商人所著，书中描写了约公元 60 年至 70 年的厄立特里亚海的航海及贸易情况。厄立特里亚海，包括今红海、波斯湾和印度洋海域。据该书记载，在南印度东侧海岸有卡玛拉（卡韦里帕蒂纳姆）①、波杜克（本地治里稍南的阿里卡梅杜）、松帕特麻（可能是印度马德拉斯）三个国际贸易中心。由于后人统称包括三地在内的区域为科罗曼德尔海岸，为方便起见，在这里也称之为科罗曼德尔海岸。科罗曼德尔海岸是朱罗人居住的区域，当时已经形成了独立国家。

据《厄立特里亚航海记》记述，该地区是一个巨大的商业中心，从印度西海岸和埃及等地进口的商品都被运往这里。这里有圆形木船连接在一起做成的双体船，有大型帆船，用于

---

① Camara, Kaveripattinam.

航行至克里塞和恒河。由于《厄立特里亚航海记》中并没有当地物产的记录，可知该地区是一个面向恒河和克里塞的贸易中转基地。

克里塞和古代中国

在《厄立特里亚航海记》的第 63 节里终于出现了东南亚的相关记载：

> 然后继续向东，其右侧可见大海，其左侧沿（陆地）延伸部分的近海航行可至殑伽①。其附近有东方陆地的尽头克里塞。其周围也有被称为殑伽河的河流。……顺着这条河流往下走，大洋之中有一岛，那里是人类居住世界的最东端，位于朝阳正下方，名曰克里塞，出产厄立特里亚海域最上等的龟甲。

这里的殑伽似乎指的是位于恒河河口的贸易港，但不清楚其相当于现在的什么位置。另外，书中称克里塞岛位于恒河河口前方的海面上，人类可以居住的世界最东边，且位于朝阳正下方，说明该书作者认为克里塞在科罗曼德尔海岸的正东方向。那么可以认为，克里塞指的是马来半岛。也有人觉得，明明是"半岛"，却说成"岛"，这是不是不合常理。但把"半岛"误认成"岛"，把"一个岛"误认成"两个岛"的例子也

---

① 原文为"Ganges"（恒河）的旧音译，此处将中文译作"殑伽"，同恒河古称。

绝不稀奇。

　　这里的疑问是克里塞岛名字的含义。在希腊语中克里塞是"黄金"的意思，克里塞岛即指"黄金之岛"。这可能源自印度《罗摩衍那》等作品中出现的"Suvarnadvipa"（黄金岛）或"Suvarnabhumi"（金地国）。事实上无论马来半岛还是苏门答腊岛均出产沙金。然而，在《厄立特里亚航海记》中列举的克里塞产物只有龟甲一种。因为亚历山大也向印度出口黄金，可能《厄立特里亚航海记》的作者对黄金没什么兴趣，所以只记录了自己感兴趣或关心的内容。

　　《厄立特里亚航海记》第 64 节还记述了比克里塞更远的地方。

　　　　在其彼岸，正北方向的海之尽头有一个称为"Thin"的巨大内陆城市，这里的丝绵、生丝、绸缎，经巴克特拉由陆路运到婆卢羯车①，经恒河运到利穆里。

　　因为书中记载的是沿克里塞背后的大海一直北上，所以从马来半岛横跨暹罗湾北上，沿中南半岛的东海岸继续向北，到达的就是一个被称为"Thin"的巨大的内陆城市，也就是中国。虽然《厄立特里亚航海记》中没有具体描述中国和科罗曼德尔海岸之间的贸易情况，但在中国史料中有详细记载。

---

①　今印度城市布罗奇。

中国与印度之间的交易

在中国，秦始皇（公元前247—前210年在位）于公元前221年统一天下，并于公元前214年派遣军队征服了现广东省、广西壮族自治区、越南北部地区，设立了南海郡、桂林郡和象郡。这些郡并非统治着某些特定区域，而是占领了交通要冲，建设要塞城市，配置守备兵。各郡下辖县也是一样。其中，南海郡的治所在番禺（今广东省广州市）。公元前210年秦始皇驾崩，不久秦灭亡，三郡也失去管理。此时南海郡尉赵佗自立为王，建立了南越国。

秦灭后，汉高祖刘邦（公元前202—前195年在位）收拾乱局统一全国。西汉建国后一段时期忙于国内统一和对抗匈奴，不遑进军南方，直到汉武帝（公元前141—前87年在位）于公元前118年收复南越国，并在当地设置七郡。其范围是从现在的广东省一直延伸到越南中部，合称交州。

东汉时期，班固编著了西汉正史《汉书》，在《汉书·地理志》的最后部分，系统介绍了当时所认识的"世界"，其中谈到了中印贸易的相关内容。据此介绍，七郡之地总称粤地，"处近海，多犀、象、毒冒、珠玑、银、铜、果、布之凑，中国往商贾者多取富焉。番禺，其一都会也"[①]。商品列表中的犀、象、玳瑁、水果、银、铜，很可能是东南亚产品；而珠玑指宝石，布则指棉织物，这些应该是来自印度的舶来品。从这个记载可以看出，在西汉时代，即约公元前3世纪末到公元前

---

① 本小节所引文献皆出自《汉书》卷二十八下。

1 世纪末，至少在东南亚大陆沿岸地区，各地之间通过海路频繁进行着贸易。其目的之一，无疑是通过番禺，得到中国制造的精美青铜器和铁器。东山地区生产的铜鼓估计也是通过这样的路线运往各地的。

《汉书》里也记录了珠崖，即今海南岛的情况。还有一些有关中国到南印度黄支国的贸易路线的记载。记载称："自日南障塞、徐闻、合浦船行可五月，有都元国；又船行可四月，有邑卢没国；又船行可二十余日，有谌离国；步行可十余日，有夫甘都卢国。自夫甘都卢国船行可二月余，有黄支国……"

黄支国即今南印度马德拉斯附近的甘吉布勒姆。因此，其位置与《厄立特里亚航海记》里的松帕特麻极其相近。亦或许甘吉布勒姆就是松帕特麻。虽然都元国和邑卢没国的位置不太明确，但谌离国位于马来半岛东海岸是确定无疑的，这条航线很明显是从日南郡出发，沿中南半岛南下而行。另外，从谌离国步行到达夫甘都卢国，说明这条路线一定是横穿马来半岛进入西海岸的。这与《厄立特里亚航海记》第 64 节叙述的从克里塞到"Thin"的路线吻合（当然方向相反）。从位于半岛西岸的夫甘都卢国继续乘船沿海岸航行，可到达黄支国，即甘吉布勒姆。这与《厄立特里亚航海记》第 63 节内容相呼应。《汉书·地理志》中还记载了汉代使者前往甘吉布勒姆以南的已程不国的情况。已程不国可能是该区域的政治中心。书中还记载了黄支国"自武帝以来皆献见"，说明在公元前 2 世纪后半叶，科罗曼德尔海岸曾有使节或自诩使节的商人到访过番禺。书中还有王莽在汉平帝元始年间，贿赂黄支王，令其遣使敬献活犀牛的记载，足见二者关系的密切程度。

关于中国至甘吉布勒姆的贸易之路上所进行的贸易活动，书中有以下记载：

> 有译长，属黄门，与应募者俱入海市明珠、璧流离、奇石异物，赍黄金、杂缯而往。所至国皆禀食为耦，蛮夷贾船，转送致之。亦利交易，剽杀人。又苦逢风波溺死，不者数年来还。大珠至围二寸以下。

一般认为，黄门指驻扎在番禺的交州刺史（管辖七郡的长官）。其属下有翻译官，即通晓外语的长官，负责招募自愿前往甘吉布勒姆的人。

他们从中国前往甘吉布勒姆携带的商品有黄金和杂缯。杂缯即五颜六色的厚丝织品。当时中国富有黄金，以黄金流通为支柱的古代货币经济发挥了巨大作用。他们在甘吉布勒姆获取的商品有明珠（珍珠）、璧流离、奇石异物等宝物。璧流离为玻璃制璧，即环形随身装饰物，但这里应该指的是一般玻璃制品；奇石异物具体的品目应该是前面提到过的珍珠、宝石、棉织物。与《厄立特里亚航海记》对比发现，珍珠的确产自印度，而玻璃制品则产自埃及等地。书中最后还记录了从甘吉布勒姆返回中国的路线图："自黄支船行可八月，到皮宗；船行可二月，到日南、象林界云。""皮宗"由马来语"Pisang"音译而来，意为香蕉，指马来半岛前端附近的香蕉岛（Pulau Pisang）。也就是说，该路线大致如下：从甘吉布勒姆出发，横渡孟加拉湾到达马来半岛，穿过马六甲海峡到达其出口附近的香蕉岛，再沿马来半岛北海岸线北上，横渡暹罗湾到达中南半岛沿岸。或者从书中特意记录香蕉岛的名称来看，可能是科罗曼德尔海岸的贸易船航行到香蕉岛，在那里与来自暹罗湾沿岸地区以及爪哇岛、巴厘岛的贸易船进行交易。当然，横穿马来半岛的路线自然也被利用上了。

以印度为中心的国际贸易路线

对比《厄立特里亚航海记》和《汉书·地理志》的内容，发现下述这条国际贸易路线显然是成立的：截至公元前2世纪左右，以亚历山大为起点，从红海入口横渡阿拉伯海，到达印度马拉巴尔海岸，接着穿过科罗曼德尔海岸、孟加拉湾到达马来半岛，再走陆路横穿马来半岛，进入南海，到达中国。这条贸易路线，乍一看将罗马和中国两大帝国连接了起来，但考虑到位于东西两端的两大帝国均出口黄金，进口印度产品，可知当时的印度在文化经济领域占据世界领先地位，是国际贸易的中心。

连接罗马、印度以及中国的这条海陆结合的国际贸易路线，在公元前2世纪到公元3世纪初最为繁荣。贵霜王国的国王阎膏珍于1世纪中叶左右开始铸造大、中、小三种金币，其原料除国产黄金外，应该也使用了经由贸易路线进口的黄金。

科罗曼德尔海岸的贸易港是希腊人等从红海来航的商人的居住地。公元131年，叶调王遣使到访了中国统辖范围最南端的越南北部日南郡。叶调是爪哇岛或者锡兰岛。公元159

年和 161 年，天竺，即印度的使者经日南郡向东汉进贡，公
元 166 年"大秦王安敦"，即古罗马皇帝马可·奥勒留（161—
180 年在位）的使者同样经日南郡前来进贡。但可能并非罗马
直接派出了使者，而是滞留在阿里卡梅杜等地的希腊或罗马商
人自称是罗马皇帝马可·奥勒留的使者前去访问日南郡。《梁
书·海南诸国传》记载："其国人行贾，往往至扶南、日南、
交趾，其南徼诸国人少有到大秦者。"[1] 据此可知，罗马或其统
治下的埃及商人为了做生意，经常往来于扶南以及日南和交趾
等中国统治下的越南北部地区。接下来的公元 226 年，大秦，
即罗马帝国的商人秦论曾到访当时吴国（222—280 年）统治
下的交趾郡（今越南北部龙边）。公元 229 年，当时的交州刺
史吕岱曾派遣使者康泰和朱应到扶南，应该是令其二人在秦论
归国时与其同行。对中国而言，这次遣使具有划时代的意义，
该时期的史料记载成为其后中国了解东南亚各国知识的源泉。

　　这些地理信息通过到达印度的古希腊商人等被带回亚历
山大，并由活动于当地的自然科学家克罗狄斯·托勒密于公元
2 世纪中叶前后整理进他的《地理学指南》一书。书中不仅列
出了地名及其经纬度（与现在以格林尼治子午线作为起点的经
度不同），还附有地图。遗憾的是他制作的原图已遗失，现在
看到的是 13 世纪末复原的地图。书中的地名"克里塞-克索涅
索斯"（拉丁语"Aurea Chersonesus"），即"黄金半岛"，实际
指马来半岛。

---

[1]　出自《梁书》卷五十四。

希腊商人的退出

　　然而，进入 3 世纪后，罗马帝国的金币输出骤减，尤其从红海出口横穿阿拉伯海到印度马拉巴尔海岸的路线中，金币输出几乎断绝。原因可能很多，但主要是该时期罗马帝国内部的古代货币经济开始正式发挥作用，使得可用于输出的金币骤减，以及为了抵抗势力迅速壮大的波斯萨珊王朝，军费开支大量增加。由于上述情况，甚至连之前一直居住在科罗曼德尔海岸贸易港的希腊商人也不见了踪影，科罗曼德尔海岸也失去了国际贸易中心的地位。

印度文明及东南亚群岛地区的国家形成

印度人的到来及东南亚

　　南印度的阿马拉瓦蒂地区是佛教信仰的中心。公元前 1 世纪末，娑多婆诃王朝（即安度罗王朝）统治了包括该区域在内的南印度大片区域。娑多婆诃王朝信仰毗湿奴教、湿婆教，同时也广泛信仰受王家极力保护的佛教。该王国横跨印度次大陆东西，在科罗曼德尔海岸的希腊商人退出之后，控制着途经此地的国际贸易活动。

　　东南亚各地在接触中国文明、印度文明之前，已经出现了酋长国一类的国家雏形。东南亚群岛地区最初形成国家的地方在马来半岛中部，是科罗曼德尔海岸至中国的国际贸易路线途经的地方。该区域属于和平文化圈，很早就形成了村落。到了东山文化时期，即公元前 5 世纪及这以后，马来半岛中部流入大量铜鼓，表明这里曾建有多个酋长国。从科罗曼德尔海岸过来的印度商人（当时还没有印度人的概念，文中用于指代印度出身的人，下同）拜访了马来半岛各地成立的酋长国，尝试进行贸易往来。

港口城市的形成

来访的印度商人最渴求黄金。与之相对，马来半岛居民最渴求的是铁器或铁材，此外棉织物、玻璃制品等工艺品也很有吸引力。由于马来半岛出产沙金，商人们通过向当地居民展示黄金样品，以及炫耀各种自带商品，让他们搜寻黄金。消息很快扩散到各地，很多人带着黄金赶至印度商人出现的港口。

酋长必须提供能够顺利进行贸易的场所，并维持秩序，为此设立了市场。这样就形成了拥有港口和市场的村落，即东南亚群岛地区的城市原型。具备这些功能的城市被称作"港口城市"。

从港口城市到港口国家

乘船前来的商人在归航时所利用的季风到来之前，只能滞留在港口，因此首先需要一个在滞留期间能够保证他们安全的居住环境。通常他们会给海岸附近的岛屿围上栏杆，或用壕沟隔开一部分海岸，在内侧围上栏杆。但是，光凭这些无法获取食物和必需品。因此，他们不得不归顺于当地酋长，让他们保护自己，并提供粮食和必需品。作为补偿，商人们会赠送一些奇珍异宝，取悦当地酋长及其属下。此外，帮他们看病，也就是"疗愈"等行为也一定奏效。另一方面，站在酋长的立场来看，若能通过保护这些商人获得宝物的话，则可向他人炫耀或将宝物分发给他人，不仅在属下当中，在周围酋长当中也能提高声望。请商人来给病人看病也是出于这个目的。因此酋长开始保护他们，并听其诉求，供其所需，甚至还提供女性照顾他们起居。商人也需要将她们作为人质，来保护自身安全。于是，自然而然诞生了混血儿。

最初，这些远道而来的商人会在返航期按时回国，后出于各种原因，有些人不再回国，便成了扎根于此的商人。于是形成了他们的居留地。马来半岛中部的几个酋长国均出现了类似的居留地。这样一来，生活在居留地的人们同当地酋长和居民的关系将一直持续下去。他们和当地女性诞下混血儿，不久形成了独特的社会集团。另外，他们运用自身所掌握的技能制作各种生活必需品，当地居民也开始模仿制作。他们的礼节也被模仿。如此一来，文化得以传播。其结果，在他们的帮助下，出现了物质财富、武力和精神上的控制力胜过其他酋长的酋长，也就是国王，由围绕在国王周围的人共同组成了"王国"。像这样形成于港口城市的王国被称为港口国家。

虽然很难弄清在东南亚群岛地区出现港口国家的时间，但关于后面将要讲述的马来半岛狼牙修国的历史，《梁书·海南诸国传》中叙述称"国人说，立国以来四百余年"[1]，由此可

---

[1] 出自《梁书》卷五十四。

知传闻中该国大约形成于梁朝（502—557 年）之前的 400 年，即公元 2 世纪左右。实际上一般认为是更早一些的公元 1 世纪左右。值得注意的是，这和娑多婆诃王朝成立的时期大致相同。

"印度化"的第一阶段

像这样，印度人居留地形成之后，印度人将自身文化传播给当地居民的过程叫作"印度化"。接下来也会提到，"印度化"包含两个阶段，上述为"印度化"的第一阶段。由于在这一阶段来航的并非"知识阶级"，因而传播的文化一定是着装这类的物质文化，或制造日常所需工具这样的技术。而印度人信仰湿婆教、毗湿奴教和佛教，理应会带去神像或者佛像，但当地居民几乎没有受到这一影响。

黄金需求

印度的黄金需求量非常大，仅马来半岛及周边地区发现的沙金，一定已无法满足印度商人。不久人们便知道了中国黄金充足这一消息，而且在马来半岛上能够用黄金交换印度产的珍稀物品这一信息也传到了当时中国国际贸易的最前端——番禺。于是形成了前面提到的国际贸易路线。中国出口的商品有黄金，以及价值可与黄金匹敌的丝绸。

此外，当地产物作为商品也很重要。马来半岛的产物首先是制造青铜器不可或缺的锡。除此之外，用于制香的树脂类和香木也很重要。这些都用于宗教礼仪活动上。另外，作为装饰品材料的玳瑁也很重要。

笈多文化

再回过头看印度。公元 320 年，北印度的旃陀罗笈多一世（320—335 年在位）于恒河流域中游建立了笈多王朝（320—550 年前后）。笈多王朝时期是起源于孔雀王朝的古印度文化得以成型的时期。这归功于大量金币支撑下的货币经济。一般认为，由于从罗马帝国进口的黄金数量骤减，作为金币的原材料，来自中国的黄金变得很重要。

那烂陀寺遗址

笈多王朝时期，城市是经济的中心，市民过着富足奢华的生活。他们创造了印度文明的核心——笈多文化。在理解东南亚史所需的范围内列举一些笈多文化特点的话，首先一点就是确立了祭祀阶级婆罗门的地位，同时确立了他们使用的语言，即梵语的文化用语地位。而大众用语被称为普拉克利特语。梵语在印度文化圈中的作用，就如同汉语在中华文化圈中的作用，都被视为文化用语、通用语。社会上，虽然确立了婆罗门种姓的优越地位，但其他三大种姓（刹帝利、吠舍、首陀罗）间并没有严格的上下级关系。宗教上，佛教分为大乘佛教和传统派，大乘佛教的领袖们运用梵文创作了多部含有哲学内容的经典。尤其5世纪，在比哈尔邦建立的那烂陀寺，发展成一所研究、教授大乘佛教教义的大学，在东亚、东南亚的大乘佛教的传播中发挥了很大的作用。另一方面，也是在这一时期，湿婆教和毗湿奴教中添加了各种大众信仰，形成了所谓的印度教的原型。另外，在公元前2世纪就已整备成如今之形态的《摩奴法典》和考底利耶的《政事论》等作为社会规范，也开始被尊重。汇集古老传说的两大长篇叙事诗《摩诃婆罗多》《罗摩衍那》也基本成书，汇集了各种传说的被称为"往世书"的文献也汇编完成。此外，自然科学、数学、天文学等方面也得到显著发展。我们使用的包括"0"在内的阿拉伯数字，也是于这一时期在印度发明的。美术上出现了笈多风格的佛像雕刻。

笈多文化从恒河中游流域传播到印度各地。上文曾提到的阿马拉瓦蒂是南印度的文化中心。此外，恒河下游，即孟加拉地区的文化也得以发展。

"印度化"的第二阶段

笈多文化由其中坚力量婆罗门传播到东南亚。笈多文化向东南亚传播的过程，被称为"印度化"的第二阶段。其直接体现是，像因陀罗跋摩那样，国王开始使用尾缀为"跋摩"的名字。同时，笈多文化及掌握该文化的婆罗门推动建设着更高层次的国家。

　　在印度化的第二阶段，婆罗门开始使用天城体文字创作梵语文献。他们在干燥的糖棕（椰子的一种）贝叶上，用铁笔刻写文字。但16世纪以前制作的古典文献并没有保存下来，现在遗留下来的只有碑文。这些碑文最初是用梵文来写的，后来开始夹杂一些当地语言的词汇，再后来变成了为更容易用当地语言抄写而修正的文字，最后则运用当地语言书写。

　　印度化的第二阶段开始于4世纪末到5世纪初。在第二阶段，笈多文化的中坚力量婆罗门发挥了巨大作用。婆罗门是文化的中坚力量，作为文化精英有着强烈的自豪感。不过，认为他们是作为笈多文化的"传教士"而航渡来到东南亚各地的观点是令人生疑的。婆罗门崇尚思考和冥想，蔑视体力劳动，所以为维持生活离不开资助人。在印度国内的城市及周边找不到资助人的婆罗门，进入农村成为礼仪指导，不久后融合毗湿奴教、湿婆教和农村的民间信仰，创立了印度教。而另一部分婆罗门移居到国外，或许是打算在当地寻求资助人，创立自己的"乌托邦"？

东南亚群岛地区"印度化"的第二阶段

马来半岛诸国

　　根据《梁书·海南诸国传》记载，马来半岛上有顿逊国、盘盘国、丹丹国、干陀利国、狼牙修国。至于这些国家地处今天的什么位置，意见不一。笔者认为顿逊国在今克拉地峡一带；盘盘国在其以南的万伦湾对面的猜亚或素叻他尼；丹丹国在那空是贪玛叻附近；干陀利国在宋卡附近；狼牙修国在北大年（pattani）的内陆地区，是梵文"Langkasuka"的音译。

这些国家当中，顿逊国如后文所述，在马来半岛东、西海岸均有港口，其他各国在马来半岛西海岸也都拥有相应的贸易港。盘盘国的对接港口在达瓜巴，即克罗狄斯·托勒密所著《地理学指南》中提到的塔康拉港。丹丹国的西海岸对接港口在董里，干陀利国的可能在沙敦，狼牙修国的在马来西亚吉打州的美保河河口。

马来半岛的港口国家是连接印度和中国的贸易路线上的中转站。《梁书·海南诸国传》记载："顿逊国，在海崎上，地方千里，城去海十里。有五王，并羁属扶南。"[1] 关于顿逊国的繁荣状况，书中写道："顿逊之东界通交州，其西界接天竺、安息徼外诸国，往还交市。所以然者，顿逊回入海中千余里，涨海无崖岸，船舶未曾得径过也。其市，东西交会，日有万余人。珍物宝货，无所不有。"[2] 这种光景在其他港口国家或多或少也可以看到。

婆罗门的存在及其作用

在这些港口国家中，印度人尤其婆罗门的存在非常重要。宋朝李昉等人编辑的《太平御览》，引用了竺芝《扶南记》里

---

[1]　出自《梁书》卷五十四。
[2]　同上。

的内容："顿逊国属扶南国，主名昆仑。国有天竺胡五百家，两佛图，天竺婆罗门千余人。顿逊敬奉其道，嫁女与之，故多不去，惟读《天神经》。以香花自洗，精进不舍昼夜。"①"国有天竺胡五百家"和"两佛图"中的"两"似乎记载有误，其意思不清楚。但"佛图"指佛教徒，由此可知当地有印度佛教徒，还可知印度婆罗门千余人，与当地女性结婚后定居在这里。②虽被认为是对稍晚时代景象的描述，但元朝马端临在其著作《文献通考》中对盘盘国做了详细记载："百姓多缘水而居。国无城，皆竖木为栅。王坐金龙床。……又其国多有婆罗门，自天竺来，就王乞财物。王甚重之。"在村落周围"竖木为栅"这一点偏马来半岛风格，但"王坐金龙床"指的是坐在象征着印度那伽（Naga）③的宝座上，说明国内有大量婆罗门。此外，由于这里有寺庙10座，还有道观，可知佛教与印度教一并成为当地人的信仰。

婆罗门和王权

掌握笈多文化的婆罗门的到来，使得该地的王权出现了变化。据《梁书·海南诸国传》记载："（狼牙修国）后嗣衰弱，王族有贤者，国人归之。王闻知，乃加囚执，其锁无故自断，王以为神，因不敢害，乃斥逐出境。遂奔天竺，天竺妻以

---

① 出自《太平御览》卷七百八十八。
② 不明白作者为何称记载有误，佛图应指佛塔，而非佛教徒。
③ Naga，语出梵文，音译为"那伽"，印度梵语意为蛇，也指人首蛇身的蛇神。在佛经汉译时被译为龙。

长女。俄而狼牙王死，大臣迎还为王。"①可见狼牙修国与印度
关系匪浅，王族也同印度人通婚。顿逊国王似乎是本土人，而
在唐朝杜佑《通典》中关于丹丹国的记载是"王姓刹利，名
尸陵伽理"。刹利姓大概是刹帝利的转音。一般婆罗门教认为
国王的种姓为刹帝利。不过在这里到底是印度人刹帝利，还是
来访的婆罗门把当地国王比作刹帝利姓，并不清楚。笔者更
偏向于后者。印度人来到马来半岛中部已经诞生的酋长国定
居，接着婆罗门也来到这里定居下来，他们拥立酋长为王，创
建行政机构，推进国家的形成。另外，还有记载，在宋孝武
帝（454—464 年在位）统治期间，干陀利国王释婆罗那邻陀
遣长史竺留陀，进献金银宝器。该国王名字中的"释"意为僧
侣，说明当时的干陀利国王是位僧人。长史竺留陀的"竺"意
为印度人，"留陀"是梵语"Rudra"的谐音。这说明印度人
在国王身边听命。丹丹国"所可二万余家，亦置州县以相统
领。……其大臣八人，号曰八座，并以婆罗门为之"②，由此可
见，婆罗门在此建设了一个印度化国家。另外，关于谷物的记
载有"其谷唯稻"，这里说的"稻"可能并非东南亚的粳稻或
爪哇稻，而是婆罗门带来的籼稻。

　　如上所述，马来半岛各国吸收了从印度而来的婆罗门传
播的笈多文化。国王的姿容等一切都印度化。同书中记载了
狼牙修国的风俗："男女皆袒而披发，以古贝布为干漫。其
王及贵臣乃加云霞布覆髀，以金绳为络带，金镮贯耳。女子

①　出自《梁书》卷五十四。
②　出自《通典》卷一百八十八，边防四。

则披布，以璎珞绕身。"①关于都城风貌记载如下："其国累砖为城，重门楼阁。王出乘象，有幡氀旗鼓，罩白盖，兵卫甚设。"②

毗骞国

《梁书·海南诸国传》中记载从扶南国（后文有叙述）望去，"顿逊之外，大海洲中，又有毗骞国"③。洲，即苏门答腊岛。书中称："其王身长丈二，头长三尺，自古来不死，莫知其年。王神圣，国中人善恶及将来事，王皆知之，是以无敢欺者。南方号曰长颈王。……王常楼居，不血食，不事鬼神。其子孙生死如常人，唯王不死。"

在东南亚，尤其苏门答腊岛的巴塔克人信奉"国王不死"这一观念。事实上直到 20 世纪初，人们还一直拥戴名曰"Sisingamangaraja"的国王，认为国王不死。从这一点上可以判断该国大概位于巴塔克人居住的苏门答腊北部。此外，书中还记录了"国法刑罪人，并于王前啖其肉"的食人习俗。仅看如上记述的话，一定会以为毗骞国无论如何都是个"未开化"的国家，然而书中还记载了"扶南王数遣使与书相报答，常遗扶南王纯金五十人食器"这样的内容。另外，"王亦能作天竺书……说其宿命所由，与佛经相似"，这大概是一种占卜书吧。总之，毗骞国虽然具有传统的王权思想，但已经深受印度

---

① 出自《通典》卷一百八十八，边防四。
② 同上。
③ 本小节所引文献皆出自《梁书》卷五十四。

文明影响。可能是来自印度的婆罗门，教会人们梵文。不过受过这种教育的人应该屈指可数。

海上诸岛

有关东南亚群岛地区爪哇、巴厘岛的最早的记录是中国僧人法显从锡兰岛出发，沿海路回国途中，于公元411年逗留在耶婆提的相关简短记述。法显从锡兰岛搭商船出发，途遇恶劣天气，好不容易才停靠到耶婆提，在那里逗留5个月后，搭另一艘商船才得以重新向广州进发。耶婆提国是梵语"雅瓦杜伊帕"（Yavadvipa）或普拉克利特语"亚瓦迪普"（音）的转音，相当于克罗狄斯·托勒密《地理学指南》中的"怡阿巴叨"（音），虽然这一点毋庸置疑，但在确切位置这一问题上还有分歧。笔者认为应该在今爪哇中部。有关耶婆提国，法显记载道："其国外道，婆罗门兴盛，佛法不足言。"另外，梵文"雅瓦杜伊帕"意为"谷物（尤指大麦）之岛"，虽然这里所指的也许并不是大麦，但表明从爪哇岛向印度人来航的马来半岛港口国家，出口了包括大米在内的杂谷类。

《宋书·南夷传》中记载的国家中，呵罗单、婆皇、婆达、阇婆婆达等是地处群岛地区的国家。其中记载"呵罗单国，治阇婆洲"[1]，阇婆洲即爪哇岛，所以可以认为呵罗单位于爪哇岛。其他三国可能也位于爪哇岛。公元433年朝贡宋朝的呵罗单国王毗沙跋摩，梵文名可能为"Vijayavarman"，从

---

[1]　出自《宋书》卷九十七。

国王名就能看出当时该地区已经受到笈多文化的影响，出现了国王采用梵文名的国家。公元 449 年，向中国遣使的婆皇国王舍利婆罗跋摩、婆达国王舍利不陵伽跋摩，公元 435 年遣使的阇婆婆达国王师黎婆达陀阿罗跋摩的名字，同样证明这一点。另一方面，在爪哇西部发现的几处梵文碑铭中记载了约 5 世纪中叶，在今茂物附近有一个达鲁玛王国，国王婆尔那跋摩（Purnavarman）谨遵婆罗门教义，在今丹戎不碌港附近开展灌溉工程。

　　《梁书·海南诸国传》中记载："扶南东界即大涨海，海中有大洲，洲上有诸薄国，国东有马五洲。"[1] 一般认为诸薄国位于爪哇，马五洲位于马鲁古群岛，但此外再无说明。不过，书中针对婆利国，即巴厘岛的记载却非常详细，涉及地理、风俗等。"王姓憍陈如，自古未通中国。问其先及年数，不能记焉，而言白净王夫人即其国女也。"[2] 白净王也称净饭王，即释迦牟尼的父亲首图驮那。这么一来，释迦牟尼的母亲摩耶夫人就也成了巴厘出身……如今巴厘岛人也信仰印度教，印度教是在印度化的第二阶段由婆罗门传播到此地的，作为笈多文化的一部分，其形态基本上被完整保留了下来。另外，书中记载婆利国在公元 517 年、522 年分别进行过朝贡。

　　在加里曼丹东海岸的古泰（库台）地区发现的梵文碑文上，记录了约 5 世纪初，该地区有一位名叫"Mūlavarman"的国王，修建了许多宗教设施。另外可知，他的父亲是

------

① 出自《梁书》卷五十四。
② 同上。

"Aśvavarman"，祖父是"Kuṇḍunga"。这一文献很清晰地表明，在 5 世纪上半叶，掌握笈多文化的婆罗门也来过这里，并将笈多文化带到此地。

综上所述，约 5 世纪后半叶到 6 世纪，苏门答腊岛、爪哇岛、巴厘岛等大巽他群岛的岛屿也均吸收了笈多文化。据《宋书》《梁书》记载，在爪哇、巴厘岛，国王也使用梵文"……跋摩"这样的名字，受笈多文化影响甚大；而与之相对，苏门答腊岛的国王则依然保持着传统王权的观念。或许因为掌握笈多文化的婆罗门等印度人很难适应属于湿润气候带的苏门答腊，而定居到了其东边的热带季风气候带吧。

第三章　古代"海上丝绸之路"

扶南——一个因贸易扩张而发展起来的国家

沿岸地区港口城市出现

公元元年前后，印度人开始积极进军海外。其原因有远洋船舶的制造、印度同红海和地中海诸港口通商的扩大、旨在打破种姓制度的佛教的推广、对未开化民族厌恶感的消除等。印度航海家搜寻能贩卖到地中海等地的黄金、香料、香木、树脂等，来到了远离恒河流域的东南亚地区。

伴随着交易的扩大与发展，东南亚当地在还未弄清事情缘由及背景的情况下就被迫开始应对。其结果，在东南亚各地的沿海和河岸，在海上交通路线的各处，主要具备待风、转运、货物集散、淡水补给等功能的港口城市陆续出现。沿着航线，从西往东列举这些港口城市，有缅甸南部兴起的孟人国家直通国（掸国），有马来半岛西岸和东岸各地的中小型港口城市，然后是从暹罗湾到湄南河入海口处诞生的中小型港口城市。其中有面朝暹罗湾的扶南国、位于中南半岛东岸的占婆国（林邑）等港口国家。这些港口均与中印贸易活动相关，在考古挖掘过程中发现了众多可证明两者交流的文物。

在通商扩大的鼎盛时期，湄公河流域下游兴起了一个名叫扶南的港口国家，于1世纪左右登上历史舞台。扶南的建国传说梗概是：一位名叫混填的婆罗门航行到此地后，与当地女王柳叶结婚并创建了扶南国。而实际是当地当权者和酋长将自己女儿或姐妹赐婚给到访的印度人，不同种族之间混血，继而定居下来，这一过程被改编为民间传说。这应该是基于印度文化传入柬埔寨的史实。

扶南国面朝暹罗湾，是当时海上最大的贸易国家，还拥有肥沃的湄公河三角洲平原腹地，地理条件得天独厚。当时扶南的外港喔呋，位于现在越南南部湄公河三角洲的安江省龙川市，在距离海岸25公里的内陆位置。喔呋是中转贸易的据点，同时也是通过湄公河水系的中小河川汇集的森林物产的集散地。另外，通过暹罗湾，海域世界的物产也被运到这里。

交易与港口城市的形成

喔呋及附近地区很早就出现了金属器文化，建起了以捕捞、农耕为基础的村落。在这种土著社会，存在着相应的自律性。人们通过交易进行着各地物产的买卖。渐渐地，印度人为了收货，长期定居于此，并与当地人通婚、混血。而且，当时印度社会的文化产物被带入当地社会，产生了长期影响。在印度文化传播过程中，影响尤其大的有稻作文化和灌溉方法、宗教礼仪和王权观念、文字、美术、武器等。例如，自称印度婆罗门的人们通过执掌祭祀和秘密仪式，极大地满足了当地酋长树立自我权威的需求。这些港口城市，以领导层为中心，接纳了印度的政治、经济、宗教等的理念及体系。不过，村落原有的自给自足生活模式还在延续，土著的神灵信仰等也在基层文化中脉动着。神灵信仰与从印度传入的印度教、佛教共存，也有部分混淆的现象。

这种村落的生活，已经达到了一定的社会经济水平，形成了具备相应规范的传统社会。人们在灌溉后的农田从事稻作生产，驯养水牛和黄牛，经营着日常生活。人们也知晓青铜、铁、金的加工方法。为祭拜祖先和地母神而在高地所建的圣坛，就是原来土著民进行祭祀的场所。

印度文化传入东南亚，并不是因为大量印度移民的到来，而是因为长期以来印度航海家和商贩慢慢地将印度文化传播到东南亚各地。这是印度文化的和平扩张。如同古代日本社会接受中国文化和制度而形成国家一样，在古代东南亚社会，除越南以外，与中国、印度贸易盛行的结果就是，港口城市形成，最终借鉴印度的政治宗教思想、制度和技术体系，建立了国家。

标志着通商扩大的喔呋外港

公元 2 世纪，扶南通过扩大同印度和西方世界的通商，取得了长足的发展。扶南位于印度通往中国的海上路线的中继点，面朝暹罗湾的喔𠸄占据着有利的地理位置。随着交易的进行，扶南国力大增。即使在第二次世界大战期间，法国研究人员也没有停止对喔𠸄遗址及其附近的考古调查。从南印度阿马拉瓦蒂风格的佛像和罗马货币等文物中可以明显看出其繁荣的景象。

扶南（Bnam，古高棉语中意为"山"）王拥有山之王的头衔，通过海上贸易以及对肥沃腹地的开发，进一步增强国力，将都城设在毗耶陀补罗城（中国史料称为"特牧城"，今柬埔寨南部的波萝勉省）。据后期研究，扶南国内以喔𠸄为中心，开凿了多条运河和通往内地的水路；同时在内陆区域，通过排干沼泽湿地一带的泥水，开凿水路，将其改造为肥沃的耕地。后世碑文中也有"处理泥土"的记载，我们可以认为，当时田地的开发在不断推进。

扶南的繁荣与发展是因为它是海上交易的中转站和集散地，同时它开发了肥沃腹地的农业。这使得灌溉成为可能，而通过水路各地物产又被输送至此。国际化的喔𠸄外港迎接着来自印度、中国以及相邻各国的船舶。从遗址出土的精美宝石、货币、沉雕、护身符等多种文物，显示了其令人惊叹的富足程度。此外还出土了罗马皇帝安东尼·庇护（138—161 年在位）和马可·奥勒留时代的金币、青铜佛像和印度教神像、刻有梵文的锡制茶室壁板、戒指，以及汉代夔凤铜镜。

中国和印度使者的来访

中国和印度听说了扶南盛况之后，分别派出使者去考察。从扶南建国传说中的混填王算起的第四代范（师）蔓王号称扶南大王，实行富国强兵之策，征服了马来半岛十余个中小国家，但在讨伐金邻国（有说法是缅甸南部的素攀地[1]，亦即金地国、直通）途中病倒。据说其统治地域达六千里。在范师蔓王统治下，扶南国凭借强大的舰队征讨了湄南河流域以及马来半岛的北部地区。据说克拉地峡附近有一条横贯路线，商人们在那里进行转运。

3 世纪前半叶，范旃王在统治期间曾派遣使者前往印度大月氏国（贵霜王国），使者归国时随印度人一起，带回四匹马。公元 229 年，三国时代的吴国曾派遣通商使节朱应和康泰前往扶南，据说与印度派遣使节是同一时期。中国派遣使节前往东南亚是为了同扶南缔结通商关系，由他们提供的有关扶南的信息是最早的。

> 货易金银彩帛。大家男子截锦为横幅，女为贯头，贫者以布自蔽。锻金环镶银食器。……国王居重阁……行乘象，妇人亦能乘象。斗鸡及狶为乐。无牢狱……（《南齐书》）[2]

---

① 或译为苏伐那蒲迷，现译为素万那普。
② 出自《南齐书》卷五十八。

之后，虽然扶南与中国的关系有所疏远，但据记载，公元 357 年，扶南王曾敬献驯象，宋文帝（424—453 年在位）时期，国王持梨陀跋摩（Sri Indravarman）曾敬献地方名产。

憍陈如阇邪跋摩（Kaundinya Jayavarman）王统治时期，自公元 484 年起先后四次向中国遣使朝贡，其国王被封为安南将军扶南王。扶南大约在 4 至 5 世纪达到鼎盛时期。

不过，历经 500 多年辉煌史的扶南并没有一直繁荣下去。6 世纪，扶南与印度、中国的贸易减少，国势削弱，未能击退湄公河中游兴起的高棉（真腊）的攻击。再之后，受真腊柬埔寨的压力，扶南迁都至吴哥比里（中国史料称那弗那城，今茶胶省）。

公元 514 年，庶子留陀跋摩（Rudravarman）杀其嫡弟登基。据中国史料记载，截至公元 539 年，留陀跋摩国王先后六次向中国朝贡。其国内围绕王位继承似乎发生了混乱。虽然留陀跋摩国王之后的王位系谱出现空白，但据中国史料记载，扶南国一直维持到了 7 世纪前半叶。扶南灭亡的主要原因是真腊高棉人的南下攻击、国内政治混乱、与东邻国占婆的冲突、贸易量减少、海上贸易路线上新兴国家的兴起等。扶南作为港口国家虽曾在东南亚称霸，但到 7 世纪前半叶终究衰落了下去。不过，其威势一直被传颂，后世各地帝王为了继承"山王"的遗业，纷纷冒充其名。

扶南国概况

扶南国立国的经济之本，主要是海上贸易及自给自足的内陆农耕业。在喔呋及附近发掘出土的大量考古资料等，是当时市场经济下具有价值的流通商品的一部分。扶南国通过向各地贩卖这些商品来获取暴利。东南亚各地大量船舶来航，交易非常活跃。这使得扶南持续繁荣。当然，扶南还有以湄公河三角洲为腹地的内陆农业。扶南国都位于内陆部（柬埔寨南部），从碑文上的农业用语来看，这是一个以自给自足的农业为基础的国家。

从扶南兴起到灭亡的历史过程，在帮助我们了解如下史实方面发挥了重要作用：昔日的东南亚形成了自律的传统社会，这个社会引进了印度文化和制度，并将其植入当地的社会框架中，使之得以发展。虽然讲述这段过程的史料匮乏，不过通过对出土文物的美术研究，也可以了解一些具体事例。在新都吴哥比里及其圣山达山发现的印度教神像和佛像群，属于扶南独特的雄浑有力的圆雕雕像。这些雕像可能创作于柬埔寨当地作坊一类的地方，与当时的印度雕像风格迥异，被称作达山样式，在美术史上享有很高声誉。

从这些雕像中虽可以看出后笈多美术风格的痕迹，但可明确验证其柬埔寨风格的创意和独特性。另外，现在柬埔寨的文字是对印度文字的借用。这些印度文化要素经历了当时的柬埔寨社会长时期的取舍，然后演变成柬埔寨式文化。7世纪前半叶，扶南被新崛起的真腊高棉合并。后世的建国传说似乎要印证此次合并史实，称具有扶南和真腊血统的隐士柬埔（Kambu）与天仙梅拉（Mera）结婚，建立了国家。这个传说以每个人都能接受的方式讲述着从扶南到真腊的转变。

贸易兴国的占婆国历史发展

中南半岛东侧沿岸以及占婆国的兴起

公元前 1 千纪左右，越南中部的稻作和金属器文化繁荣。这种文化被称作沙黄文化，其特征表现在首饰和独特的耳饰等方面，范围从南海扩散到暹罗湾一带。这与后来占人的活动区域重叠。

公元前 3 世纪，中国人南下进入今越南北部等地。这里居住着掌握初期金属器文化的越南人。公元前 214 年，秦始皇征服了现在的广东省、广西壮族自治区区域，秦灭亡后，南海郡尉赵佗独立，于公元前 204 年建立了南越国。所辖区域包括秦始皇设立的南海、桂林、象郡三郡，以及越南北部的一部分区域。1983 年 11 月，广州市内的南越国旧址发现了"文帝行玺"金印（龙钮）。该陵墓出土了 1000 多件陪葬物，其中含有很多南海物产。

公元前 111 年，汉武帝征讨南越国，并在此设置了七郡。其中，交趾郡、九真郡、日南郡三郡位于现在的越南北部到中部区域。汉武帝的南征加速了中国与印度的邂逅，使通向东南亚的海上路线最终得以开通。

中南半岛东岸沿长山山脉呈"S"状曲折蜿蜒。在"S"凸起处的狭长的沿岸平原地带兴起了占婆国。据中国史料记载，公元 137 年，酋长区连从日南郡之外率领占族数千人攻打交趾郡，又于 192 年再次发起突然袭击。2 世纪末，区连趁汉帝国的后退，使用战船多次发动袭击，以进入东岸北部的肥沃平原地带。

2 世纪末,"林邑"(中国史料的称呼)建国,以现在越南中部的顺化为中心。林邑国主要是以沙黄文化为基础的土著势力。这些土著势力通过与印度进行贸易,历经数世纪,不断地吸收印度文化和物质,后来形成了梵语名为"占婆"的王国。占婆疆域北与越南北部(当时属于中国交州)的肥沃土地接壤,南与湄公河三角洲陆路相连,由北方经海路可通往中国的内陆,由东、南方可进入南海,由西边越过马来半岛可到达印度。占婆国基于这样的地理位置,开始了作为一个贸易国家的历史变迁。

武竞碑文的相关问题

3 至 4 世纪左右,据称在扶南东部的芽庄地区(今庆和省),兴起了一个接受印度文化的地方政治势力,这个小国家遗留下武竞碑文(Vo Canh)。武竞碑文据称是中南半岛上最古老的梵文碑刻,是 1884 年在越南南部芽庄海岸附近的一个同名村庄发现的。该碑文雕刻在高 2 米的花岗岩上,在石柱的两面分别刻有 15 行左右的文字。虽被解读为"室利末罗王(Sri Mara)王室家族及其子孙……"等,但围绕该碑文的破译与解释,迄今为止争论已经持续了 1 个多世纪。第一个争论点是字体年代(有三种说法,分别是 2 世纪、3 世纪、4 世纪后半叶,4 世纪后半叶最有说服力);第二个争论点是拼写法的起源,是南印度还是北印度;第三是碑文归属于扶南还是占婆(有说法称占婆建国者区连与室利末罗王为同一人)。还有说法称室利末罗王与扶南大王范师蔓是同一个人物（法国人戈岱司说），法国人让·菲约扎（Jean Filliozat）又宣称其与南印度的潘地亚国王的称号一样，但均缺乏决定性证据。

古占语碑文的发现

公元4世纪后半叶，国王拔陀罗跋摩一世于今越南中部广南省茶荞登基，雕刻了美山遗址的第一块梵语碑文，并修建了供奉湿婆神拔陀利首罗（Bhadresvara，是国王名字"Bhadravarman"和湿婆神名字"Shiva"的合体，是最古老形态的林伽）的神庙。湿婆神拔陀利首罗化形为林伽，受人膜拜。在茶荞发现了和美山遗址的碑文字体一致的三块石碑，其中一块为古占语碑文。这些古老碑文、遗留建筑、出土文物表明，曾经在这里居住的民族深受印度文化影响，信仰湿婆神，使用古占语。在附近的东阳遗址，发现了约4世纪时期的笈多风格的青铜佛像。美山、茶荞和东阳三处遗址表明，这里昔日形成了占婆国的中心地带。

这一时期林邑占族人的风俗习惯在《梁书》《隋书》等中国史料中有记载。他们的房屋"以砖为城，蜃灰涂之"[1]，"居处为阁，名曰干阑"[2]。当地人"深目高鼻，发拳色黑"，"妇人椎髻"[3]。他们的衣物原料来自吉贝，"吉贝者，树名也，其华成时如鹅毳，抽其绪纺之以作布，洁白与纻布不殊，亦染成五

---

[1] 出自《隋书》卷八十二。

[2] 出自《梁书》卷五十四。

[3] 出自《隋书》卷八十二。

色，织为斑布也。……男女皆以横幅吉贝绕腰以下"[1]。国王出行时，"出则乘象，吹螺击鼓，罩吉贝伞，以吉贝为幡旗"[2]，"良家子侍卫者二百许人"[3]。占族人好战，尤善海战，使用弓箭、刀、矛、竹制弩等武器。葬礼风俗与印度相似。

在这些中国史料中，保留着与占婆国的攻防战和派遣使者的记录。3世纪，在中国的三国时代，占婆国向外扩张到了横山关（横山），今越南河静省和广平省分界线地带。5世纪，因占婆国经常入侵北方交趾地区，公元446年，中国将军檀和之占领了占婆北方边境横山关地区。之后，6至8世纪期间两国一直反复交战，直到10世纪，该地形成了占婆国的北方边境，也成为越南和占婆两国势力交锋的地方。8世纪后半叶，爪哇的侵略舰队烧毁了芽庄附近的婆那加寺院。

持续北进的占婆

占婆国的历史，可以说是一段争取海上贸易之路的霸主地位，不断向越南北部进攻的历史。中国史料记载了占婆国北进时的攻防战。反过来说，正因为这些历史记载均依据中国史料，所以仿佛占婆国一直不断地在攻击越南北部。占婆国的领土被山脉、隘口、隘路保护了起来，地形易守难攻。但是，腹地缺少辽阔的平原，以致人口增加和国力提升受限。他们是一个水性很好的民族，因此在东南亚各地沿海及内陆河畔均建有

---

[1]　出自《梁书》卷五十四。

[2]　同上。

[3]　出自《隋书》卷八十二。

小据点，以收集、运输森林和滨海物产。该地区的沉香、黑檀等香木尤其出名。他们一度在中国海南岛也拥有贸易据点。在连接印度、东南亚和中国的海上贸易之路中，占婆扮演着暹罗湾至广东（番禺）贸易之路上的货物搬运者及中间商的角色。9世纪左右，他们开始经营陶瓷贸易，运送越窑青瓷、定窑白瓷等，在占婆遗址中出土过这些瓷器碎片。

　　占婆的碑文史料是用梵文和古占语刻写的，到目前为止，共收录了206块碑文。据碑文详解，5至8世纪期间曾有一个恒河王（Gangaraja）家族，一位国王将王位传给自己的外甥后，远游印度。公元875年，在东阳附近兴起了因陀罗补罗（Indrapura）家族，并一直存续到10世纪。在该王族统治期间，东阳寺院笃信大乘佛教。但是，据称在8世纪中叶，在南部芽庄和宾童龙地方存在着其他家族。占婆（印度花名）这一名称始于7世纪的碑文，在中国史料中，8至9世纪称其为环王，9世纪以后称其为占城。10世纪中叶，芽庄地方遭到了西方吴哥王朝军队的进攻。

北敌越南和西敌柬埔寨

　　占婆王朝的兴衰一直与北方的越南和西方的柬埔寨相关。在占婆国兴盛之时建立的华丽高塔祠堂建筑（卡兰）里，保留了典雅优美的花叶纹装饰和考究的写实雕像。这表明，占婆国发展了属于自己的独特美术，而不再是复制印度美术。从自然、政治、经济和民族这些视角研究占婆史的话，占婆国并非单一国家，它实际上是沿岸各地港口势力相结合的一个松散的国家联合体，也可以理解为一个河流沿岸国家。

10 世纪以后，在弱肉强食的东南亚世界，占婆国周围的形势变幻莫测。北方的主角中国开始南下，取代越南迫近占婆国。西边日渐强大的吴哥王朝也对其构成威胁。公元 968 年，越南（大瞿越）脱离中国取得完全独立，加大了对占婆的攻势，发动了多次入侵。对此，占婆国意图开辟与南部湄公河流域进行贸易的路线，于公元 1000 年，将中心地转移到了今平定省南部的佛誓①。

公元 1009 年，越南建立了李朝，一个残留着东南亚土著色彩的王朝。李朝采取了逐渐向南扩张领土的政策。因此，占婆国不得不逐渐向后撤退。公元 1069 年，李朝军队攻破佛誓，俘获了占婆王。后以割让北部三州（今广平和广治两省）给越南为条件，占婆王获释。这次割让之后，越南人开始移居至这片地区。

接着，向湄公河流域挺进的占婆国势力引发了与吴哥王朝的冲突。约 1145 年，吴哥王朝军队占领了主城佛誓。但公元 1177 年，占婆国攻陷了吴哥都城，实现了复兴。不过，吴哥王朝阇耶跋摩七世（1181—1220 年前后在位）自 1190 年起，以吴哥都城遭奇袭为契机，大约用了 30 年的时间，终将占婆国纳入柬埔寨领土。占婆国虽在公元 1220 年左右恢复了独立，但 1226 年起，陈朝统治越南，取代李朝，再次开始攻击占婆。公元 1284 年，元朝远征军从海路攻来，占婆王率军逃到山中，

① 又称佛逝、毗阇耶。今归仁。

历经两年的游击战将元军击退。

在越南南进过程中战败的占婆国

14世纪前半叶，占婆国在陈朝压倒性的军事攻击下屈服。但另一方面，占婆还在窥探陈朝动静，尝试夺回割让的北部三州。他们沿海路对越南北部发动了两次（1370年、1377年）进攻，火攻都城升龙（河内）等给越南造成沉重打击。1407年，明军挺进越南，越南一时并入中国。占婆国借机夺回了部分失地，实现了暂时的和平。

公元1428年，黎利打败明军，统一了越南全国，开创了黎朝。在整顿国内体制之后，黎朝推行强有力的南进扩张政策，立志夺回明军占领时期失去的诸州。1446年，黎军攻陷主城佛誓，1471年再次进攻占婆国，火烧佛誓。占婆国失去了今平定省以北地区，越南农民迁居至此。占婆国受到了巨大打击，但是并未就此亡国。原本就是各地港口势力联合体的占婆国，在南部沿岸仍有其他部分王族存续。

芽庄和宾童龙是南部据点，这里依然居住着占人集团。17世纪后半叶，在越南中部占有据点的阮氏合并了芽庄和宾童龙。占婆国的另一据点潘里（Phan Rí）虽然遗留一部分王族，但在1687年，这一据点也被合并。部分占人溯湄公河而上，在1692年，向柬埔寨国王寻求庇护，获准居住在金边附近。据说另一部分占人逃亡到了马来半岛，当然也有说法称，他们只不过是移动到了原有据点。

桃木至朗根据最新研究成果编写了占婆史，他指出16、

17世纪，在东南亚各地依然可见占婆国的船只和商人，他们将各地原有据点连起来，继续开展贸易的史实。这种活跃的背后，是占婆国的伊斯兰化。17世纪，占婆国曾经有一位伊斯兰教徒国王。即使现在，柬埔寨的占人大部分也是伊斯兰教徒。他们以连接爪哇和中国的地域间中转贸易为中心开展活动。即使失去主要居住地，连接据点也能够进行贸易。

18世纪，占人集团被卷入西山党之乱，他们居住的宾童龙地区变成了主战场。后来阮朝统一了越南南北，实施同化政策，但占人在这一政策之下幸存下来。占婆国势力演化为居于越南南部的占人集团，在越南的统治下一直存续到1832年。这在占婆国的近代史料《王朝年代记》中得以证实。现在大约有6万占人作为少数民族生活在旧宾童龙地方。以此为中心，在越南中部至南部区域共残存约10万占人。

纵观占婆国的历史变迁，占婆在10世纪前与中国交战，10世纪后遭到越南和柬埔寨夹击，之后又与越南交战不断。当然，占婆与越南的持久战是围绕海上贸易的争夺战。就这样，占婆一直在攻击与反击中生存，能够持续开战的原因有：首先，占婆是各地据点的联合体，即使其中一部分受到攻击，其他港口据点也会继续发挥作用，为下次开战做准备；其次，占婆国土被长山山脉、隘口、隘路等自然障壁所包围，各区域防卫分散化。

同时，自然环境也是不利因素。占婆国海岸线过长，各港口势力分区割据，欠缺统一行动力。占婆国经常将目标锁定在越南和柬埔寨这两个相邻的贸易竞争对手身上，进行西征北讨，也就是围绕湄公河流域以及南海至东海的贸易的争夺战。

水性好的民族——占人

占人是擅长在海洋或河川活动的民族。正如巴戎寺的浮雕描述的一样，占婆水军的战船载有单层桨座的桨手和陆兵，无论在速度还是机动性方面，在当时都有巨大威力。他们在东南亚各地沿海以及大河两岸拥有据点，收集、运输森林物产和特产，从湄公河流域至暹罗湾以及南海至中国的贸易中获取巨大利益。换言之，他们凭借网络化的据点经营着地域内的物产。每次和越南交战，很多占人会逃到国外据点，这些国外的据点照常发挥作用。

占婆国是国内狭长海岸线各港口势力的联合体，国力长期得不到提升，历史上一直在向南撤退。因为是这样一个松散的联合体国家，其他王族在南部藩朗（当时的宾童龙地区）一直延续着，保持着相对稳定的据点。

岘港南部有印度教湿婆派的美山遗址、茶荞遗址和佛教的东阳遗址。平定省有因卡兰建筑（方形高塔，由金字塔形高耸屋顶和方形殿身构成）风格而闻名的金、银、铜祠塔和平定馆（Thap Mam）祠堂，芽庄有婆那加祠塔（Po Nagar），藩朗有普龙塔（Po Klong Garai）、华莱塔（Hoa Lai）、婆罗摩塔（Po Rome）。17世纪，最后的据点也因越南的南进而沦陷，以印度文化体系立国的占婆联合体彻底灭亡。一部分占人变成伊斯兰教徒。岘港有一个占婆美术馆，展示了占婆国历史的变迁。

占婆国失去居住地后，余下的占人成为越南国内的少数民族。但是，逃往东南亚其他据点的占人，如逃到柬埔寨的占人，保持与马来半岛和爪哇方面的往来，如今伊斯兰教徒之间的通婚也很频繁。据说金边郊外的占人奇兰卡姆（音）部落，有时会嫁到马来半岛村落（kampung）。像这样的地域性往来一直持续到现在，其事实说明，这不仅仅是简单的婚姻来往，其背后必然有区域内物产的流通。可以说占族团体超越国家界限，基于民族同一性而行动这一点得以传承下来。

神秘的堕罗钵底王国

另一个孟人国家

在东南亚将佛教发扬光大的孟人，散居在泰国湄南河上游至下游的广阔区域。我们认为堕罗钵底国是这个孟人国家，其主城在佛统[①]，而乌通、波古特克[②]、华富里等也都在湄南河下游流域。但在中上游的哈里奔猜地区以及泰国东北部地区也发现了孟人的足迹。

从残留的建筑物台基遗址、出土文物、雕刻等可以看出，这里有印度色彩浓厚的港口或城市一类的地方势力。孟人国使用孟族语，大概活跃在 6 至 8 世纪。甚至唐代远游印度的玄奘，在 7 世纪也提到了这个"Dvaravati"，即"堕罗钵底"（《大唐西域记》）。这些孟人遗迹被护城河、城墙和土墙包围，

[①] Nakhon Pathom，佛教最早传入泰国的地方。
[②] Phong Tuk，佛统正西方，美功河河畔一处村落。

有各种规模。佛统大塔寺建筑遗址面积广阔，南北 2 公里、东西 3.2 公里，里面残留一些佛塔建筑物的遗迹。最近，在佛统大塔寺附近的大佛塔中发现了堕罗钵底国王的碑文，再次验证了这是孟人组建的国家。在波古特克也发现了台基遗址，里面出土了银币、笈多风格佛像、法轮等文物。在稍南一些的叻武里发现了佛像、浮雕和戴有圆筒状头冠的毗湿奴神像。这些雕刻具有共同的特征，被称为堕罗钵底美术风格。中国史料中称该国有数城，城内万余户。9 世纪，东部吴哥王朝壮大繁荣起来，经呵叻高原，进入湄南河中下游地区，不久堕罗钵底王国走向衰落。

因地区贸易发展兴建大佛塔

中国史料记载堕罗钵底王国向唐朝朝贡，全盛时期势力范围东接吴哥王国，西至孟加拉湾，南辖马来半岛中部，下缅甸为其附属国。

《通典》（卷一八八）中记载了该国的通商活动："多以农商为业。……其国市六所，贸易皆用银钱，小如榆荚。"这里说的银钱在乌通确实出土过。另外还记载了"私铸银钱者截腕"的刑法。在泰国和缅甸发现了与扶南外港喔呋出土银币相同的银币，说明扶南的货币在湄南河流域广泛通用。佛统大塔寺等建筑是由于孟加拉湾、马来半岛、暹罗湾之间贸易活动的兴盛而建立起来的。另外，与邻国扶南地区的贸易往来也很活跃。

在公元 802 年统一柬埔寨的阇耶跋摩二世（Jayavarman

II），将领土扩张到湄南河流域附近的堕罗钵底王国。另外在公元 775 年，室利佛逝统治了马来半岛中部地区。在上述邻国的政治形势影响下，堕罗钵底王国统治的范围渐渐缩小。

该国盛行佛教，创造了堕罗钵底风格佛像这种独特的美术作品，对后期高棉和泰国的美术产生了影响。虽然可以确定当时的国教为佛教，但也有仅仅根据佛教的美术风格无法判明之处。不过，从其他供奉的刻有巴利语的佛像上可以看出，他们信仰上座部佛教。根据最近的研究，也有学说认为这里一并存在使用梵文的小乘佛教。

哈里奔猜王朝是以湄南河上游的南奔地方为中心建立的孟人国家。也有说法称，它是约 8 世纪由来自罗斛（今华富里）的移民建设的国家。该国在约 11 至 13 世纪末取得了蓬勃发展。还有一种说法有待商榷，认为它是堕罗钵底王国衰亡后迁徙过来的孟人建立的国家。总之，哈里奔猜盛行上座部佛教，在 11 至 12 世纪，于南部国境与吞并了湄南河下游流域的吴哥王朝势力形成对峙。最终，北部泰国人开始频繁活动，在公元 1292 年，哈里奔猜王朝遭到兰纳王国孟莱王的攻击而灭亡。

下缅甸的孟人国家与骠国

传说中"素攀地"（金地国）的人们

下缅甸至马来半岛西岸一带，是来自印度方面的渡海者进入东南亚的最初入口。在下缅甸的伊洛瓦底江河口一带，同东南亚其他的沿海、河岸一样，约公元1、2世纪从印度乘船而来的人们把当地的贵金属、玳瑁、珍珠、香辛料等带了回去。如此，经过数世纪与印度的持续往来，印度来访者不仅促进了贸易商品的流动，还带来了种种印度文化要素和概念。以文字为首，宗教、祭祀礼仪、思想和王权概念、武器、战术、初步灌溉和稻作技术等印度文化要素被引入当地，印度教和佛教被人们接纳。

在下缅甸萨尔温江和锡唐河两河河口附近有座旧都直通，相当于巴利语史书中描述的素攀地（金地国）。

据说曾有一个以直通为中心的孟人国家。孟人被缅人称为得楞族。后来，他们的中心地转移到了汉达瓦底（勃固），9世纪这里成为都城。孟人国家因地理位置关系，很早就受到印度文化的影响，孟人作为东南亚大陆地区的先进民族，起着传播印度文化的媒介作用。

与占领下缅甸的孟人国家同时期，伊洛瓦底江中游流域出现了骠人（自称突罗朱）国家。骠人以现在的卑谬地区为中心居住，并建立了骠国。距离卑谬东侧10公里的室利差咀罗遗址，是缅甸发现的最早受印度文化影响的地方。其物证为约5世纪末的佛经残片。骠人可以说是从云南、西藏沿伊洛瓦底江南下的先驱民族。7世纪，中国两名求法高僧玄奘和义净，将该王国记载为"室利差咀罗""室利察咀罗"，描述了当时的建国风貌和习俗，其称呼来源于印度奥里萨邦地区的城市旧名。

皈依佛门的教徒

中国史料（《新唐书》《旧唐书》《蛮书》等）记载："青甍为圆城，周百六十里，有十二门，四隅作浮图。"[①] "其罗城构以砖甃……濠岸亦构砖……城内有居人数万家，佛寺百余区。其堂宇皆错以金银，涂以丹彩，地以紫矿，覆以锦罽。"[②] "人性和善少言，重佛法。"[③] "男女七岁则落发，止寺舍，依桑门，至二十不悟佛理，乃复长发为居人。"[④] 室利差呾罗都城遗址近似椭圆形，直径约4公里，有三座大佛塔遗迹和许多残留建筑，周围有城墙环绕。此外，还发现了宽广的王宫遗址。可以想象得到当时的繁荣景象和都城的奢华风貌。当时的大佛塔据说是11世纪修建的蒲甘佛塔的原型。考古挖掘调查发现了笈多风格雕像、被称作"骠币"的银币、天城字体的梵文赤陶佛像牌、毗湿奴神雕像、小型青铜菩萨像、埋葬用的骨灰盒、上座部佛教碑文等文物。这些文物表明当时小乘佛教存在另一个派系——使用梵文的"根本说一切有部"（梵文Mūlasarvāstivāda）。这些出土文物部分印证了中国史料记载的当时都城的繁华景象。

突然销声匿迹的骠人

沿伊洛瓦底江发现有罕林（3—8世纪）、毗湿奴城（3—4

---

① 出自《新唐书》卷二百二十二下。
② 出自《旧唐书》卷一百九十七。
③ 出自《蛮书》卷十。
④ 出自《旧唐书》卷一百九十七。

世纪)、室利差呾罗(3—10世纪)等骠人的居住遗迹。通过挖掘考察,人们大致了解了当时的物资流通、交流以及骠人的居住据点。后来,在皎施也发现了青铜小坐佛、银币、乘马浮雕画像等,还有佛塔的遗迹。

曾经相当繁华的骠人的都城,遭到了7世纪后半叶左右在中国云南地区兴起的南诏国的攻击,公元833年都城遭到烧毁。3000多名居民作为俘虏被强制移居到拓东(昆明)。之后就再没发现骠人的相关记载。从9世纪中叶一直到蒲甘王朝阿奴律陀王(1044—1077年在位)登上历史舞台,伊洛瓦底江流域出现了大约200年的历史空白。

第四章 东南亚群岛地区国家的发展

阿拉伯船、波斯船的到来以及室利佛逝的兴起

中国与东南亚

中国国内储备的黄金长年流往印度，导致 5 世纪上半叶国内的黄金一度匮乏，再加上政局动荡，古代货币经济逐渐丧失功能，转变为以物易物。这是中国中世的开端。由此，中国从之前的黄金输出国变成黄金输入国。另外，随着佛教的传播，中国出现了对宗教仪礼中用的东南亚产各种香料、香木的需求。

中国内部与东南亚关系密切的南部地区，当时处于南朝（420—589 年）统治之下，虽然政局混乱，但社会稳定，经济发展显著。因此，作为重要出口产品的丝织品以及其他工艺品的生产也很兴盛。东南亚各国或为己用，或为出口到印度、西

亚地区，开始向中国派遣商船，获取这些中国制造的商品。

朝贡与册封

本节将就中国与其他国家的基本外交关系，即"朝贡"与"册封"进行说明。在中国，皇帝被认为是至高无上的存在，是全世界的统治者。依照这种想法，其他各国统治者应该臣服于皇帝，有义务定期来到皇帝身边亲自侍奉，并向皇帝奉上贡品。当然，有些国家路途遥远，就派使节代为侍奉。这种行为称为"朝贡"。所谓的"朝"就是"侍奉朝廷"，所谓的"贡"就是"奉上贡品"。[①] 此外，也称作"入贡"，意义相同。对此，皇帝会赏赐回礼，称为"回赐"。"回赐"的价值常达贡品数倍，但"回赐"本来就是名义上的、象征性的。

皇帝有任命这些统治者为一国之君的权力。皇帝行使这种权力、任命国王的行为叫作"册封"。"册"是委任书，"封"是任命。如果一国的国王去世，其继承者必须亲自去中国皇帝跟前进行侍奉，或派遣使节，请求皇帝任命。皇帝恩准请求并任命其为国王。这是中国对外关系的基础。

中国同外国的关系可以比作统治与被统治的关系，因此来自外国的民间商船访问中国时，也必须遵循国王使节这一形式。否则，中国官府不能接受其入境，也无法给予他们法律保护和贸易许可。中国正史等官方史料记载的"某某国朝贡"，就是这种以国王使节的形式到访中国的情况。当然这是一种原

---

① 作者似理解有误，朝贡的意思是朝见君主，敬献礼物。

则，实际上不采用这种形式的民间商船来访也很盛行。

　　搭载国王使节的船只到达中国后，为了筹措滞留期间的经费，销售事先准备好的商品，这一行为是被允许的。当然这也只是一种形式，使节是可以出售带来的商品进行贸易的。献给皇帝的贡品自不必说，向港口官府及官员赠送礼物、交纳税金也是理所应当的。当时中国面向东南亚各国的窗口，是统治越南北部的交州地方长官（因朝代和时代不同而有变化，但多半称为刺史）。

印度的社会变化

　　中国停止对印度输出黄金这一举措，对印度造成了巨大影响。5世纪之后，印度便不再铸造金币，和中国一样从古代货币经济转变为以物易物。这是印度中世的开端。结果，依靠市民支撑的大乘佛教宗教团体日渐消亡，从农村的民间信仰中诞生的印度教成为社会规范。为了限制人们随意行动，最大限度利用有限的资源，养活尽可能多的人口，无数职业集团的集合体，即种姓由此诞生。但是，无论是生产棉织品等物质文化方面，还是各种技术方面，抑或是大乘佛教和印度教等精神文化方面，印度在东亚及南亚的优越地位都从未动摇。

6世纪下半叶的东南亚

　　关于《梁书·海南诸国传》时代，即6世纪上半叶之前东南亚群岛地区的情况，在《梁书》等一些史料中有记载，但

在 6 世纪下半叶，也就是中国南朝陈（557—589 年）、隋朝
（581—618 年）时期，中国方面的史料也很匮乏，疑点重重。
隋朝正史《隋书》中的《南蛮传》只记载了林邑、赤土、真
腊、婆利四国。赤土国因为土壤为红色，故被如此称呼，原本
应该另有其名。一般认为其位置处于狼牙修国偏南。据《隋
书·南蛮传》记载，赤土国是泱泱大国，"其俗敬佛，尤重婆
罗门"。由此可知，6 世纪末，婆罗门在这些国家中也占据着
重要的社会地位。另外，在盘盘国也是如此。

阿拉伯船和波斯船走出国门

7 世纪中期，孟加拉湾贸易圈、南海暹罗湾贸易圈的海上
交通发生了巨大变化。从"隋唐时代南海诸国朝贡年表"中
可以看到，陈时代也同梁时代一样，马来半岛上各国继续向
中国朝贡，一直持续到公元 648 年。另一方面，公元 616 年
和 630 年，婆利国，也就是巴厘有两次向中国朝贡。之后的公
元 640 年诃陵国第一次向中国朝贡。诃陵国在今爪哇中部的
北加浪岸。公元 644 年，摩罗游国朝贡。"摩罗游"是马来语
（今马来西亚语和印度尼西亚语之源）"Melayu"的古语形式
"Malayu"的音译，相当于今苏门答腊的占碑。诃陵国的朝贡
持续到公元 666 年便中断了。公元 669 年进行朝贡的婆罗国
好像是位于马来半岛南岸的国家，但这段时期只朝贡了一次。
公元 701 年，佛誓国开始朝贡。

接下来看南亚、西亚各国的朝贡情况。公元 571 年天竺国
也就是印度进行了朝贡，但之后中断了一段时间，公元 641 年

开始，除天竺之外，南天竺、东天竺等各地的统治者也都频繁
朝贡。公元651年，大食国即阿拉伯开始朝贡。公元661年，
波斯开始朝贡。除此之外，虽然很少见，但狮子国即锡兰也偶
尔朝贡。

天竺、大食、波斯的朝贡，虽然有一些明显是从陆路经
由亚洲中部而来的，但将其与东南亚群岛地区诸国的朝贡情况
进行比较，可以发现以下关系：在群岛地区诸国朝贡的年份
里，南亚、西亚诸国未进行朝贡；在群岛地区诸国未朝贡的年
份里，南亚、西亚诸国进行朝贡。这并非出自偶然，可以认为
南亚、西亚诸国多是经海路前往朝贡的，否则无法解释。也就
是说，大约在公元7世纪30年代末到40年代初，印度洋贸易
圈发生了巨大变化，使得印度、阿拉伯、波斯船舶能直接来访
中国。

隋唐时代南海诸国朝贡年表

年号（公历）	南亚、西亚	东南亚群岛地区
陈		
天嘉四（563）		干陀利
光大二（568）		狼牙修
太建三（571）	天竺	丹丹、盘盘
十三（581）		丹丹
至德二（584）		盘盘
三（585）		丹丹
隋		
大业三（607）		向赤土国派使节
四（608）		赤土
五（609）		赤土
六（610）		赤土
十二（616）		婆利

（续表）

年号（公历）	南亚、西亚	东南亚群岛地区
唐		
贞观四（630）		婆利
七（633）		盘盘
九（635）		盘盘
十四（640）		诃陵
十五（641）	天竺	盘盘
十六（642）		波罗
十八（644）		摩罗游
二十（646）	天竺	
二十一（647）	波斯	
二十二（648）		诃陵、盘盘
永徽二（651）	大食	
六（655）	大食	
显庆三（658）	南天竺三国	
龙朔元（661）	波斯	
乾封元（666）		诃陵
二（667）	波斯	
总章二（669）		婆罗
三（670）	狮子	
咸亨三（672）	南天竺	
四（673）	波斯	
五（674）	波斯	
永隆二（681）	大食	
永淳元（682）	大食、波斯、南天竺	
天授三（692）	东、西、南、北、中天竺	
长安元（701）		佛誓
三（703）	大食	
神龙二（706）	波斯	
景龙二（708）	波斯	
景云元（710）	南天竺、大食	
二（711）	大食、狮子	
先天二（713）	南天竺	
开元二（714）	西天竺、天竺	
三（715）	天竺	
四（716）		佛誓
五（717）	中天竺	
八（720）	中、南天竺	

（续表）

年号（公历）	南亚、西亚	东南亚群岛地区
十（722）	波斯	尸利佛誓
十二（724）		尸利佛誓
十三（725）	大食、中天竺、波斯	
十五（727）		佛誓
十六（728）	大食	
十七（729）	大食、北天竺	
十八（730）	波斯、中天竺	
十九（731）	中天竺	
二十（732）	波斯	
二十一（733）	大食	
二十五（737）	波斯	
二十九（741）	东天竺、中天竺、大食	佛誓
天宝四（745）	波斯、大食舍麽	
五（746）	师子、波斯	
六（747）	大食、波斯	
九（750）	师子、波斯	
十一（752）	黑衣大食	
十二（753）	黑衣大食	
十三（754）	黑衣大食	
十四（755）	黑衣	
十五（756）	黑衣大食、大食	
乾元元（758）	黑衣大食	
二（759）	波斯	
宝应元（762）	黑衣大食、波斯、狮子	
大历三（768）	黑衣大食	诃陵
四（769）		诃陵
六（771）	波斯	
七（772）	大食	
九（774）	黑衣大食	
贞元七（791）	黑衣大食	
十四（798）	黑衣大食	
元和八（813）		诃陵
十（815）		诃陵
十三（818）		诃陵
十五（820）		阇婆
太和五（831）		阇婆
开成四（839）		阇婆

（续表）

年号（公历）	南亚、西亚	东南亚群岛地区
大中六（852）		占卑
咸通中（860—874）		诃陵
咸通十二（871）		占卑
天祐元（904）		三佛齐

至于原因，笔者（生田滋）认为是，7世纪上半叶，阿拉伯海沿岸的西亚诸国，也就是统治阿拉伯半岛和波斯的波斯萨珊王朝治地，银矿的开采量增加，大量白银开始在西亚流通；此外，公元629年，由于西亚与东罗马帝国长年的敌对关系解除，货币经济开始真正在西亚发挥作用，各类奢侈品需求量激增。这样一来，西亚与印度间的海上贸易变得活跃，与此同时，当时统治着北印度地区的戒日王朝等各地统治者，投身于西亚与中国的转口贸易。不久，阿拉伯人在印度的马克兰、信德建立了殖民地，以此为基地，阿拉伯船、波斯船便直接航行到中国。

在此笔者还想探讨另一变化。虽无确凿证据，不过笔者想，广泛应用于阿拉伯海、有"独桅三角帆"之称的大型帆船，应该诞生于这一时期。笔者认为阿拉伯人、波斯人就是驾着独桅三角帆从印度进入东南亚的。

独桅三角帆是为了能尽可能多地装载货物而建造的大型帆船。该船结构上没有龙骨，船舷板用绳子连在一起，接头处用石灰混油封住，防止漏水。独桅三角帆虽然构造简单，但因为阿拉伯海、波斯湾海浪平缓，这样便足以航行。造访中国的印度船、阿拉伯船、波斯船都是这种独桅三角帆。

阿拉伯船、波斯船与东南亚

与传统印度船相比，独桅三角帆外形巨大，所以装载的商品肯定也多。如此一来，即使停靠在马来半岛上的各国港口，也很难在那里收集足够的货物，因此他们想索性穿过马六甲海峡，出暹罗湾直奔中国也是情理之中的事。但是驶向中国的话，需要寻找港口等候季风的到来。

前文有述，法显从锡兰岛回国时搭乘的便船，于公元414年中途停靠耶婆提国。笔者认为耶婆提国在爪哇，大概位于爪哇中部，它本身是港口国家，既是从印度通过马六甲海峡航线的终点，也是往北到中国，往东至巴厘岛、马鲁古群岛航线的起点。或者耶婆提国也可能在前文提到的北加浪岸。寻找新停靠港口的阿拉伯船和波斯船会选取这条航线停靠在爪哇中部的北加浪岸。想必他们寻找了很多停泊港，也一定尝试过摩罗游国、婆罗国等地方。

谈到诃陵国与中国的贸易，有各种各样的情况：让熟悉路线的诃陵国船员同乘一条船前往中国，或在当地建造独桅三角帆并派往中国，抑或是当地统治者为了招揽阿拉伯船、波斯船，备船派往中国。

阿拉伯船、波斯船到访中国与室利佛逝

诃陵，即北加浪岸，作为前往巴厘、马鲁古群岛的停泊港非常方便，但是前往中国，停靠诃陵的话就未必便利。因此，想前往中国的印度船、阿拉伯船、波斯船需要寻找更加便利的港口，结果他们发现了尸利佛誓国，也可简称佛誓国。这

个尸利佛誓或者佛誓国与义净（635—713 年）的《大唐西域求法高僧传》中的室利佛逝相同，是"Srivijaya"的音译。关于它的位置众说纷纭，现在一般认为是苏门答腊的巨港。

在此笔者还想强调的一点是，这些船从室利佛逝等地出发直奔中国时可能已经开始使用罗盘针。仅从《大唐西域求法高僧传》中的记述来看，没有证据证明义净搭乘的波斯船上使用了罗盘针，但笔者认为当时很有可能已经开始使用罗盘针。

在此之前，横穿马来半岛，经中南半岛东海岸到达当时受中国统治的越南北部，这是人们主要利用的贸易之路。自从阿拉伯船、波斯船直达中国广州、泉州之后，这条贸易之路局限化，贸易量也不及广州、泉州等地。于是，此前中国与东南亚各国的外交之窗——越南北部的重要性减弱。其结果，唐朝对越南的统治逐渐流于形式，越南人取代了中国人在该地获得统治地位。不久，进入 10 世纪后越南独立。另外，进入 7 世纪后扶南国衰落，不久喔吠贸易港口也被遗弃，这也是因为阿拉伯船和波斯船等开始经马六甲海峡直达中国。

港口国家室利佛逝

室利佛逝王国的首都巨港是今印度尼西亚共和国南苏门答腊省的首府。该市位于穆西河河口上游方向约 90 公里的地方，自海岸到巨港附近连绵着沼泽森林，这样的环境不适合人类居住。从巨港沿着穆西河的干流，或者奥干河（Ogan）和高棉林河（Komering）两条支流溯游而上，有很长一段也是沼泽森林及平原森林，现在也几乎无人居住。进入巴里桑山山脚的高地后，才是适宜人类居住的环境。当时的状况与此大致相同。

现在的巨港市建于 19 世纪之后，室利佛逝时代的中心在更上游，位于穆西河大转弯处连绵不断的小山丘及周边地方。其中最高的山丘海拔也不过 25 米，被称为锡贡堂山（Bukit Seguntang），是马来民族的发祥圣地。一般认为，这里是室利佛逝时代的圣地，小山山脚的河流旁分布着村落。另外，大部分住所一定都是干栏式房屋。但是迄今为止尚未发现大规模的寺院和王宫遗址。发现了一些佛像等物，但数量很少。据此有说法称室利佛逝王国不在巨港，但是可能这些遗址已被破坏，或者只是尚未发现相关遗址。

关于室利佛逝王国，除义净的记录外，只有一些梵语碑文、古马来语碑文以及阿拉伯人的记录中有过记载，至于是谁用何种方式建立了室利佛逝王国等问题，则无从考证。但是 7 世纪后该地是多种意义上的地域中心，这一点确定无疑。大概这里是将穆西河上游开采出来的沙金进行装运发货的港口。由于这里作为停泊港非常合适，阿拉伯船和波斯船开始停靠在此，不久这里诞生了王国。

义净与室利佛逝

公元 671 年，《大唐西域求法高僧传》的作者义净搭波斯船从广州出发去印度，航行不到 20 天便到达佛逝国，即室利佛逝。义净在此停留 6 个月，学习梵语文字和发音。之后在室利佛逝国王的关怀和帮助下前往末罗瑜国（同摩罗游国），在当地停留两个月后前赴羯荼国。羯荼国在今马来半岛吉打州的美保河河口附近。公元 672 年 12 月，因为书上写着"王舶"，所以义净可能是乘坐羯荼国国王的船只前往印度，抵达恒河出海口的贸易港多摩梨帝国。义净在那烂陀寺等地求学 13 年，于公元 685 年携大量梵语佛典从多摩梨帝国踏上归国之途，首先前往吉打。在义净所著《根本说一切有部百一羯磨》的注解中，有对从多摩梨帝国到室利佛逝的归途情况的简单记载，其中称"此属佛逝"。大概公元 672 年义净前往印度途经吉打时，吉打还是一个独立王国，公元 685 年义净在归国途中顺道去吉打的时候，吉打已成为室利佛逝的附属国。碰巧这一时期有以公元 683 年和 686 年为纪年的梵语碑文，由此可以得知室利佛逝王国从公元 682 年开始向周边各地派远征军，又于公元 686 年向爪哇派遣了远征军。

义净从吉打回末罗瑜国，即苏门答腊的占碑，在《根本说一切有部百一羯磨》中提到占碑"今为佛逝多国矣"（一般认为"多"字有误），《大唐西域求法高僧传》中关于去程中末罗瑜国的记事，有注解为"今属室利佛逝"。这里的"今"一般认为是义净执笔写《大唐西域求法高僧传》时，即公元 692 年。据此可知，在这 13 年里，室利佛逝征服了占碑、吉打。义净从这里回到室利佛逝，即巨港，直到公元 694 年一直逗留当地。

义净在《根本说一切有部百一羯磨》中记载道："此佛逝廊下僧众千余，学问为怀，并多行钵。所有寻读乃与中国不殊，沙门轨仪悉皆无别。若其唐僧欲向西方为听读者，停

斯一二载，习其法式，方进中天，亦是佳也。"由此可知这里
笃信佛教，有包括中国僧侣在内的庞大僧侣集团。实际上从
《大唐西域求法高僧传》中的记载可知，国王热情招待来自中
国的僧人。

公元 689 年义净在室利佛逝的河口拜访商船，正在船上书
写寄往广州的书信时，起风了，商船随即扬帆起航，将船上的
义净一道载回。这样一来，虽然并非出于本意，但义净那年 7
月暂且回到了广州。不过很快在 11 月份，义净便搭乘另一艘
船返回室利佛逝。往返的船只都是在广州和室利佛逝之间直航
的。之后他在室利佛逝完成了《南海寄归内法传》和《大唐西
域求法高僧传》等著作。公元 692 年，义净托朋友将这些著作
献给朝廷。公元 694 年，义净离开室利佛逝，朝着广州，踏上
了归国的旅程。

室利佛逝王国的真实风貌

室利佛逝王国的成立是东南亚群岛地区历史上划时代的
大事。首先，室利佛逝是来自印度洋的商船与往返于东南亚群
岛地区各地之间的商船进行贸易的中转贸易基地。在此意义
上，可以说室利佛逝王国建立的同时，以该地为中心的东南亚
贸易圈也成立了。室利佛逝国王的首要工作便是让来自各地的
商船顺利进行贸易。

以室利佛逝为起点的贸易中，与中国的贸易最为重要。
因此，阿拉伯船、波斯船、印度船等常常从室利佛逝出发，直
达中国。当他们无法直航中国时，在室利佛逝待命的商船会根

室利佛逝王权结构

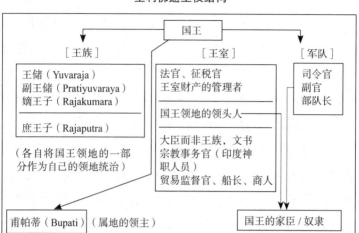

（出自：大林太良编《东南亚的民族和历史》，《民族的世界史》6，
山川出版社，1984）

据需要到达中国。

　　室利佛逝是在人类宜居的山地地区与非宜居的沼泽森林的交接处诞生的最早的港口城市。因此，它作为山地产品输出港发挥着功能。输出商品有作为国际贸易商品的金、林产品，以及作为粮食的米、西谷淀粉、果实等。粮食方面，不仅是为了到访的外国商船，也是为了经过沼泽森林来海岸线一带获取海产品的人们，即海民而准备的。基于这两个特征，室利佛逝成为之后的东南亚群岛地区及大陆地区沿岸地带港口城市的原型。

　　室利佛逝王国统治着锡贡堂山周边村落以及分散在附近的几个村落的居民，土地对他们来说仅仅是居住场所。关于室利佛逝统治体制的史料，有在巨港附近的多郎婆黄[①]发现的碑文。由此可以清楚再现室利佛逝的社会组织，如上页表所示。此表描述了这个国家的组织状况：国王指挥军队的同时，建造小型宫殿，统治由各种工匠和奴隶构成的社会，王族作为各自独立的酋长，辅佐国王，而其他酋长作为臣子服从国王。那么室利佛逝王国统治着什么样的地域呢？

《新唐书·南蛮列传》中关于室利佛逝王国统治地域的记载如下："地东西千里，南北四千里而远。有城十四，以二国分总。（东为室利佛逝）[②]西曰郎婆露斯。"[③]郎婆露斯为"Langabalous"的音译，本为尼科巴群岛，此处被认为是指苏门答腊岛北部。这里的"有城十四"即统治下的14个港口城市。这些港口城市中吉打和占碑直接受室利佛逝统治，或者与之关系密切，这一点确定无疑。泰属地马来半岛东海岸的猜亚也受室利佛逝统治。虽说是统治，也只是定期征收贡品，战时令其派出一定数量的船舶和士兵。另外，军事行动的目的也不是获取殖民地，而是掠夺奴隶和商品。

室利佛逝的宗教与美术

从义净的记载中也可以清楚得知，室利佛逝王国盛行大乘佛教，大量的寺院和佛像应运而生。这一时期大约从公元8

---

① Tulang Bawang。参考：萨努西·巴尼著，吴世璜译《印度尼西亚史》，商务印书馆，1959 年。

② 此句为作者添加，非《新唐书·南蛮列传》原文。

③ 出自《新唐书》卷二百二十二下。

世纪持续到 13 世纪。但是，在巨港本地并没有发现寺院遗址，佛像也不多见。相反，在猜亚发现了寺院遗址（其中一座成为上座部佛教寺院）和各种遗物。其中尤为精美的是曼谷国立博物馆的青铜观世音菩萨像。

中国船挺进海外

从前文中的"隋唐时代南海诸国朝贡年表"可以看出，公元 798 年黑衣大食（阿拔斯王朝）的朝贡为最后一次朝贡，此后大食、波斯的朝贡结束了。公元 768 年，诃陵国再次开始朝贡，阇婆一度取代其朝贡，后来又有占卑（占碑）朝贡。公元 904 年，三佛齐朝贡。三佛齐实际上就是室利佛逝，从这里开始该国进入了新时代。关于这些，笔者另行叙述。

从黑衣大食最后一次进贡到诃陵国进贡，即从公元 798 年到公元 813 年是阿拔斯王朝哈里发哈伦·拉希德（786—809年在位）到艾敏（809—813 年在位）的时代，这是阿拔斯王朝的鼎盛时期。因此，想必西亚没有什么情况引起这一系列的变化。另外，事实上广州当时有阿拉伯人、波斯人等的大规模居留地。

笔者认为这一变化显示出 9 世纪初期，中国船只开始挺进海外。在此之前中国人虽然也去东南亚各地和印度，但那时他们和义净一样，是搭乘印度船、阿拉伯船、波斯船前往的，而不是乘中国船出去的。中国船只开始挺进海外，笔者想说是因为安史之乱（755—763 年）平息之后，中国此前从西亚、日本进口的金银积蓄起来，货币经济渐渐复苏，国内对外国奢侈品的需求增加。其结果，仅靠印度船、阿拉伯船、波斯船输入的商品已经不能满足需要，为了弥补这一差距，中国船开始向海外进军。

为了让中国船能航行至海外，首先需要研发能在外海航行的船舶。笔者认为，中国人可能在阿拉伯人、波斯人使用的独桅三角帆基础上，使用借助中国优秀的铸铁、锻造技术制造出的铁钉和扒锔钉等，将船体变得更为坚固，还在船内设计制造出隔断船舱，提高船体整体强度的同时，防止船因触礁等情况进水。中国平底帆船便在这样的改良中诞生了。

这种中国船首先来到了阿拉伯船、波斯船的停靠港室利佛逝，接着又来到了这些船只从印度航行而来时的最早的停靠港吉打。10 世纪中期阿拉伯地理学家马苏第在他的著作《黄金草原与珠玑宝藏》中记载道："吉拉（吉打）① 大致位于中国和印度之间。现在这里是来自尸罗夫与阿曼的伊斯兰教徒的航船终点。他们在那里遇到了来自中国的船。这是从未有过的景象。……这位商人在吉拉市乘中国船前往广府（广州）。"

阿拉伯人眼中的室利佛逝

室利佛逝作为贸易港繁荣起来是在中国船只到来之后了吧。最早提到室利佛逝的阿拉伯人是公元 850 年著写《道里邦国志》的伊本·胡尔达兹比赫。随后在公元 916 年，艾布·赛义德在《中国印度见闻录》的续编中详细记述了扎巴吉

---

① Qalah 或 Kalah，中文史料中译为箇罗。

（Zabadj）的相关内容。"扎巴吉"的音译出处虽不明确，但明显和"爪哇"有关。

据艾布·赛义德描述，扎巴吉的国王称号为摩诃罗阇，统治着广阔的领土，其中包括斯里布扎岛（Sribuza，室利佛逝岛）和拉米（Ramni，苏门答腊北端的南巫里）。很明显艾布·赛义德将苏门答腊岛误认为南北两个岛，后文将提到的马可·波罗也是如此。艾布·赛义德还记述了摩诃罗阇统治下的另一个岛卡拉（Kalah），即吉打。据艾布·赛义德所述，卡拉（吉打）是商品的交易中心，交易的商品有沉香、樟脑、白檀、象牙、锡、黑檀、苏木、各种香料以及其他种种商品。从阿曼出发的商船以此为目的地，商船由此地前往阿拉伯各国。

据艾布·赛义德记述，扎巴吉统治着从爪哇到马六甲海峡两岸的地域，其中包括室利佛逝、南巫里、吉打。参阅前文"隋唐时代南海诸国朝贡年表"可知，从大历三年（768年）到咸通年间（860—874年），来自东南亚群岛地区的诃陵国、阇婆国或占卑国时有朝贡。这一时期的扎巴吉指的是诃陵国或阇婆国，二者中的某一个很可能控制着这一海域的贸易。

艾布·赛义德称摩诃罗阇居住的岛上富饶，人口稠密，村落相连。而且"据权威人士断言，这里每当黎明，一处鸡鸣报晓，四周一百法尔萨赫，或更远范围的鸡，也一个接一个地应声而啼。鸡所以能这样遥相呼应，就是因为村落相连，人烟稠密。"[1]与其说这是巨港附近的景象，不如认为是爪哇中部的

---

[1]　参考：《中国印度见闻录》卷2，黄悼汉译，中华书局，1983。

风景。

　　艾布·赛义德甚至还记录了扎巴吉之前一个国王的轶事。这个国王的王宫朝着海湾，涨潮时海水涌进来，在王宫前形成一个小湖。很明显这是巨港的风景。国王的总管每天早晨捧着一块砖状的金条给国王过目，随后投入湖中。金条堆积成山，涨潮时看不见踪影，落潮时显露出来，在太阳的辉映下闪闪发光。国王去世后，这些金条被打捞上来拿去熔化，广泛分配给王族、臣子等。当然这只是个传说，但它表明：其一，控制着贸易的国王以黄金的形式积蓄了巨额财富；其二，王权观念与山有着很深的联系，而媒介就是金钱。艾布·赛义德接下来记录了摩诃罗阇攻打高棉王国的一些传奇故事，关于这些，之后再作阐述。

古代爪哇国家的形成

爪哇岛历史的开端

　　爪哇岛是今印度尼西亚共和国的中心，人口密集。爪哇岛东西长约 1000 公里，南北最宽处约 200 公里，面积为 134044 平方公里，大概相当于日本本州岛面积（227414 平方公里）的 59%。爪哇岛分为西部、中部、东部三部分，每部分大约各占三分之一。西部为巽他地区，居民也是巽他人。与之相对，住在中部和东部的是爪哇人。为方便起见，爪哇中部、东部统称为爪哇，说起整个岛时称爪哇岛。

　　如前文所述，爪哇岛受笈多文化的影响，5 世纪前后在爪哇西部逐渐形成国家。公元 640 年开始，位于今北加浪岸的诃陵国频繁向唐朝朝贡，这一点也在前文叙述了。《新唐书·南蛮列传》中将诃陵和阇婆视为同一地方，文中说"王居阇婆城"，这里存在疑问。关于其历史，书中记载道"其祖吉延东迁于婆露伽斯城"。由此可知，传说其先祖吉延从西方，比如爪哇西部的达鲁玛国迁到婆露伽斯城。婆露伽斯城应该是王国的首都吧，但其确切位置不明。该书中还记述了上元年间（674—676 年）一位名叫悉莫的女王。

关于诃陵国的情况，该书中记载道"木为城"，可以得知都城由木栅栏围起来。比较大的住房，其屋顶也用椰子叶覆盖。"有文字，知星历"，由此可知随着印度化的进展，人们已掌握印度文明。该书中还记述了"旁小国二十八，莫不臣服"。书中对室利佛逝的记述是"有城十四"，综合考虑二者，可能当地人认为七的倍数为吉祥数。另外，"其官有三十二大夫"。书中还写道"山上有郎卑野州，王常登以望海"。这里的郎卑野州是接下来要讲的迪延高原吧。

迪延高原

在北加浪岸东南方向约 50 公里处有座海拔 2565 米的覆舟火山，山南侧海拔约 2120 米的地方有个南北长约 1800 米、东西长约 800 米的破火山口，这里被称为迪延高原。火山口中央有个小湖。这里有湿婆教寺院遗址群，从碑文和建筑样式可以得知，这里在公元 650 年前后到公元 1210 年前后是宗教圣地。其中被认为是最早建造的阿周那陵庙和西玛尔陵庙，是湿婆教寺院中心的祠堂和附属建筑遗留下来的，所以可以认为大约建于 7 世纪末到 8 世纪初。所谓"陵庙"（Candi）是爪哇语中宗教建筑的总称。笔者补充一下，这里的"阿周那""西玛尔"都是在哇扬戏中登场的诸神的名字，而非原本的陵庙名字。阿周那陵庙虽然是一个小型祠堂，却是后来爪哇宗教建筑的原型。接着在其南部，紧挨着修建了束发陵庙和法王陵庙。

迪延高原被视为湿婆教圣地是在 7 世纪中期，与诃陵国开始向中国朝贡的时间大体一致。估计是因为印度船、阿拉伯船、波斯船的到访，搭乘这些船的婆罗门来到诃陵，在他们的指导下，诃陵国当权者开始兴建这些宗教设施。

内陆地区的王国

诃陵国位于爪哇北部海岸附近，该地偏东的内陆地区有爪哇中部的平原，平原中央耸立着默拉皮火山。这一地区是世界上屈指可数的人口密集地。驾车于此地，繁茂的森林随处可见，凑近一看，发现它们都是村落。

有关爪哇中部内陆地区历史的最早记录是有塞迦历 654 年，即公元 732 年纪年的碑刻，由婆罗浮屠附近乌基山（Gunung Wukir）的康格（Canggal）的湿婆教寺院遗址出土。该碑是为纪念珊阇耶 [①] 王在此山顶修建象征湿婆神的林伽所立。据碑文记载，珊纳王虽然统治了爪哇，但是去世之后国内发生动乱，珊纳王的妹妹珊纳哈的儿子珊阇耶平定动乱，统一

---

① 亦译为"珊查耶"参考：萨努西·巴尼著，吴世璜译《印度尼西亚史》，商务印书馆，1959 年。

了国家。从 10 世纪初的古爪哇语碑文中可知，始于珊阇耶王的王国，名为马打兰。为了区别 16 世纪末诞生于该地的马打兰王国，这里称之为古马打兰国。

古马打兰国国王信仰湿婆教，想必他与修建迪延高原的宗教建筑的诃陵国有某种关联。另一方面，8 世纪下半叶，在此地区中央的默拉皮火山南侧曾出现夏连特拉王国。

北加浪岸州桑郊鲁特（Sojomerto）发现的古马来语碑文被认为是 7 世纪文物，其上可看到"萨连特拉"（Shalendra）这一名称，如果其意思是"夏连特拉"（Syailendra）的话，那么夏连特拉这个名字与室利佛逝有关。实际上在室利佛逝，也有碑文中记载了"夏连特拉王朝"。由此，笔者（生田）设想，室利佛逝、诃陵国、古马打兰国、夏连特拉王国是一种连续，感觉就像"马打兰王国的夏连特拉王朝"吧。可能是统治北加浪岸诃陵国的夏连特拉王族也统治着内陆地区的一部分盆地，但由于珊纳王离世之后治下百姓造反，珊纳王的妹妹珊纳哈的儿子珊阇耶在平定动乱后，迁都内陆。

这种设想的依据之一是，参阅"隋唐时代南海诸国朝贡年表"，公元 818 年之前，诃陵国一直朝贡中国，可能有过王朝更替，但很难认为发生过王国更迭。另一方面，阇婆国自公元 820 年到公元 839 年期间曾三次朝贡。如果有王国更迭，也不是这一时期吧。

曼杜陵庙和巴旺陵庙

爪哇中部内陆地区遗留的陵庙大致可划分为默拉皮火山西侧遗址群和稠密的东南侧遗址群两部分。前者具有代表性的是婆罗浮屠组群，后者具有代表性的是普兰巴南组群。

婆罗浮屠组群中最早修建的是婆罗浮屠东面的曼杜陵庙，大约始建于 8 世纪 50 年代。不过当时修建的并非现在的曼杜陵庙，而是其原型。曼杜陵庙后来经过三次在其外侧添砖垒石，不断扩建。这种作业称为"增扩"。曼杜陵庙为大乘佛教寺院，里面安置的主佛为释迦如来，两侧是观音和文殊菩萨。外面雕刻着观音菩萨浮雕和描绘《本生经》(佛陀前世的故事)中各种场面的华美浮雕。

曼杜陵庙西边约 1.15 公里处有一个名叫巴旺陵庙的小陵庙。其性质不明，但一般认为是国王陵墓。在它西边约 1.75 公里处是婆罗浮屠。曼杜陵庙、巴旺陵庙、婆罗浮屠三者几乎呈一条直线，令人遐想它们之间有着密切关联。

婆罗浮屠

婆罗浮屠

婆罗浮屠被誉为印度尼西亚佛教建筑中的最高杰作，被列为世界遗产。参观修整得很漂亮的婆罗浮屠时，其美妙绝伦令人赞叹，远眺克杜（Kedu）盆地，美景引人入胜。但是，关于婆罗浮屠的修建没有碑文等记载，我们对此并不清楚，不过前些年联合国教科文组织着手修复工作后，其建造过程渐渐明晰。接下来笔者想基于修复工作的一位项目负责人杰克·迪玛鲁萨的解说，说明一下婆罗浮屠的建造过程。

第一阶段（约 775—790 年）

婆罗浮屠坐落在艾乐河（elo）和普罗戈河（Progo River）汇流处微微凸起的小丘上。这里象征着印度圣河恒河和亚穆纳河的汇流处。这里的基坛建设大概始于公元 775 年。最初规划修建的极有可能是湿婆教寺院。基坛东南西北的中心线分别与实际的东南西北方向一致。基坛以小丘为中心建立简易的框架，内部填以泥和废弃的石材碎片，外侧用由附近河里到处都是的安山岩石块加工成的石料垒成。石料高 22～23 厘米，宽 30～35 厘米，长 30～140 厘米，石料之间不使用黏合剂，只是垒在一起。当然这样很容易坍塌，于是人们制作榫和卯将其接合在一起，但也没什么效果。也是出于这个原因，在建造过程中，不止一次发生局部坍塌。一般认为是因为这个情况，在人们建造双层回廊，开始在回廊之上修建某些建筑的阶段，工程曾一度中断。另外，一般认为在这个阶段，基坛侧面还没有浮雕。

第二、第三阶段（约795—820年）

第二阶段，这个建筑物发生了彻底改变，作为大乘佛教舍利塔（佛塔）被继续建造。基本设计不变，但细节处发生了很多变化。另外，虽然基坛侧壁的浮雕工程开始了，但是因为坍塌的可能性高，施工中途停止，在其周围增建了新的基坛。前者称为"隐藏基坛"，后者称为"现基坛"。在隐藏基坛施工的浮雕成品与半成品被隐去。如此这般，从现在的第四回廊到露坛部分完成了，其上面的圆形建筑物还在初始阶段之际，工程一度被中断。

第二阶段与第三阶段之间几乎没有断绝，上面圆形建筑物似乎是被更改设计后继续施工的。最终完成了如今的三层圆形建筑、顶上的塔以及各种各样的佛像雕刻和浮雕等。因此可以说婆罗浮屠是在第三阶段完成的。尽管现在石材已经裸露出来，但当时刚完成时涂有白色灰浆，还上有鲜艳的彩色。

第四、第五阶段（约820—860年）

这是部分修复或改建工程，没有实质上的意义。

婆罗浮屠之谜与后续

迪玛鲁萨认为，婆罗浮屠的建造过程中，其目的和设计发生了很大变化，由此出现了现在这样错综复杂的建筑，所以最初没有统一的设计方案。不过，最终设计目的是表现以须弥山为中心的佛教宇宙，这一点不容置疑。

婆罗浮屠整面墙的浮雕来源于一些佛教典籍。"隐藏基

坛"的浮雕出自《分别善恶报应经》。第一回廊的浮雕基于
《方广大庄严经》，从佛陀的诞生开始描绘到其最初的讲经，
再现了《阿波陀那》（譬喻经）和《本生经》以及其他经典中
的各种场景。第二、第三回廊的浮雕根据《华严经》刻画了善
财童子修行之旅。第四回廊的浮雕虽然被认为是基于《华严
经》而作，但尚不明确。《华严经》是大乘佛教发展鼎盛时期
的典籍，在这个意义上，婆罗浮屠可以与较早时期的日本东大
寺齐名，是标志着大乘佛教鼎盛时期的纪念碑。

　　婆罗浮屠在梵语中似乎为"普米桑巴拉·布达拉"（帮助
悟道的各种善法）[1]，同样意思的古爪哇语为"卡姆兰·依·普
米桑巴拉"。"婆罗浮屠"（Borobudur）是梵语名中加着重号
部分的讹音。婆罗浮屠竣工后短期内似乎是由大乘佛教僧团管
理，但是不久就被遗忘了。

婆罗浮屠的修复和保存

　　19 世纪初婆罗浮屠被发现，之后由荷兰殖民政府着手进
行清扫、修复，但是这件事情本身引起了遗址保护上的问题。
安山岩是多孔质石料，雨水渗入后内部的盐分溶解析出，形成
结晶覆盖在表面。因此，石料表面变得斑斑驳驳，雕像的细节
之处进而缺失。另外按照建设当时的设计，排水方面考虑不
周，因此雨水渗透后，内部泥土遇水膨胀，整体崩塌的危险性
很高。所以在 1973 年到 1984 年，联合国教科文组织着手通

---

① 通常说法梵语为 "Vihara Buddha Urh"，意思是 "山顶的佛寺"。作者是另一
种说法，不知其音译自何梵语。

过国际协作展开修复工作，完善内部排水设备，修补雕像，给石料镀树脂膜防止遇水渗透，重新堆砌石料并用黏合剂固定等。日本除了提供资金援助外，在太平洋战争期间从事遗迹保存的万隆高等技术学校（今万隆理工学院）教授千原大五郎作为咨询委员也参与了相关工作。印度尼西亚政府把周边建成公园，另外开设了培训中心，以从事这项工程的技术人员为核心，旨在培养出保存和修复石造遗址文物的专家。

其他陵庙

大约在婆罗浮屠建设之初，即公元 775 年前后，在默拉皮火山南侧地区建设卡拉桑陵庙（Kalasan Temple）和西巫陵庙（Sewu Temple）。这些均为大乘佛教寺院，院内设有多座小舍利塔、小祠堂，一般认为是高僧们的墓。另外，同一时期修建的沙里陵庙（Sari temple）是两层禅房。卡拉桑陵庙经过三次扩建，西巫陵庙经过两次扩建。

之后自 819 年左右起，普劳桑陵庙（Plaosan Temple）、普兰巴南建设起来。普劳桑陵庙是大乘佛教寺院，普兰巴南是以湿婆为主神、毗湿奴和梵天为副神的印度教寺院。不过，在印度教里梵天才应该是最高神，湿婆和毗湿奴应服从于他，但是在这里湿婆神被奉为主神，可以说是展现了从湿婆教到印度教的转变过程。笔者在此想指出一个事实，与此相关，如前所述，公元 820 年到 839 年，阇婆国取代诃陵三次向中国朝贡。可能就在这一时期，信奉湿婆教的夏连特拉王国建立，取代了信奉大乘佛教的古马打兰国。

古马打兰-夏连特拉国家与社会

有关古马打兰-夏连特拉国家和王权的史料很少，不明之处非常多。一般认为，湿婆教与大乘佛教的对立，既是古马打兰与夏连特拉对立的原因，又是二者对立的结果。如果考虑到印度和整个东南亚地区都经历了从湿婆教到大乘佛教，再到印度教的时代潮流的话，湿婆教与大乘佛教的对立似乎也没有什么意义。

这一时期的佛教团体确实拥有庞大势力。佛教团体大肆收取国王、大臣以及平民捐献的土地，上文提及的陵庙修建等都由宗教团体主导进行，国王等人担任着资助者的角色。国王为发挥这一作用，整备国家职能，进行征税和征调徭役。

好像在这一时期，爪哇对中南半岛各地发动了军事袭击，掠夺人口和财产。据《大越史记全书》记载，公元 767 年，"昆仑阇婆来寇"入侵越南北部。公元 774 年，被认为是来自爪哇的盗贼袭击占婆，公元 787 年，爪哇又军事袭击占婆。另外，据艾布·赛义德的记载，这一时期扎巴吉王攻打高棉首都，杀死高棉国王，取其首级回国。后来吴哥帝国的缔造者阇耶跋摩二世，也在这时作为俘虏被带至爪哇，不久可能是被释放，也可能是逃回柬埔寨，建立了吴哥帝国。

这种类似海盗的掠夺行为的开始，与诃陵国再度向唐朝朝贡的时间几乎一致，也是爪哇中部开始修建陵庙的时间。虽然无法确定这是否来自国王的命令，但是总之，随着陵庙的建设，劳动力和物资出现匮乏，为了弥补不足，出现了掠夺行为和贸易活动。

如上文所述，根据阿拉伯地理学家的著述，这一时期爪哇在马六甲海峡等海域居于统治地位，这可能也是为了支持寺院建设等国家活动。

爪哇中部时代的终结

爪哇中部的宗教设施建设以普兰巴南的建设为顶峰，之后规模变小，数量也变少。一般认为，公元 926 年左右，默拉皮火山喷发，爪哇中部的平原一度陷入人类无法居住的状态，人们迁移至爪哇东部。那里之前一定也有人居住，但是登上历史舞台是从此时开始的。另一方面，爪哇中部的内陆地区在 16 世纪末马打兰王国成立之前，一直是几乎无人居住的状况。

第五章　迈向繁荣的东南亚古典世界
——13 世纪前的中南半岛

高棉帝国的繁盛——水利发达的城市国家

东南亚古典世界的发展

中南半岛呈现出自北向南推进式的历史模式，其中的民族集团高棉人、越南人、缅人、傣-泰民族①在时代的推移中逐渐向南挺进。他们占据着广阔的平原地带，这块土地具备了之后的国家建设所需的条件。在向南迁徙的这些民族中，打头阵的便是瓦解扶南国的高棉真腊人。9 世纪，缅人沿着伊洛瓦

---

① 傣-泰民族跨境居住在东南亚国家，东南亚的傣-泰族群主要分布在泰国、缅甸、老挝、越南。在不同国家，官方的识别族名不同，缅甸称为"掸族"，老挝、越南与泰国都称为"泰族"。

底江开始南下。939 年，越南从中国分裂出来，长期沿中南半岛东侧沿岸南进。另外，约 8 世纪起，位于中南半岛中心区域的傣-泰民族开始扩张势力，其中唯有泰人（暹罗人）于 14 世纪到达海边，建立起强大的港口国家。此时，同属傣-泰民族的老挝人以及掸人则进入山岳高原地带。

古代东南亚各国的立国法则是什么呢？柬埔寨以印度教、大乘佛教的教旨为支柱，开创了吴哥王朝的盛世，发展起独特的东南亚文化，影响力遍及近邻，但在 14 世纪中叶走向衰落。越南建国不久，第一个长期执政的李朝开创了东南亚特色浓厚的国家，已经看不出深受中国文化影响的痕迹。

11 世纪初，上座部佛教从斯里兰卡传入下缅甸的孟人国家直通国，同一时期，伊斯兰教在岛屿渗透开来。这两大宗教很快被越南之外的大众所接受。最终大陆地区的缅甸、泰国、老挝以及柬埔寨各民族均接纳了上座部佛教。此分界点大约为 13 世纪。缅甸、泰国、柬埔寨以及后加入的老挝，这四个国家后来以上座部佛教为支柱完成了建国大业以及政治、文化的统一。概括一下的话，上座部佛教于 11 世纪中叶左右传入缅甸，蒲甘王朝将其作为正统的统治理念进行宣传。接下来，上座部佛教于 13 世纪后半叶传入泰国和柬埔寨，素可泰王朝第三代国王兰甘亨大帝（Ram Khamhaeng）笃信此教，将其立为国教，广泛传播到民众当中。《真腊风土记》中也明确记录了柬埔寨上座部佛教的存在，该书基于 1296 年至 1297 年的见闻编写而成。据记载，国王同僧侣商量政治等问题。上座部佛教在 14 世纪后半叶传入老挝，国王法昂（Fa Ngum, 1353—

1373 年在位）从柬埔寨请高僧来传播上座部佛教。此后，上述四国均提出以上座部佛教为立国理念，强调统治的正统性。

高棉真腊的兴起——何为前吴哥时代

老挝南部的占巴塞位于蒙河自呵叻高原流入湄公河的地方，这里被视为高棉族的摇篮。据说他们的都城位于瓦普寺遗址（Wat Phu）附近。6 世纪中叶，拔婆跋摩一世（Bhavavarman）开始征伐柬埔寨南部的扶南国，7 世纪 20 年代，伊奢那跋摩国王（伊奢那先）完成征讨。其王都伊奢那补罗（伊奢那城）位于现在柬埔寨中部磅同省的三波坡雷古遗址（Sambor Prei Kuk）。这个时期的梵文以及古高棉语碑文列举了略显初级的行政制度和官吏阶级。尤其从碑文中可知，存在着以"哈里哈拉神"（Harihara）信仰为中心的宗教，"哈里哈拉神"即毗湿奴和湿婆的合体神。湿婆信仰表现为祭拜林伽，据说已成为国教。《隋书》中也记载了该王国的繁荣与尚武之事。

居伊奢那城，郭下二万余家。……总大城三十，城有数千家，各有部帅，官名与林邑同。其王三日一听朝，坐五香七宝床，上施宝帐。其帐以文木为竿，象牙、金钿为壁。有五大臣，及诸小臣。朝于王者，辄以阶下三稽首。王唤上阶，则跪，以两手抱膊，绕王环坐。议政事讫，跪伏而去。阶庭门阁，侍卫有千余人，被甲持仗。其人行止皆持甲仗，若有征伐，因而用之。其国北多山阜，南有水泽，地气尤热，无霜雪，饶瘴疬毒虫。土宜粱稻，少黍粟。[①]

约706年，柬埔寨分裂为北部的"陆真腊"和南部的"水真腊"两国。这个时代混沌不清、记载不详，一部分国土在爪哇宗主权之下。

彰显柬埔寨特性的前吴哥时代

在吴哥时代之前，7—8世纪这一段时期，被称为"前吴哥时代"。前吴哥时代的特征首先表现为外来印度文化转化为柬埔寨式文化结构，各领域均突出柬埔寨的独特性。尤其是在这一时期，出现了借用梵文碑文的拼写明确标记年号的古高棉文碑文（611年）。同样，在宗教和艺术方面也有独特的发展。在雕像方面确立了洋溢着跃动感的高棉式美术风格。

其次，与之后的吴哥时代相比，前吴哥时代的地方割据政治体制原样存续了下来。当中央王权弱化时，地方政治据点"城市"（Pura）便会兴起，以半独立的形式存在。

这里的"城市"一词指位于内陆地区、人口集中居住的地方，在城市中经营农业等，也有能够形成地方政治势力的大城市。与之不同，沿海或河岸地区的人口聚集地被称为"港口城市"，这些港口城市是以贸易为中心而形成的。

前吴哥时代地方依然分立，中央王权的神授地位尚未完

---

① 出自《隋书》卷八十二。

全为各地所接受。各地城市在各自的区域内拥有独立的经济基础，依靠小规模的灌溉技术开展水稻耕作。但是，成为日后柬埔寨中心地的吴哥地区，同样凭借小规模的灌溉技术，扩大了耕地面积，使得更多的人口能够在此居住。吴哥地区还是国内先进文化的所在地。在政治、社会、文化方面均出现了走向吴哥时代的征兆。

　　成为地方据点的城市有一定的区域，有一个世袭酋长和一个由国王任命的酋长，二者皆在王权的庇佑下主持地方行政工作。在城市酋长统治下，有的集团和家族人口达到几千人，他们向酋长交税。

　　另外，从碑文中可以获悉一部分当时的社会和经济状况，了解当时活跃的生产活动。这个时期，各地围绕财富以及控制区域的归属问题不断争斗，酋长竞相向国王和寺院捐赠。各地的城市似乎都有酋长祭祀的神灵，这些神灵也被当地居民信奉。城市酋长集合当地居民，组成国王的军队。由此，国王与酋长的主从关系变得分明起来。最终，可以说城市酋长面对中央都城时呈现出两种倾向：完全服从的从属倾向和稍有间隙便会独立的自立倾向。约706年陆真腊和水真腊分裂时，城市酋长的独立倾向高涨，可能是国内分裂的原因。

吴哥王朝的发祥地——荔枝山圣地

　　有碑文记载，7世纪后半叶，一个王族"为了统治因陀罗补罗这座城市，从爪哇折回"。8世纪前半叶，柬埔寨国内分裂为陆真腊和水真腊。据说当时南部的水真腊陷入爪哇势力的统治之下。

这位归国者正是使柬埔寨摆脱爪哇势力控制从而独立的阇耶跋摩二世。在因陀罗补罗（位于"Banteay Prei Nokor"遗址附近，现磅湛省），国王聘用了心腹婆罗门希瓦卡瓦亚（Shiva Kaivalya）。阇耶跋摩二世收复国内各地后，于802年，在吴哥平原北部约40公里处的高丘荔枝山（Phnom Kulen）上建立了大本营。这座山丘被视为该地区的圣地。它与经湄公河同外海相连的洞里萨湖相通，又与孕育大量人口的肥沃广阔的吴哥平原相邻，同时紧邻通往西侧湄南河流域的陆路，尽得地利。阇耶跋摩二世通过婆罗门居间斡旋，在该地举办转轮圣王（Cakravartin）——"正义的世界统治者"的祭拜仪式，同时还为融合了土著神灵信仰的"守护神灵王中王"举行供奉仪式。

传说神化君主——神王（Deva Raja）的祭礼在高丘上的寺院举行。这里被视为全宇宙的中心，同时也被认为是王国的中心。在这个高丘上以及后来在金字塔式寺院顶层举行的祭拜仪式，源自土著的神灵信仰。在扶南有一座叫作"Ba Phnom"的圣山。在爪哇，夏连特拉王朝被称为"山之王国"。后世碑文中记载，从这个时代开始出现将国王视为神的神王思想。高棉王为安置神王的林伽等，修建了金字塔式寺院，这是吴哥时代约600年的时间里历代国王的义务。国王是现人神[1]，同时又是绝对的存在，为了表现其神灵附体般的存在，一直坚持修

---

[1]　现人神指借人的形象出现在现世的神。

建宏伟的寺院。

但是，第一代国王阇耶跋摩二世为平定内乱，几度出征，834年在都城诃里诃罗洛耶（Hariharalaya，今罗洛士）去世，而他的后继者们继续居住在那里。新国王因陀罗跋摩一世（877—889年在位）为了开发吴哥地区的砂质黏土，开始着手大规模的水利建设，修建了大型人工水库——冠以王名的"因陀罗水池"（Indratataka）。正是这位国王完成了柬埔寨国内实际上的统一。据说其统治区域由柬埔寨的南部延伸到泰国东北部。其后的耶输跋摩一世（889—910年前后在位）在吴哥地区建造了第一座都城，这之后的5个半世纪里吴哥一直是柬埔寨的首都。

创造吴哥盛世的国王们

耶输跋摩一世的碑文发现地一直延续到包括今泰国湄南河流域在内的越南南部，超越了旧扶南鼎盛时期的领土范围。国王耶输跋摩一世最引人瞩目的业绩，是开凿了位于王城东北方位的东巴莱湖（East Baray）。这座长7公里、宽1.8公里的大型水库，是将暹粒河改道才得以建成的。都城筑堤、护城河、水库等设施的整顿，构筑了通往各地的供水网，实现了向广大周边地区耕地供水。在贡开（Koh Ker）、东梅奔寺（East Mebon）、比粒寺（Pre Rup）和女王宫（Banteay Srei）等都城和寺院的建筑技术以及筑堤方法上，可以看出革新和创意方面的功夫。同时在建筑装饰方面，也出现了自由风格的图像刻画和华丽的装饰美术，建筑物被装饰得像神祠那样。女王宫被誉为"吴哥古迹中的明珠"，在装饰美术方面享誉极高。碑文史料几乎没有描述当时人们的日常生活，只记载了寺院、诸神以及捐赠人等。

当时的宗教与其他东南亚国家一样，呈现出诸教混淆的

北祠堂的蒂娃妲（Devata）女神浮雕

特征。王族们皈依了印度教的湿婆派、毗湿奴派和梵天[①]派以及佛教，各宗派彼此共存。这些宗教流派主要聚集了王宫内的笃信者，民众则信奉自古以来的祖先崇拜和神灵信仰。

苏利耶跋摩一世（Suryavarman I，1002—1050 年在位）登基时，围绕王位继承发生过动乱。在其统治下，王国版图从湄南河三角洲地方扩大至马来半岛北部。北部直至琅勃拉邦的湄公河流域也进入其统治范围。其子优陀耶迭多跋摩二世（Udayadityavarman II，1050—1065 年在位）在城中央新建了

---

①　梵天与湿婆和毗湿奴并列为印度教三神之一，宇宙的创造者。

一座金字塔形的大寺院，名叫巴方寺（Baphuon）。其都城面积几乎可与现在的吴哥通王城匹敌。在王国都城及其附近遍布运河和水渠，这得益于西巴莱湖（长 8 公里，宽 2 公里）的开凿，那是一座比东巴莱湖更大型的水库。

辉煌时代——吴哥窟和吴哥通王城

12 世纪是高棉帝国的"辉煌时代"。苏利耶跋摩二世（1113—1150 年前后在位）于 1145 年攻陷占婆首都佛誓，使东起占婆，西至缅甸国境，包括湄南河中游流域到克拉地峡的区域成为其版图，维持着最辽阔的领土。苏利耶跋摩二世历时 30 余年在国内建立了吴哥寺院的最高杰作——吴哥窟。在其境内，国王具有毗湿奴神相，被神化，受人礼拜。但他强行征战，并倾尽人力物力营建大寺院，摧毁了政治经济体制，他自己也在战争中失踪。国王之死引发各地叛乱以及王位争夺之战，最终在 1177 年，占婆水军入侵，占领了吴哥都城。

吴哥窟

1181 年，阇耶跋摩七世驱逐占婆军，登上王位。1190 年，他为复仇攻占了占婆首都，在此后 30 多年的时间里将占婆合并，纳入其统治之下。同时他向各地开战，将国境向北向西扩张。最北端的古高棉语碑文出现于万象附近（1186 年）。国王阇耶跋摩七世是一位虔诚的佛教徒，完成了最壮观的都城之一吴哥通王城的建设。这座宗教都城设有城墙、护城河、五座城门，以及中央的巴戎寺（Bayon），后者正是国王皈依佛门、笃信佛教的证明。在都城周围有配备豪华皇家浴池的斑黛喀蒂寺（Banteay Kdei）、塔普伦寺（Ta Prohm）和圣剑寺（Preah Khan）。据说龙蟠水池（Neak Pean）"中心岛有一座华丽寺庙，凭借池水魔力可以洗礼那些靠近它的人们的罪过"。因国王行幸，在国道及各街道上设立了 121 所驿站和 102 所医馆。

鼎盛期的吴哥艺术可以说由巴戎寺（Bayon）美术集其大成。巴戎寺里安放着巨大的石造四面佛像，据说是把湿婆神神王信仰纳入佛教的框架下的产物。佛塔上方安置的并非王冠，而是金佛面，寓意"保佑王国的每个角落"。这些露着神秘微笑的四面佛描绘的是观音菩萨。该石造寺院宛若岩山一般，从高 45 米的中央佛塔顶端俯视这些佛面，约有 200 副慈善的佛像面孔目不转睛地注视着王国四周。这在世上绝无仅有。通向巴戎寺的五条参道上，形如那伽（蛇）的栏杆装饰在两侧，一直延伸到城门处。化作蛇神形态的水神那伽，象征着连接人间与天堂的彩虹。然而，巴戎寺的看点在于长达 300 米的回廊上的写实浮雕，上面既有 1177 年与占婆军战斗的场面，又有村落日常生活的众多情景。在投网捕鱼和聚众斗鸡的村民、两头牛拉的车和行李搬运、采石场的光景、寺院建设的现场等画面中，皆使用了精巧的写实手法，仿佛是再现古代人生活场景的历史绘卷。

动摇吴哥王朝政治的人们

吴哥王朝的王位继承者并非一定与国王血脉相连。调查约600年的王位系谱后发现，吴哥王朝崇尚实力主义，当涌现出多位王位继承者时，则会通过战斗来解决争端。

柬埔寨设有大臣、将军和天文历官，其下还设有数量众多的高官、辅佐官等部下。国王身边有两种具有特权的高官，一种是最高职位的大臣，拥有一切政治权限，参与选拔王位继承者；另一种是高级官员，其中数人担任总务，负责王宫内的一切事务，具体为寝宫警卫长，私人秘书长，国王寝床检查官，掌管王冠、耳饰、手链、勋章等所有国王奖章的管家等。

碑文中多次提到国王的"仓库官"。数名官吏被安排负责逝者的相关财产业务，当然也有主持或举办葬礼的人员。另外，还有人员负责监察、管理寺院或僧院收到的捐献物。

除正式称号以外，国王还赐予高官们荣誉和官位等级的证明。只有王族或身份地位高的人才可以使用马车和舆轿等。舆轿的托架柄使用金银加以区分。

高官在出席祭祀庆典时，随从会为其撑阳伞，伞数依官位而定。高官的官职和地位可以通过其乘坐的轿子以及遮阳伞的数量来判断。舆轿为金色托架柄，且有四把金色遮阳伞的是最高位；之后依次为两把金伞、一把金伞；再之后的轿子为非金色托架柄，且有一把金色遮阳伞；最后是银色托架柄和一把银色遮阳伞。如上分为五个阶级。这些高官为表明自己的忠诚，将他们的姐妹或女儿献入后宫。宗教职务采取世袭制。为了免于饥饿与疾病，国王每年都会举办相应的祭祀仪式，这些供牺意味着国王如神一般护佑臣民。其他庆典和仪式等贯穿一年，国王凯旋时举办的特殊庆典尤其令人欢欣雀跃。

"水资源"的管理与灼热的太阳——吴哥水利城市国家

一言以蔽之，古代高棉王朝的发展取决于"水资源"管理的好坏。吴哥地区属于干燥的热带性气候，年降雨量约1500毫米。自古以来对当地居民来说，储存雨水是他们生活的基本。同时在吴哥时代，人们还致力于将短时间内的过剩降水排出，以及存储雨水以备旱季使用。最终，高棉人成功克服了这项困难，实现了对二级河流的流水以及雨水的自由调节，这一点可谓支撑了吴哥文明的发展。吴哥大地是源自荔枝山的暹粒河周围的广阔扇形地。

要收获三季稻就必须对水库的水量进行严格管理。1998年，在日本政府的技术援助下，吴哥地区1∶5000的地形图制成，仔细查看发现：在西巴莱湖（南北2公里，东西8公里）的东侧有一个面积与其大致相同的东巴莱湖。另外，还发现了2个大型人工水库。倘若将吴哥地区修建的4个水库蓄满水量，其灌溉面积可达3万公顷。

从该地形图可以发现许多新的事实，间隔15米的等高线清晰显现了地形的细节。这个1∶5000的地形图上显示了几处东西走向的土堤和堤防。比照自东北往西南方向的自然倾斜，沿其直角方向筑起土堤，即沿着与现存西巴莱湖南堤平行的方向筑堤。根据需要从位于上游的水库削堤向下游放水，使水量均匀、缓慢地流入下游堤坝位置，这样就能顺利完成插秧。据推测，人们曾经使用上述方法进行供水。历代国王均构筑、管理巨型水库，以滋润干涸的土地。这是一片稻浪翻滚的大地，高耸于其中心的吴哥窟俨然是水利帝国的标志。

接下来，运用电脑图像进一步确认此地形图。用立体地形图中的等高线数据，将几乎整个都城全貌立体化后，发现其地形平如直板，基本无起伏波动。为了探索吴哥时代的灌溉痕迹，运用电脑图像将微型地形图的高低差扩大至40倍，可看到与水库堤坝平行的一条条细线，几乎以相同间距排列，此乃人工筑堤的痕迹。

通过这张地形图首次得到确认的古代堤坝变得清晰了。横看吴哥地形，它自北向南微微倾斜，其倾斜度大致为水平距离1公里海拔相差1米多。柬埔寨的人们直接利用这种平缓的自然倾斜，灌溉整片辽阔的吴哥大地。

在干燥的季节打开水库堤坝，水便顺着斜坡缓缓流淌。继而打开下方的堤坝，水继续往下流。以堤坝包围起来的区域作为田地进行插秧，在水稻扎根后留下最少量的水，然后灌溉下一块围田。这一巨大工程被称为"漫灌"。人们创造出这种史无前例的灌溉方法，完美克服了土地干燥的恶劣条件。吴哥王朝时代，人们在国王指挥下打开堤坝，在数公里范围内的田地上一齐插秧。插秧完毕，待水稻成熟后又一齐收割。一年反复三次的插秧作业是吴哥王朝繁荣的原动力。

阇耶跋摩七世之后的柬埔寨——1296 年周达观眼中的吴哥城

阇耶跋摩七世将世俗艺术引入寺院，并以佛道慈悲为怀，在国内各地设立有益于百姓的驿站和医馆。国王在碑文中记道："身体上的疾病会导致心灵的疾病。更何况百姓的疾苦，它会使国王烦忧。"

但是，因为阇耶跋摩七世在各地建设了很多壮观的寺院，其笃信的事业也使百姓苦不堪言。他为了王国的荣耀建设大伽蓝，长期征收重税和徭役。村民们分担着寺院的维护工作。寺院平时由众多僧人和舞者负责执办祭祀典礼，有的寺院人数多达数千人。国家财富消耗在寺院建设及其香火上。阇耶跋摩七世虽然造就了高棉帝国的鼎盛期，但同时，由于在各地大建寺院以及军事征伐，国家日渐削弱。柬埔寨开始显现衰落之兆。

阇耶跋摩七世大约于 1220 年逝世，之后吴哥王朝再未出现伟大的国王。从占婆撤出也是同一时期。吴哥王朝开始坍塌，相继退出素可泰地方、湄南河流域以及马来半岛。借此良机，傣-泰民族从湄南河上游开始扩张，素可泰及兰纳泰诸国逐步伸展羽翼。不过，在柬埔寨本土，王国政权稳固地延续着。1296 年，王国迎来中国使节，其中的一位使节周达观在其《真腊风土记》中描述了其依然繁荣的国内景象及壮丽的王城风景。

国宫及官舍府第皆面东。……其莅事处有金窗棂，左右方柱上有镜，约有四五十面，列放于窗之旁。

周达观记载了有关房屋以及服饰的种种见闻，还特别记录了婆罗门、僧人、苦行僧三宗派的存在，对出生、结婚、死亡等风俗习惯的记录也很详细。

书中记载一年可三四次收种。洋中（洞里萨湖）每年的涨水制造了适合耕种稻田的沃土。更有居民种洋葱、芥子、茄子、黄瓜、甜瓜、甘蔗、芋头。盐是在海边蒸发海水而得。醋取自树叶，酒用甘蔗（糖鉴酒）、蜜（蜜糖酒）、米（包棱角）以及三种树叶而制。森林里出产翠毛、象牙、犀角、蜜蜡、蜜、雌黄、豆蔻、胡椒、黑糖、精油、树脂、竹子、藤，以及许多野果等。洞里萨湖中有多种鱼，其中鲤鱼、鳗鱼很多。①

国人交易，皆妇人能之。……无居铺，但以蓬席之类铺于地间，各有处。……小交关则用米谷及唐货，次则用布若乃，大交关则用金银矣。

柬埔寨人精通天文学，日月薄蚀皆能推算。周达观在各种祭祀活动中特别记载了国王出席的正月庆典，其间张灯结彩、爆竹连连。其次，每一月必有一个大的活动，如 4 月举行类似歌垣的抛球，5 月迎佛水，7 月收获结束时举行烧稻，8 月举行挨蓝（舞蹈），9 月进行户口调查。

每一村或有寺，或有塔。人家稍密，亦自有镇守之

---

① 此段原书中为引文，但与《真腊风土记》内容颇多不同。

> 官，名为买节。大路上自有歇息如邮亭之类。
>
> 民间争讼，虽小事，亦必上闻。

而且，经常采用神明裁判，对犯人的刑罚有罚金、斩手指脚趾以及活埋等。

周达观在书中结尾处描写了国王出入时诸军、旗帜、鼓乐、手执巨烛并穿着花布的宫女、执摽枪摽牌的内兵（卫兵）、骑象诸臣、乘坐轿或车并打着销金凉伞的国王妻妾等体现真腊富足的绚烂景象。

吴哥王朝破灭的原因之一——以耕地和灌溉的视角

12 世纪吴哥的周边已被开发殆尽。为了发挥灌溉用水渠和大小水库的作用，必须经常进行维修和除淤沙作业。灌溉是让泥土含水，使之能够被定期地再利用。吴哥水渠网在起点与终点确实没有那么大的高低差。虽然水渠使用初期泥土淤积尚不明显，但携带泥土的流水会一点点填埋水渠，在人工水库储水过程中也会发生沉淀。

以 10 至 20 年的规模来看，每一个季节，泥土都会堆积，结果将导致水渠和水库被填满。如果沉淀物堆积到进出水口高度的话，水流便会停止。根据最近 1∶5000 的地形图及卫星图像的解析，可以判断出决堤口的位置，另外从堆积的圆锥形泥土也能推断出洪水的痕迹。

除掉堆积在长长的水渠和大型水库中的泥沙是一项庞大的工程，几乎是不可能完成的。开凿新水渠和水库呢？又因为土地处于饱和状态，在有限的土地上已不可能再扩张。在吴哥王朝空前繁荣的背后，等待它的是吴哥地区开发的瓶颈和灌溉停滞的陷阱。水利城市功能的发展和局限成为决定吴哥王朝命运的一个因素。

还有一个雪上加霜的因素是该地区土壤的氧化铁含量非常高。只要水渠网络功能正常，就会有水适当供给上层地下水，不会出现干涸。只要经常灌溉耕作，水田也不会出现问题。一旦水渠网络和灌溉用水停止作用，一年之内，田地就会有 6 个月暴晒在烈日之下，水分会从土壤中蒸发。地下水中的氧化铁浓度提高，进而浮上来，大量氧化铁成分渗入土壤中，导致耕地荒芜化。

越南建国与社会发展

中国统治下的越南和越南独立后的动荡

10 世纪前半叶，位于长山山脉东侧的越南北部地区想要脱离中国，争取独立。这正好是西邻吴哥王朝国王耶输跋摩一世首次兴建吴哥都城和东巴莱湖人工水库的时期。

在此之前的大约 1000 年里，越南北部一直是中国领土的一部分。但在越南北部，中国的文化影响迟迟未渗透到村庄里。例如，中国史料很引以为豪地指出，大约 1 世纪从中国传来的金属制犁的普及使当地农业增产，当然这是事实，但这只是技术的传入。中国思想和宗教的传入却经历了很长时间。

公元 40 年，地区首领后代征侧、征贰姐妹造反，248 年赵妪、544年李贲（南帝）、791年冯兴纷纷发动叛乱。这些叛乱都仅仅维持了几年。与越南国内叛乱的形式不同，860年，中国云南地方的南诏国军队进攻越南北部。南诏国建于7世纪中叶左右，越过越南北部的山地夺取了红河地区，占领了当时中国唐朝的安南都护府。

不过，中国唐朝的没落（907年）一改中国统治的局面。939年，地区首领吴权最终战胜中国军队，登上王位，历经曲折实现独立。虽说越南已独立，但之后的70年左右均为短期政权，出现吴权（939—944年在位）、丁部领（968—979年在位）和黎桓（980—1005年在位）几位国王。尽管如此，丁部领和黎桓还是尝试推行效仿中国范例的官僚和军队等制度。在这样的国内体制整顿最关键时期出现了混乱，加上北宋军队的来攻（980年），他们实现稳定政权的愿望落空。非要说的话，这些国内混乱表明越南北部尚未完全受到中国的影响，更像是同其他东南亚各地国家形成初期一样，持续着混乱状态。国内各地处于地区首领半独立的群雄割据局面。实际状态是凭实力继承王位。国王要想控制这些地区首领还需一段时间，同时还要忙于围绕王位继承的斗争，而这加重了国内的混乱。

李朝的稳定政权和国内政治体制的确立

70年的动乱之后，李公蕴（李太祖，1009—1028年在位）登上王位，开创了李朝（1009—1225年）。越南第一个长期稳定的政权诞生了。虽说如此，各地仍残余半独立的地方势力，所以当时采取的是不侵犯其权益，地方势力名义上归顺于李朝旗下的体制。可以说，李朝并不属于中央集权国家，而是一个中央与地方的关系不堪一击的国家。

李朝定都于升龙，相当于现在的河内。河内在之后800年里一直为首都。但各地的地方势力依旧存在。

村民们根据各自的土地和地形条件种植相应的稻子等农作物。据说在红河三角洲也种植着自古以来就有的作物品种。

约11世纪末，儒家思想逐渐普及。1075年实行科举制度，诞生了精英文人官僚。李朝保护禅宗佛教，建立佛寺。佛教寺院拥有王族和村民捐献的大片土地。也有道教传入。1054年，李圣宗将国号定为大越，一直沿用到1804年。首都和红河三角洲的丘陵地带建立了大量佛教寺院。其中最著名的延祐寺（别名独柱寺）建于1044年，宛如在大树干尖端盛开的莲花一样，即使是在今天，水面上依然映着它的倒影。

增产和社会体制建设

研究李朝的皇位继承图发现，李朝并非由长子顺理成章继承王位，而是有血缘关系的王族都具备王位继承权。由此可知，其他东南亚各王朝也一样，实力可谓通向王位的捷径。这一点表明中国文明对当地乡土文化的影响很少。

总之，在李朝，并不是先吸收中国的儒家思想与法制等，然后发挥其作用，而是李朝长久的和平年代使中国的各种理论原理逐渐在此生根发芽。另外，针对占婆的抗争，李朝于1044年和1069年发起远征，俘虏众多占人，同时掠夺了财宝。之后的1075年，李朝迎击北宋进攻，翌年取得胜利。结果于

1174 年，中国（南宋）授予其最高统治者"安南国王"称号。这一点意义非凡，它表示曾是藩属国的越南作为外国王朝得到了中国的认可。

另外，持久的和平年代带来了人口增加和稳定的农业生产，也带来了前所未有的物质繁荣。李英宗（1137—1175 年在位）统治期间，通商活动不仅限于南宋，还扩大到南海诸国。但是，地方上官僚极其横行霸道，此外李朝还一门心思地征收苛捐杂税、征调徭役，因此大失民心。再加上自然灾害对耕地的破坏，各地燃起叛乱的烽火。13 世纪初，暴动已从义安地区扩至东京区域。李朝已无法平定这些暴乱，将政权转让给有实权的陈氏一族。掌握军权的陈氏于 1225 年废除李朝，夺取王位。

蒲甘王朝和缅甸文化的发展

下缅甸孟人和上缅甸缅人

有关缅人的故乡有多种说法。缅甸历史与中国云南地方南诏国的历史有很深的渊源。也有说法称过去缅人居住在南诏国统治下的中高原或缅甸北部地带，由于骠国受南诏国攻击而灭亡，他们在这一时期（约 832 年）进入伊洛瓦底江流域。然后，他们逐渐定居到皎施地区，即从掸邦高原流下来的河流与伊洛瓦底江汇合处广阔的扇状平原。当地零散居住着土著孟人等。缅人在混居过程中将孟人渐渐驱逐，以这片沃土为中心将势力向北、向西扩张。

缅人通过接触孟人，学习起源于印度的文字，接纳印度教和佛教，同时掌握了水稻耕作和灌溉技术。在外围山岳地带等周边地区居住着钦族和众多少数民族，仿佛家常便饭的小打小闹和弱肉强食的地盘之争接连不断。原本降雨少的皎施地区早早就引入小规模的灌溉技术。缅人学习土著民的灌溉技术从事稳定的稻作农业，使得缅人人口大幅度增加，皎施平原成为名副其实的粮仓之地，同时也成为缅人的摇篮。

缅人建立了叫作"卡鲁因"（县）^①的集体居住村，这是"由酋长控制的地方或国家"。在其中心地带有被城墙包围的城镇。皎施地区有 11 所这种卡鲁因。

缅人通过这种卡鲁因稳固地位。在伊洛瓦底江左岸的敏巫（Minbu）地方设有 6 处卡鲁因，以每个卡鲁因为中心建立松散的联合体。这种农业基础的发展与后来蒲甘王朝的繁荣兴盛息息相关。

缅甸钦定的年代记《琉璃宫史》记载道，蒲甘王朝的创建可以追溯到公元 2 世纪。最开始有 19 所村落，各村皆供奉"纳特"（Nat）^②。随后这些村落联合成一个都城，国王征得各村同意后，在该地创设了新的共同的"纳特"祭祀，比各村的"纳特"地位更高。这一举措的目的是通过举行新祭祀仪式，将各村部落凝聚成一个国家。传说中，在蒲甘附近的波巴山上供奉着一对神仙——这对兄妹死于国王之手，变成了大树。也就是说，国内统一后，人们便在圣山顶上祭拜新的护国神灵

---

① Kharuin，暂音译为"卡鲁因"，缅甸的行政区划县的发音是"Khayaing"。

② 一种守护神，神灵，神怪。

（摩诃祇利，意为"伟大的山神"）了。这个传说佐证了祭政一体（祭祀与政治一元化）王权的形成过程。

正好同时期，在下缅甸锡唐河和萨尔温江两河河口附近的三角洲地区，有一座孟人居住的直通城，被称作罗摩那提沙（Ramannadesa）。直通城也被认为是过去传说中的"素攀地"（金地国）。该地有印度商人等来访，贸易兴盛。新王都于825年建于勃固（白古，意为"白鸟之城"），阿拉伯旅行家记载道："国王有5万头象，居民生产天鹅绒织物和印地沉香，使用贝壳进行买卖交易。"在下缅甸，除佛教以外还有印度教湿婆派和毗湿奴派信仰，相应遗迹和文物已被发现。

阿奴律陀的政权和宗教

从史实来看，蒲甘的城墙建于849年。蒲甘名由"Pyu Gama"（骠人村落之意）转讹而来，在中文史料（《宋史》等）中记作"蒲甘"。11世纪，蒲甘出现一位阿奴律陀国王（1044—1077年在位），他向各地征战，吞并了许多卡鲁因。最后他确立了蒲甘王朝的地位。

他统一了北起八莫附近，南至马达班湾的辽阔疆域。为发展农业，他在皎施地区实施灌溉改良工程、建设取水设施、铺设水渠等，使其变成产量稳定的粮仓地带。他的伟大功绩在于听从了孟人高僧信·阿罗汉（Shin Arahan）的建议，将上座部佛教引入蒲甘。此前，在上缅甸，大乘佛教的阿利教派为人们所信仰，并取得了权势。据说阿利教派会举行一些令人无法信服的密教巫术仪式。国王从直通请来信·阿罗汉，听其讲解教义，皈依上座部佛教，开始清除阿利教派势力。

　　信·阿罗汉作为高僧为缅甸佛教兴盛打下了基础，为获得佛舍利和三藏①进言征讨下缅甸。国王改变信仰以及抛弃既存的宗教权威，意味着蒲甘王朝新秩序的确立。1057年，国王攻击下缅甸孟人王国的据点直通，将马努哈国王以及约3万孟人带回蒲甘。这次远征，在政治上将统治区域扩大到了下缅甸；在对外方面，通过海路打开与外国交流的窗口；在文化上，发展了蒲甘佛教。因此，这是一次重大事件。

　　从当时的交通和贸易情况来看，蒲甘都城经伊洛瓦底江，与中国云南的道路相连，也与阿萨姆邦的道路相连，更能由孟加拉湾通往印度世界。国王通过这些水路，集中内陆地区森林物产和农作物，运送至孟加拉湾。后代诸王均前往印度参拜，回国后建立与印度风格一致的寺院。蒲甘是这样的内陆河川贸易路线上的物资集散地，同时也连通着国际贸易路线。蒲甘王朝的繁荣，从内陆港口城市的角度也能够证实。

　　移居至蒲甘的孟人带来了巴利语的一切经，传授佛教伦理，教授文字书写，传播建筑工艺的基础知识等。蒲甘最古老的建筑马努哈寺（Manuha Temple）和南帕耶寺（Nanpaya Temple），由孟人国王马努哈于1059年左右建立。蒲甘王朝引进孟人文化，王宫内孟人文化风靡一时。阿奴律陀王向斯里兰卡派出使节，求来珍贵的佛牙，供奉于仰光大金塔。由直通传授而来的佛教，混合了印度教、大乘佛教，是上座部佛教的

---

① 佛教语，经藏、律藏、论藏三种典籍的总称。也指通晓此三藏的高僧。

一派。国王的供奉牌和祈愿书上，写着观音菩萨的事迹，南帕耶寺装饰有梵天浮雕，从中也能看出浓厚的组合色彩。

建寺王朝与佛教

第三代国王江喜陀（1084—1113 年前后在位）维持国内的政治统一，创造了蒲甘王朝的鼎盛时期。他致力于孟人与缅人的融合，笃信佛教，建造了缅甸寺院建筑的最高杰作——阿南达寺（Ananda Temple）。但是，在王宫内，婆罗门僧人参与祭祀仪式，国王也举办印度教等的供牲仪式。在都城下，毗湿奴信仰、大乘佛教以及直通传来的上座部佛教共存，孟人文化影响深远。记录国王活动的妙泽蒂碑文（Myazedi Kyauksa，发现于同名的佛塔）雕刻在长方体石柱上，同一内容运用缅语、孟语、巴利语、骠语四种语言表达。这块碑文是最古老的清晰记录年代的缅语碑文。由碑文可知：在蒲甘王朝的统治下，除缅人之外还有孟语、骠语的使用者；巴利语作为上座部佛教用语得以固定下来；缅人一直借用孟语文字，等等。在该国王统治下，通过灌溉，发展了农业生产。

《琉璃宫史》把江喜陀王的孙子阿隆悉都王（1113—1167年在位）刻画成一个虔诚的佛教徒。1131 年，他建立了瑞古意塔（Shwegugyi Temple）和蒲甘最高的多层建筑他冰瑜寺（Thatbyinnyu Pahto，高 61 米）。这个时代的孟人文化逐渐消失，出现了缅甸的特有文化。在爆发了由王位引发的政治动荡之后，拿那拔地薛胡国王（Narapatisithu，1174—1211 年在位）即位，在皎施和瑞保两地建设灌溉工程，其疆域从马来半岛北部的丹老向东一直延伸到泰国领地，总体上是太平之世。

其统治期间，斯里兰卡国王帕拉克拉马一世改革的上座部佛教摩诃毗诃罗住部（大寺派）得以传播。1190年，孟人僧侣萨帕达（Sapada）与四位僧人一起从斯里兰卡回国，在今良乌（Nyaung-U）城区入口处的萨帕达佛塔（Sapada Pagoda）附近设立据点，创设了大寺派僧伽[①]。

最初大寺派只不过是佛教各派中的一派，获得国王扶植后，势力逐渐扩大，国王开始认为只有大寺派才是上座部佛教的正统派。过去在蒲甘，自阿奴律陀国王以来，上座部佛教的直通派势力一直很强大。但随着王族皈依大寺派，受戒于大寺派的僧侣人数大增。大寺派的发展最终导致其他各派被淘汰。大寺派不仅在宗教实践和传播方面，在巴利语的佛典研究、僧院修行规定、法律编撰等一系列的学术研究方面也取得重大成果。大寺派僧伽在萨帕达去世后分成三派，加上上座部佛教的直通派，彼此展开了角逐。尤其是倡导改革的大寺派三分派，在传教时将佛教作为庶民宗教，而不是权势阶层的宗教，渗透到在家[②]当中。

上座部佛教成为庶民宗教

最终大寺派在缅甸稳定了下来，并以缅甸为据点，通过陆路和水路，向暹罗（泰国）、柬埔寨和老挝积极传播，所到

---

① 梵语"samgha"的译音。意为大众。原指出家佛教徒四人以上组成的团体，后一个和尚也称"僧伽"。
② 相对于出家，指不出家，过着世俗生活，同时皈依佛教的人们。

之处都获得了普通大众的笃信。13 世纪是将过去东南亚大陆地区各民族的精神价值体系彻底改变为上座部佛教的巨变时代，在这个意义上，这是一个重要的时代。这个时期，在缅甸国内，缅甸语模仿孟语的书面语得到了普及和发展，在文艺、建筑等方面缅甸文化兴盛起来，同时斯里兰卡的宗教和文化的影响显现了出来。拿那拔地薛胡国王建立了类似高塔寺院他冰瑜寺的苏拉玛尼寺（Sulamani Temple，1183 年），以及高 54 米的葛道帕林寺（Gawdawpalin Temple）。13 世纪初，在蒲甘出现了远离城镇，有阿兰若迦之称的新型"森林僧院"，不久发展为中心势力。

　　蒲甘王朝末期的国王均不具备国王资质。大部分国王虔诚信佛，过着僧院生活，沉迷于寺院建设。最后一位那罗梯诃波帝王（Narathihapate，1254—1287 年在位）花费 6 年，于 1284 年建成明噶拉塔，坊间流传"寺院成，王国破"，说的就是这位国王。当时元朝合并了云南地区，曾四次要求蒲甘王朝进贡和臣服，但国王都拒绝了。于是，1287 年元军攻打蒲甘，持续约 250 年的蒲甘王朝崩塌。此后，蒲甘国王以臣服于元朝的形式获得继续统治该地区的权力，但从掸邦高原侵入的掸人新兴势力掌握了政治实权，蒲甘王朝灭亡。

从他冰瑜寺遥望伊洛瓦底江夕阳

　　昔日蒲甘王朝的都城和周边区域，佛教建筑鳞次栉比，可以说寺院和佛塔就是缅甸艺术的巅峰。其建筑风格深受印度影响，但从中也可以看到缅甸独特的风格以及创新的造型和构造。主要建筑大致分为两种风格：一是舍利塔风格（多被称作佛塔），一是寺院风格。二者均可从印度东北部找到源头。舍利塔风格最初为圆筒形，后来变成尖塔或球根状，进而又变成类似吊钟下扣的形状。支撑它的台阶状基坛（四边形或多边形）以及基础部分，向下逐级扩展基底，基坛不同，上面建造的整体形状也有所不同。近世的舍利塔规模宏大，如仰光（兰贡）的仰光大金塔一样，有些形成了复杂的建筑群的核心部分。

寺院风格的建筑确立了两种基本结构。一种是祠堂型，偶尔在前端带有参拜露台。另一种是大寺院型（金字塔山形状或壁龛内置型），带有回廊。能够看到这种大型寺院蓬勃发展的时代是俗称佛塔建筑王朝的蒲甘王朝。

另外，还有以印度寺院为模型的玛哈菩提塔（Mahabodhi Pagoda）建筑，它是模仿印度菩提伽耶寺而建成的。

从美术史的角度，蒲甘建筑可以划分为两个时期：一个是孟人文化时期，另一个是蒲甘时期。多层的达玛央吉寺（Dhammayangyi Temple）内部为了展现宗教的森严，通过安置的佛像、壁龛小佛像、浮雕、彩色壁画等营造出庄严的气氛。第一时期的壁画有著名的那格雍寺（Nagayon Temple）的附有孟文的佛陀传记图。第二时期的阿比雅达那寺（Abeyadana Temple）壁画上，雕刻了印度教诸神和大乘佛教的菩萨像，这种诸神混合的缅甸风格趣味无穷。

在蒲甘也可以看到寺院和舍利塔以外的小规模建筑物，如13世纪中叶的戒坛院优——波离戒坛。

泰国最古老的王朝——素可泰王朝

中南半岛中央部的傣-泰民族世界——自13世纪起约250年的见证

使用傣-泰语系的人们，生活在从中国云南地区到越南北部、老挝、泰国、缅甸东北部等广阔的土地上。7世纪中叶左右，南诏国在云南地区建立，以大理为都城，周边生活着傣-泰民族。从这一时期开始，傣-泰民族从中国云南地区的高原地带，移居到中南半岛溪谷沿岸的山岳高原地带、河谷平原和山间盆地等地。研究泰国的权威学者石井米雄先生对使用傣-泰语系的人们的初期生活空间做出以下描述：他们在不太宽敞的耕地上从事稻作，围绕着稻作用水（井堰）的分配，他们组成了类似小规模共同体的组织；几个这样的组织聚集在一起，形成村落。这种田园环境就是他们的生活空间。进而较广范围内的多个村落统合起来，形成小规模的地方政治势力（郡县）。郡县里有酋长，也有居所，其周边可以看到拥有一定人口的城市。他们一边形成村落和郡县，一边慢慢向南方的大海方向移动。他们加入原来的高棉人、孟人和缅人当中，与其混居在一起。

泰人的名字最初是在11世纪的古占语碑文中提到的，之后在13世纪的吴哥窟第一回廊浮雕中，刻画了"暹罗"战士的身影。13世纪，元朝向东南亚各地派出使节，要求其朝贡和臣服。拒绝朝贡的蒲甘王朝遭到四次进攻，实际上已经亡国。占婆、越南陈朝以及爪哇的新柯沙里王朝也遭到攻击而国力衰弱。处在衰退期的吴哥王朝免于遭遇攻击。因元军的到来，东南亚一片狼藉。

泰人循湄南河而进入广阔富饶的平原地带，进而又南下至海边附近，凭借港口城市的贸易繁荣发展起来。在元军打击旧有的缅甸蒲甘王朝、占婆、吴哥王朝和越南陈朝各国时，这些傣-泰民族抓住时运，在13世纪末到14世纪，作为国家或地方政治势力，各自谋求发展。傣-泰民族的国家有北部的清迈国（兰纳泰王国），中部的素可泰王国，湄公河上游的澜沧王国（琅勃拉邦），以及时代稍晚些，14世纪中叶湄南河下游的阿瑜陀耶王国，蒲甘王朝灭亡后握有上缅甸霸权的掸人国家邦牙、实皆、阿瓦等。这些都是广义上的傣-泰民族国家。中南半岛的中央地区简直就是傣-泰民族创造的世界。

13世纪湄南河流域的傣-泰民族国家

泰人在历史舞台上出现得比较晚。泰人（暹罗人）南进的湄南河流域，过去是孟人居住的地方。柬埔寨扶南国解体之后，孟人大概在7世纪建立了两个王国：一个是湄南河下游的堕罗钵底，一个是上游的哈里奔猜（南奔）。11世纪，高棉人占领了罗斛，并于12世纪将领土扩至哈里奔猜国境。

约13世纪中叶，两名泰人郡县酋长将高棉人太守赶出素可泰，在那里修筑素可泰王国的都城。素可泰是吴哥王朝在西北国境建设的地方据点，一直到13世纪20年代，都是高棉人太守统治的地方。那里有许多泰人居住，以耕种水稻为生。

泰人酋长赶走高棉人太守后实现独立，建立了素可泰王国。其时间尚不明确，可能在 13 世纪 20 年代。素可泰的建国者是室利·膺沙罗铁国王，他在该地建立了第一个泰人独立国家。13 世纪 20 年代开始，随着吴哥王朝的陨落，其辽阔的疆土上不断出现独立或自立的倾向。13 世纪前半叶，边远的素可泰脱离了吴哥王朝的统治。素可泰是一个在过去深受高棉人、哈里奔猜的孟人、蒲甘的缅人以及与之交往的斯里兰卡等地的各种政治文化影响的地区。它经由湄南河的支流永河（Yom River）与华富里及其下游流域相连，也同海外交流。

在素可泰古城遗址中，据说是早期时代建筑的达帕叮神庙（Ta Pha Daeng shrine）、西沙外寺（Wat Sri Sawai）的建筑风格以及从遗址中发现的雕像，可以证明当时高棉人曾来过这里。当地一个酋长之子同高棉公主结婚，得到吴哥王朝授予的王侯称号，在高棉人地方长官的手下，出任代官一职。

地理学上在介绍素可泰时，称它是泰国文化的摇篮。泰人在这样的影响下，使得自身天分与传统相适应，并创建了国家。他们从吴哥王朝吸收了诸多领域的技术和文化，特别是政治制度和文字。

素可泰王国的第三代国王兰甘亨大帝（1279 年前后—1299 年在位）创造了泰文，它是从高棉文字的草书体衍生而来的。泰文最早出现在 1292 年的著名碑文中，其内容为歌颂国王的丰功伟绩。兰甘亨大帝不断蚕食过去的柬埔寨领土，除罗斛之外，将国土从琅勃拉邦扩大到缅甸勃固以及马来半岛的六坤。1296 年，访问柬埔寨的中国人周达观在《真腊风土记》中记载了"近与暹人交兵，遂皆成旷地"，从柬埔寨一方的角度对素可泰的攻势进行了描述。

兰甘亨大帝的改革与发展

兰甘亨大帝雕刻了最古老的泰语碑刻，碑文歌颂了国王的丰功伟绩，留下一段有名的话："兰甘亨大帝时期，素可泰王国繁盛。水中有鱼，田里稻穗成熟。统治者不向道中居民征税。有人牵着牛去行商，有人骑着马去买卖。有谁想做大象生意就做大象生意，有谁想做金银生意就做金银生意。无论是臣民还是王族、贵族，一旦去世，房子、家族、首饰、驯象、妻妾子女、粮食、侍从、祖传的槟榔树林、蒌叶树就都由其子继承。"

> 国王不支持有所偏袒或隐藏的人。国王既不贪食也不贪财。若有人骑象前来寻求护佑，国王便会施以援助。至于无象无马、无子民、无金无银（的有实力者），国王会竭力辅助，直至其成立家园。捕获敌人和士兵的人、忧心忡忡的人，可以随时去往国王之处，敲响国王悬挂的吊钟。一国之君兰甘亨大帝闻后，进行公正的审问。

碑文还记述了当时繁华的都城面貌。都城由三层城墙和四个城门组成，中央池水、城内寺院的灯火、城外热闹的集市等都被详细记载了下来。国王和百姓是虔诚的佛教徒，他们还举行捐献袈裟仪式。

兰甘亨碑文揭示了素可泰王朝崭新的政治、社会、经济体制，以具体例子详细说明了其立国理念，同时描述了当时的日常生活以及社会的普遍概念和规范。但是，该碑文的真伪尚存争议。

兰甘亨大帝在中南半岛中央地带确立了泰人的统治权，而另一侧，同属傣-泰民族的孟莱酋长于北部建立王国，1262年将清莱作为大本营。在蒲甘王朝灭亡的1287年，孟莱王同兰甘亨大帝和帕尧王结为同盟。这展示了傣-泰系诸侯的血脉联系，彰显了他们一致对外的团结协作精神。1291年，孟莱王攻入哈里奔猜王国，赶走孟人，在湄滨河（Ping River）溪谷地区建立兰纳泰王国。兰纳泰王国定都于泰国第二大城市清迈（1296年）。13世纪末，帕尧、素可泰、兰纳泰三个国家毗邻建国。

清迈是沿湄南河支流湄滨河开辟的盆地的中心地，是兰纳泰王国的都城。帕育王（Phayu，1336—1355年在位）扩建清迈，建造了约7公里的城墙和护城河。其子格那王（Kue Na）从斯里兰卡请来上座部佛教，1369年，在南奔附近建立了帕荣寺（Wat Prayun）。

从所处地势来看，清迈的这些遗迹受到缅甸和孟人文化的影响。另外，帕辛寺（Wat Phra Singh）中有具有圆形台基的斯里兰卡风格佛塔（Chedi），是建于1345年的佛教寺院，其藏经阁是这一时代典型的经藏建筑。提洛卡拉王统治期间（1442—1487年），在清迈西北2公里处的地方建立了柴尤寺（Wat Chet Yot），由此可看出国王的笃信程度。此外，大佛塔寺（Wat Chedi Luang）建立于1472年，其巨大的佛塔广为人知。据说这座大佛塔高达 90 米，但由于地震已经倒塌。

素可泰王朝的佛教传播与泰国独特的佛教艺术

在兰甘亨碑文中记载了以国王为首的达官贵人以及平民笃信佛教，从素可泰古城的遗迹中也能清楚地看到其崇信佛教的情况。11 世纪初的东南亚，上座部佛教从斯里兰卡传入下缅甸的孟人国家，蒲甘王朝在攻打孟人国家直通国的过程中，接收了大量僧人和巴利语三藏。上座部佛教是经马来半岛传入素可泰的，通过湄南河的水路交通网，慢慢渗透到了普通民众当中。

素可泰王朝提倡以上座部佛教为立国精神统治国家。13 世纪是历史巨变的时代。如果从思想和宗教方面来看这种巨变的话，那就是取代立足于过去的印度教、大乘佛教等的王权思想，基于新的上座部佛教的统治理念得到了实践。上座部佛教的体系是由僧伽这一出家人组织在国王庇护下发挥功能，而执掌俗世权力的国王则作为僧伽的庇护者主张王权的正统性。

标榜护持佛教的国王，是希望基于这种王权的正统性，来实现合法的统治。兰甘亨大帝从泰国南部的那空是贪玛叻请来僧侣，接受了斯里兰卡的大寺派佛教。当时，在都城素可泰以及副都西萨查那莱（Sri Satchanalai），佛教达到全盛，盛行建造佛寺，两地如今残留大量佛寺遗迹。

在素可泰，上座部佛教传入，成为建筑和美术思想的背景。素可泰都城遗址中出现的宗教建筑，一边吸收传播佛教的斯里兰卡、邻国缅甸、泰国南部的孟人和东邻高棉人等的种种文化元素，一边发展出泰国独特的艺术意境。建筑上，有一种在玛哈泰寺中心祠堂可以看到的莲花花蕾状尖顶的佛塔（Chedi），被称为素可泰风格；雕刻上，创造了在著名的西萨查那莱游行佛（步行立佛）上所见的螺发、肉髻、火焰纹、面部表情等素可泰佛像特征。

开创了陶瓷贸易的窑址——宋胡禄陶瓷

在素可泰都城向北 65 公里处，蜿蜒曲折的永河右岸的广阔土地上，东西两侧各有一处遗址群。东侧地区称为查良（Chaliang），据说 13 世纪初吴哥王朝的阇耶跋摩七世在其版图内设置 121 处驿站，其中最北端的驿站就在此。还有一处驿站位于曹陈寺（Wat Chao Chan）遗址。西侧地区有一处由高 5 米、跨度约 4 公里的近似矩形的红土城墙所包围的都城遗址，外围有宽 10 米的护城河。

城内有 9 处遗址，最大的为环象寺（Wat Chang Lom），寺院台基有 39 头大象环绕。其东侧是伽拓圣骨寺（Wat Chedi Chet Taew），建有各种塔堂。这些遗迹中有高棉、孟、缅甸、斯里兰卡以及素可泰艺术的影子，体现了建筑和美术风格的多样性。另外，该地是宋胡禄（Sawankhalok）陶瓷的发祥地，据说元代中国陶瓷工匠移居此地，带来了瓷器技术。现在已确认有 145 处窑址。

宋胡禄陶瓷有铁绘和青瓷等，当时通过永河输送到下游的阿瑜陀耶地区，向远方出口到菲律宾、印度尼西亚，是重要的交易商品。日本在桃山时代进口宋胡禄陶瓷。但是，这种陶瓷于17世纪停止烧制了。

立泰王的统治与佛教宇宙论

兰甘亨大帝的继承者们没有区分统治行为与佛教信仰，将王权的正确行使与宗教的笃信行为混同在一起，另外也不具备战斗力。他们是献身于佛教的虔诚的佛教徒。其子乐泰王（Loe Thai，1298—1346年前后在位）继承王位，依然是热忱的佛教徒，拥有"法王"（Dharmaraja）称号。在其统治期间，素可泰和斯里兰卡的宗教关系变得紧密起来，王族们为了受戒而远渡斯里兰卡。

在乐泰王统治下，兰甘亨大帝打下的大片江山被一点一点夺去，丢失了大半。约1340年，乐泰王将儿子立泰作为副王，任命为西萨查那莱太守。乐泰王去世后，1347年，篡位者占领了素可泰。立泰遂率军返回素可泰，赶走篡夺者，恢复秩序，自立为王（约1347—1368年或1347—1374年在位）。立泰王收复了部分兰甘亨大帝时的版图。

立泰王也是一位文学家。他在1345年任副王时，著有泰语版的启蒙佛教宇宙论《三界论》，在泰国文学史上赫赫有名。他还是历法的改革者。"国王遵照10条戒律治国，对待子民一律仁慈，甚至宽恕对自己不敬的人。国王克制内心，从不发怒，这是因为国王祈愿修成佛陀，越过轮回之苦海，普度一切生物。"立泰王统治期间，任由叛乱和侵略发生。1351年阿瑜陀耶王朝兴起后，立泰王无奈臣服于拉玛底帕提国王。之后素可泰王朝国土逐渐被掠夺去。

　　立泰的王国虽然还在，但国王虔诚皈依佛门，1361 年请来高僧，过上了出家人的生活。立泰王被称为"大正法王"，将政治托给有野心的近臣后便放任不管。

　　1438 年，素可泰完全成为阿瑜陀耶王朝的一部分，与地方政权等同。但是，素可泰王族依然存在。1569 年，缅甸军一度占领阿瑜陀耶都城，当时缅甸国王将有素可泰王族血脉的摩诃·达摩罗阇作为亲缅派扶上阿瑜陀耶王朝的王位。其子纳瑞宣国王（1590—1605 年在位）奋起反抗缅甸的压迫，击退缅军登上王位。

第六章　中国船只的到来与东南亚群岛地区

10世纪初的东南亚群岛地区

近世中国与东南亚

中国唐朝的安史之乱（755—763年）是一大历史转折点。唐朝廷势力减弱，各地节度使分立，但经济上自西亚进口的白银积蓄了起来，以白银为主的货币经济出现复苏征兆。与此同时，中国船开始挺进海外，正如前文所述，南海、东海贸易圈建立了。公元907年唐朝灭亡，不久契丹国作为其后继者于公元916年诞生，经过混乱的五代十国之后，公元960年统治华中、华南地区的宋朝建立。

中国大概从此时起，无论是经济还是产业都在世界上占据绝对领先地位。尤其是在宋朝统治下的华中、华南地区，经济发展更为显著。以都城开封为首的各地城市繁荣起来，对海外进口奢侈品的需求增加。

在中国宋元时期，民间商船去海外原则上是自由的，外国商船也可自由来航。政府在各地的贸易港口设市舶司，负责对外关系事务的同时，也向民间商船征收关税。

中国商船进入东南亚大致分为两条路线：一条是经由中南半岛沿岸去往马来半岛、苏门答腊、印度方面的路线，被称为西洋航线；另一条是自加里曼丹岛北部的文莱去往爪哇、马鲁古群岛的路线，被称为东洋航线。公元926年前后默拉皮火山的喷发，导致政治中心迁移至爪哇东部。这之后，东洋航线才开始启用。

从这个时代开始，作为研究东南亚历史的史料，产自中国的陶瓷器和陶瓷碎片变得重要起来。关于贸易港口的存在时间等，基于陶瓷器碎片的推测与文献的记载有出入的情况并不少见。

三佛齐

参照"隋唐时代南海诸国朝贡年表"，公元852年占卑国，即占碑有过朝贡，公元904年，三佛齐国朝贡。三佛齐国就是巨港室利佛逝王国的后继者。"三佛齐"被认为是室利佛逝的阿拉伯语单词"Sribuza"或"Zabadj"的音译，但不确定。

宋朝南海诸国朝贡年表

年号（公历）	西亚、南亚	东南亚群岛地区
建隆元（960） 二（961）		三佛齐 三佛齐（两次）

（续表）

年号（公历）	西亚、南亚	东南亚群岛地区
三（962）		
开宝元（968）	大食	三佛齐
三（970）		
四（971）	大食	三佛齐
五（972）		三佛齐、阇婆
六（973）	大食	三佛齐
七（974）	大食	
八（975）	大食	三佛齐
九（976）	大食	三佛齐
太平兴国二（977）	大食	
五（980）		勃泥
八（983）		三佛齐
雍熙二（985）		三佛齐
端拱元（988）		三佛齐
淳化元（990）		三佛齐
三（992）		三佛齐
五（994）	大食	三佛齐、阇婆
至道元（995）	大食	
三（997）	大食	
咸平二（999）	大食	
三（1000）	大食	
六（1003）	大食	
景德元（1004）	大食	三佛齐
四（1007）	大食	
大中祥符元（1008）	大食	
四（1011）	大食	三佛齐
五（1012）	大食	阇婆？
天禧元（1017）		
二（1018）	大食	三佛齐
三（1019）		三佛齐
天圣元（1023）	大食	三佛齐
六（1028）		
嘉祐元（1056）	大食	三佛齐
五（1060）	大食	

（续表）

年号（公历）	西亚、南亚	东南亚群岛地区
熙宁中（1068—1077）	大食	阇婆
三（1070）	大食	
五（1072）	大食勿巡国	
六（1073）	大食	
十（1077）		三佛齐
元丰元（1078）		三佛齐
二（1079）		三佛齐詹毕
四（1081）	大食层檀国	佛泥
五（1082）		三佛齐、勃泥
七（1084）	大食	三佛齐
八（1085）	大食	
元祐三（1088）	大食麻啰拔国	三佛齐
四（1089）	大食麻啰拔国	
五（1090）		三佛齐
六（1091）		三佛齐
七（1092）	大食	
绍圣元（1094）		三佛齐
二（1095）		三佛齐
三（1096）	大食	
元符二（1099）	大食	
大观三（1109）		阇婆
政和中（1111—1117）	大食	
政和六（1116）	大食	
建炎三（1129）	大食	阇婆
绍兴元（1131）	大食	阇婆
二（1132）		阇婆
十七（1147）		阇婆
二十六（1156）		三佛齐
三十二（1162）		阇婆
乾道元（1165）		阇婆
三（1167）		阇婆
四（1168）		阇婆
六（1170）		阇婆
淳熙五（1178）		三佛齐

公元 960 年宋朝建立，三佛齐国立即开始朝贡。公元 968 年，大食国再次开始朝贡。这可以说是持续到公元 798 年的尸利佛誓（室利佛逝）王国同大食、波斯、天竺等国的密切关系的恢复。

公元 968 年大食国重新开始朝贡，这件事另有意义。大约在这个时期，由于西亚银矿停止产银，这之后大食国的朝贡都是将西亚生产的商品带到中国，以获取银子。事实上，从这一时期开始，中国的出口商品中出现了金银。

对东南亚来说，南亚依旧重要。印度各地生产的棉织品是东南亚人的生活必需品，同时也是威信财富。印度的那烂陀寺是大乘佛教的教育中心，中国、东南亚的僧侣争相到此留学，在此修行的印度僧人也去往各地，致力于佛教的广泛传播。锡兰岛上诞生的上座部佛教也是这个时期开始传入东南亚大陆地区的。

在此要指出的事实是，大概在 10 世纪东南亚各地开始种植印度型稻（籼稻）。这应该开始于原本以籼米为主食的印度人大规模迁居而至的地方。

朱罗王朝入侵室利佛逝

公元 850 年前后，朱罗王朝建立于南印度的科罗曼德尔海岸。朱罗王朝作为国际贸易基地的统治者，一度很繁荣。大约在公元 1025 年，朱罗王朝的罗贞陀罗·朱罗一世（1012—1044 年在位）向室利佛逝派遣舰队，四处掠夺。这一事实可以从公元 1030 年前后罗贞陀罗·朱罗一世命令刻制的碑文中得知。参照"宋朝南海诸国朝贡年表"可知,公元1028年三佛齐向宋朝朝贡之后,大食国于公元1056年朝贡,三佛齐于公元1077年朝贡,相隔时间很长。大概是罗贞陀罗·朱罗一世的侵袭导致室利佛逝被彻底掠夺,经过很长时间也难以恢复。朱罗王朝的进攻可能发生在公元1028年或1029年。

之后在公元1079年,三佛齐詹毕国朝贡。这里的詹毕是占碑的音译,这一点确定无疑。三佛齐统治下的占碑大概是独立朝贡的。之后一直到公元1095年,三佛齐频繁朝贡,但是接下来的朝贡却是在公元1156年,相隔约60年。另外大食国的朝贡止于公元1131年。可能是古吉拉特地区的阿拉伯人居留地被突厥系的加兹尼王朝征服的缘故。

三佛齐的"转移"

赵汝适于公元1225年所著的《诸蕃志》一书,是记录东南亚、南亚诸国风土人情和物产的重要史料。不过,他是借助之前的另一本著作整理编著而成的,所以可以说该书记载了大概13世纪初的东南亚概况。

根据书中关于三佛齐国的记述,三佛齐统辖15个州。书中列举了其名称。这15个州大致分布在自爪哇的巽他地区到苏门答腊北部的南巫里这一片区域,其中包括巴林冯,即巨港,但是未发现相当于占碑的地名。从这一点来考虑,赵汝适记述的三佛齐国不是巨港,而是占碑。

可能是曾经地处巨港的室利佛逝王国出于某种原因放弃巨港而移至占碑;也有可能是地处巨港的王国国势衰落,占碑王国取而代之，蓬勃兴起。笔者更倾向于后者。大食国的朝贡止于公元 1131 年也表明阿拉伯船不再来航，与此同时居住在巨港的阿拉伯人、中国商人数量剧减，王国已经处于破产状态。实际上三佛齐只在自此 25 年后的公元 1156 年以及再 22 年之后的公元 1178 年有过朝贡。

占碑何时成立了国家，尚且不明。根据考古学的发掘结果来看，王宫等好像是在 12 世纪末或 13 世纪初建立起来的，这可能是公元 1178 年三佛齐最后一次进贡之后不久的事。

占碑的三佛齐

这里简单介绍下《诸蕃志》中关于三佛齐王国的记述。书中记载其"累甓为城，周数十里"。其遗址位于巴当哈里河北岸，今穆阿拉占碑，在占碑市下游 15 公里，自河口往上游方向 72 公里处。遗址划分为两个时期：10 世纪到 12 世纪为第一阶段，13 世纪到 14 世纪为第二阶段。只是尚未发现城墙的遗迹。贵族用"蒲"姓，这是马来语、爪哇语中的"Empu"（Mpu）这一称号的音译。其人民"散居城外，或作牌水居"，"不输征赋"，但"有所征伐，随时调发；立酋长率领，皆自备兵器、糗粮"，这是该地区一直延续到后期的统治与被统治（服从）关系的基本。

在国内，文书用"番字"，即用印度式的文字书写。因为也有汉字，所以应该有中国人街区。关于国王与王权也能看到有趣的记载："每国王立，先铸金形以代其躯。"可以认为这里具体表现了马来各族"国王为黄金之魂"的王权观念。另一方面，"俗号其王为龙精，不敢谷食，惟以沙糊食之；否则，岁旱而谷贵。浴以蔷薇露，用水则有巨浸之患"。这些都体现了国王是小宇宙，国王的行为直接反映在大宇宙上这一观念。"有百宝金冠，重甚；每大朝会，惟王能冠之，他人莫胜也。传禅则集诸子以冠授之，能胜之者则嗣。"这也具体体现了国王是黄金之魂的观念。

对三佛齐的贸易，该书也有记述，可参考本页图表。通过此表可知，地方物产的分类中，也有如丁香、肉豆蔻等从马鲁古群岛、班达岛进口的物产；占碑周边的物产有海产品玳

从三佛齐国（占碑）输入中国的商品（出自《诸蕃志》）

Ⅰ　**地方物产**

　　海产品：玳瑁

　　香：脑子（龙脑树树脂）、沉香、速香（沉香的一种）、暂香（同左）、粗熟香、降真香（豆科降香檀的根部芯材）

　　香木：檀香（紫檀、白檀、黄檀等）

　　香料：丁香、豆蔻（肉豆蔻）

Ⅱ　**大食各国的物产**

　　香：乳香、没药、阿魏（阿魏根或根茎切开后所得之橡胶树脂）、苏合油

　　香水、药材：蔷薇水、栀子花（干栀子花，用以附着香味）、腽肭脐（虽写腽肭脐，实际上是用灵猫香制的香袋）、芦荟、木香（菊科植物木香的干燥根）

　　宝石类：珍珠、象牙、珊瑚树、猫儿睛（猫眼石）、琥珀

　　手工业制品：番布（棉织品、毛织品）、番剑

三佛齐从中国进口的商品

　　贵金属：金、银

　　瓷器

　　丝织品：锦、绫、缬绢

　　砂糖

　　铁

　　食品：酒、米

　　药材：干良姜、大黄、樟脑

瑁、香料、香木类，这些都是热带落叶林的林产品。另外需要注意的是，自大食国进口的商品广范围内包括西亚、南亚的产品。自中国进口的商品除金银、瓷器、丝织品之外，还有铁、砂糖、酒。

爪哇东部国家的形成

政治、文化中心转移到爪哇东部，这对爪哇历史产生了巨大的影响。首先，爪哇东部偏离了从印度经东南亚群岛地区到中国的贸易路线，来自印度的商船数量减少，当然来自印度的婆罗门和僧侣也减少了。结果，来自印度的直接文化影响减少，爪哇固有的文化要素显现了出来。即爪哇知识阶层开始创造爪哇文化。笔者想指出的是，其具体表现首先就是古爪哇语取代了梵语，确立了其作为文化用语的地位。与此同时，爪哇东部受到了 5 世纪左右在笈多文化特别是湿婆教文化的直接影响下发展起来的巴厘岛文化的影响。于是爪哇东部兴起了印度-爪哇文化这一独特文化。

爱尔朗卡王

爪哇东部马打兰国的当权者姆普·辛多克（Mpu Sindok，927—947 年在位）定居在潘拿古南山（Mount Penanggungan）山脚，登上王位。潘拿古南山形似下端呈方形、上端呈圆锥形的舍利塔（佛塔），被爪哇人视为圣山而受到崇拜。不过，一般认为，辛多克王并没有彻底统一爪哇东部，各地小国林立，辛多克王居各国之首，对各国行使宗主权。之后的达玛旺沙王

（Dharmavamsa，约985—1006年在位）下令将爪哇固有的法律成文化，将《摩诃婆罗多》译成古爪哇语的散文。公元990年前后，达玛旺沙王攻打室利佛逝，给室利佛逝造成重创。接着在11世纪初，爱尔朗卡王登上历史舞台，建立了谏义里王国。

关于爱尔朗卡王，有三份同时期的史料，分别是公元1037年用梵语韵文书写的碑文《爱尔朗卡王赞歌》，公元1041年在其背面用古爪哇语书写的碑文《爱尔朗卡王颂德碑》，还有一个将要在后文提到的同时期的资料《阿周那的姻缘》。笔者想综合这些史料讲述爱尔朗卡王是如何建立谏义里王国的。

据《爱尔朗卡王赞歌》所述，11世纪初统治爪哇东部的是室利·玛古达旺夏哇尔达纳王。这位国王与辛多克王的关系并不明确。根据《爱尔朗卡王赞歌》记载，他在位期间，"一个继承纯正血统的人和一位名叫玛亨特拉大达的美丽女子生下了爱尔朗卡底瓦"。爱尔朗卡底瓦意为"爱尔朗卡神"，相当于日本《古事记》《日本书纪》里的神日本磐余彦尊之类的"尊（命）"。爱尔朗卡因才能和品德受很多人尊敬。另一方面，《爱尔朗卡王颂德碑》中没有关于其出身的记述，只是视其为毗湿奴的化身。这种夸张又抽象的记述也暗示了其出身的模糊性。

谏义里王国的成立

据《爱尔朗卡王赞歌》记载，之后不久，就像因陀罗神的王国那样曾被欢乐包围的都城化为灰烬，爱尔朗卡率领武士、民众以及曾经的王族逃往森林。据《爱尔朗卡王颂德碑》记载，塞迦历 928 年，即公元 1006 年（下文省略塞迦历纪年），爪哇遭遇重大灾难，国土陷入一片混乱。一般认为这是室利佛逝对达玛旺沙王入侵室利佛逝的反击。由此，达玛旺沙王去世，爪哇东部陷入分裂，爱尔朗卡携师傅和曾经的王族等逃至森林。这当然是为了避难，但是根据爪哇的王权观念，如此带领未来的宫廷成员，在森林这种远离日常生活的世界中游历、修行是成为王者的必经之路。爱尔朗卡苦心修行，据《爱尔朗卡王赞歌》记载，公元 1010 年他被婆罗门师傅们拥戴为王。另外值得注意的是，与此相关，中国史料中记录了公元 1011 年来自爪哇国的朝贡。《爱尔朗卡王颂德碑》中记载，爱尔朗卡是公元 1019 年登上王位的，当时他被授予 "Sri Maharaja Rakai Halu Sri Lokeswara Dharmawangsa Airlangga Anantawikramottunggadewa" 的庄重称号，受到佛教徒、湿婆教徒、婆罗门高层的祝福。

爱尔朗卡王此时登上王位，开设宫廷，但他必须进一步统一爪哇东部，确立统治。爱尔朗卡王的国家统一事业大约开始于公元 1032 年，大致以公元 1035 年爪哇东部地区西侧的温克（Wengker）的统治者归顺而告终。爱尔朗卡王于公元 1037 年登上王位，与可能是已故国王女儿的拉克斯美（Lakshmi，吉祥天女）结婚。另外他又和室利佛逝的公主结婚。可能这一时期正是室利佛逝遭受朱罗王朝侵攻之后，爱尔朗卡统一爪哇东部后，主张与室利佛逝平等相处，使得室利佛逝同意了公主的下嫁。宫廷诗人恩蒲·甘瓦（Mpu Kanwa）为纪念

此事，创作了戏剧《阿周那的姻缘》。这是以印度古代叙事诗
《摩诃婆罗多》中的第三篇《森林篇》为题材创作的，将爱尔
朗卡王比作因陀罗神的儿子——般度族五子之一的阿周那，描
写了阿周那与恶魔尼哇达卡哇查战斗并获取胜利以及与仙女结
婚的故事。爱尔朗卡王为了纪念这次结婚，在潘拿古南山附
近的蒲坎干（Pucangan）修建寺院，并命名为"室利佛逝婆
罗摩"。

　　爱尔朗卡王于公元 1049 年去世，他的陵墓是现在的贝拉
汉陵庙（Candi Belahan）。该陵庙位于潘拿古南山东侧半山
腰，正面墙壁上刻有作为毗湿奴化身的爱尔朗卡乘坐迦楼罗的
雕像（现已移藏至惹班的博物馆），左右则安置着女神拉克斯
美和室利的像。这里的室利像是室利佛逝公主的雕像。前面是
沐浴场，汇集了从圣山涌出的灵水。整体是爪哇-巴厘风格。
另外，在巴厘岛也有一处叫作爱尔朗卡王陵墓的地方。

　　爱尔朗卡王在即将去世时，将国土分为东西两部分，西
半部分命名为班查鲁（Panjalu，以谏义里为中心），东半部分
命名为戎牙路（Janggala，以杜马班为中心）。但是戎牙路不
久就被班查鲁吞灭。

中国史料中的谏义里王国

　　中国宋代文献中有关于爪哇的各种记载，其中，前文提
及的赵汝适《诸蕃志》的记述比较重要。该书首先有关于阇婆
国的记载。书中写道，阇婆国又名莆家龙，由此可知是北加浪
岸，即唐代的诃陵国。根据书中记载，阇婆国有两座寺庙，有

国王，而且行政机构完备，大概是统治北加浪岸周边地区的小国吧。当地使用牛耕，生产稻、麻、粟、豆。从与贸易相关的记述来看，这里也有自周边地区和南亚、西亚地区进口的商品，农产品中的胡椒尤为重要，也有棉织品和丝织品。胡椒是巽他地区、爪哇向中国出口的重要商品。可能是爪哇没有面向中国的合适的林产品和海产品，于是从印度的马拉巴尔海岸引入了胡椒种植吧。粗略来讲，东南亚群岛地区商品作物的生产先从用于出口的胡椒开始，不久逐渐转为稻作。

从阇婆输入中国的商品（出自《诸蕃志》）

Ⅰ　**被认为是从外国进口的商品**
　　海产品：玳瑁
　　宝石类：象牙、珍珠
　　香：龙脑、降真香
　　香木：檀香
　　香料：茴香、丁香、豆蔻
　　药材：犀角、荜澄茄、红花
　　工艺品：花簟、番剑
　　染料：苏木
　　　白鹦鹉

Ⅱ　**被认为是爪哇的产品**
　　农产品：胡椒、槟榔
　　矿产品：硫黄
　　丝、棉制品：绣丝、吉贝、绫布

阇婆从中国进口的商品
　　贵金属制品：金银混合物、金银器皿
　　丝织品：五色缬绢、皂绫
　　药材：川芎、白芷（伞形科植物的根）、朱砂（即辰砂，硫化汞）、白矾（明矾）、绿矾（氧化铁的硫酸盐）、鹏砂（硼砂）、砒霜（硫黄和砷的化合物）
　　工艺品：漆器、铁鼎、青瓷、白瓷

该书接下来记载的是苏吉丹,即苏卡达纳,相当于今格雷西(锦石)。这里也有国王。该地的特点是稻子栽培与胡椒生产都保持强劲势头。米似乎也是重要的出口商品,主要面向群岛地区,胡椒只是作为面向中国的商品而生产的。然后是关于大阇婆即戎牙路的记载,也就是谏义里王国东半部的事,但是记述不具体,明显是基于传闻书写的。书中只列举了当地的物产有青盐(质量上乘的盐)、绵羊、鹦鹉,没有出现谷物。另外当地官员和周边岛上的海盗关系亲密。这些岛上的人以西谷淀粉为食。

《诸蕃志》是根据中国商人的所见所闻而著,他们没去内陆地区,所以没有相关记载。但是从在北加浪岸格雷西这样的重要港口城市里存在着独立国家这一记载来看,可以认为,当时在内陆答哈(Daha)的谏义里王国尚未对整个爪哇东部实施强有力的统治。

新柯沙里-满者伯夷王国的建立

新柯沙里-满者伯夷王国

继 11 世纪在爪哇东部建立的杜马班王国之后,新柯沙里-满者伯夷王国于 13 世纪也在此建立。新柯沙里和满者伯夷两个王国是在同一个王族统治之下的,根据需要,有时会用连字符,称为新柯沙里-满者伯夷王国。关于新柯沙里王国历史的最早记述见于 13 世纪中期陈元靓编撰的《事林广记》的大阇婆章节中:"旧传国王系雷震石裂有一人出后立为王,其子孙尚存。"这则记事中"国王的资格"是从被雷（天）劈下而裂开的岩石（地）中出生。即，生于天之父、地之母间的世上最早的人（称其为"原人"）具有成为王者的资格。

庚·安禄传奇

爪哇人对于新柯沙里-满者伯夷王国的历史记述，有满者伯夷王国的哈奄·武禄王（1350—1389 年在位）统治期间，宫廷诗人普腊班扎于公元 1365 年创作的歌颂哈奄·武禄王的颂德诗《爪哇史颂》（Nagarakretagama）的第五章。据此文献，公元 1182 年有一位不是女人所生，而是由湿婆神所生的国王。《事林广记》里出现的"原人"被认为是这里的湿婆神之子，即湿婆神化身。《爪哇史颂》里，国王的名字是拉哥·拉查萨（Ranggah Rajasa），他征服了卡威山以东地区，即戎牙路，于公元 1222 年打败了谏义里王葛尔达查耶，统一了戎牙路和谏义里。

继《爪哇史颂》之后，记述新柯沙里-满者伯夷王国历史的是《爪哇诸王志》（Pararaton）。该书只有一本摹本传下来，书的后记部分写着塞迦历 1535 年卡罗月[①]黑分 2 日（公元 1613 年 8 月 3 日）于巴厘岛斯卡萨达所作。笔者（生田滋）认为这是摹本的完成时间，这本书是满者伯夷王国灭亡后，人们期待 16 世纪中期爪哇东部新国王的出现从而写就的。该书开头部分记载了新柯沙里-满者伯夷王国的缔造者庚·安禄的

---

① 塞迦历的 2 月，Sasih Karo。

传奇故事。笔者在此介绍一下故事梗概并佐以解说。

　　庚·安禄为梵天与农夫之妻庚·务敦珂所生，他四处作恶。有一天他得知诸神聚集在勒耶尔山开会，便登山偷看。当时诸神正在讨论由谁担任爪哇国王，巴达拉·古卢（湿婆神）宣布是养子庚·安禄。这时他现身了。群神下令，他在成为国王之际，应称为巴达拉·古卢。他下山后，被从印度来航的婆罗门罗卡韦发现，并收为义子。罗卡韦让他为杜马班（戎牙路的中心地区）的统治者栋古尔·阿默栋效力。

　　开头提到，庚·安禄为梵天和农夫之妻所生，在群神集会上被当作湿婆神的养子。在最初的故事中，他可能也如同《爪哇史颂》里的拉哥·拉查萨一样，被当作湿婆神的儿子，即其化身。另外来自印度的婆罗门罗卡韦能发现普通人看不到的迹象，给人们提供行动指南，由此可以看出印度婆罗门在东南亚所发挥的作用。

　　书中还有以下记述。大乘佛教的僧人穆普·普鲁出家前生有一个漂亮女儿，名叫庚·德德斯。栋古尔·阿默栋趁庚·德德斯的父亲不在家时将其带走，结为事实夫妻。庚·德德斯怀孕了。一天，她乘马车外出。她在一个庭园下马车时，莎笼的下摆翻卷而起，大腿裸露，阴部发出光芒。庚·安禄看到这一幕，询问罗卡韦，罗卡韦解释说："她是女人中的女人，和她结婚的男人将成为世界的征服者。"于是庚·安禄找剑匠铸克力士剑（爪哇式的短剑），让朋友用这把剑杀了栋古尔·阿默栋，然后自己和庚·德德斯结婚。婚后不久，庚·德德斯生下了栋古尔·阿默栋的遗腹子阿努沙巴迪。

后来，庚·安禄和她孕育了三男一女。另外，庚·安禄和侧室庚·邹莽也有三男一女。

这里出现了具有神秘力量的女性，能让配偶当上国王。她怀着前夫的孩子与庚·安禄结婚，不久生下了阿努沙巴迪。后来她被视为般若波罗蜜多的化身，人们按她的形象制作了雕像（也有异论）。

庚·安禄的声望越来越高。答哈的统治者丹当·根迪斯（相当于《爪哇史颂》中的葛尔达查耶）自称是巴达拉·古卢的化身，变身成其形态，命令湿婆教、佛教僧人礼拜。僧人们拒绝这一要求，聚集到庚·安禄跟前。于是庚·安禄成了杜马班的统治者，定国名为新柯沙里，自称"Sri Rajasa Sang Amurwabhumi"。不用说，取国名、定王号是建国的行为。

丹当·根迪斯夸下海口说只有巴达拉·古卢能攻打答哈，庚·安禄是如何也攻不了答哈的。庚·安禄听闻此消息后，随即改名巴达拉·古卢攻陷了答哈。丹当·根迪斯一度逃到神庙，不久带着随从骑着马消失得无影无踪。他的三位王后也和王宫一起化为乌有。如此一来，庚·安禄于公元1222年成为国王。

新柯沙里王国的灭亡

据《爪哇史颂》记载，新柯沙里王国的王位代代父传子，一直到第四代国王格尔达纳卡拉。但是《爪哇诸王志》里有以下记载。

阿努沙巴迪从人们的行为举止中对自己的出身产生怀疑，

不久他便得知自己是栋古尔·阿默栋的儿子，而庚·安禄正是自己的杀父仇人。他把庚·安禄杀害自己父亲的克力士剑交给了部下，让他杀了庚·安禄，自己登上王位。这是公元1247年的事件。后来，庚·安禄和侧室庚·邬莽生的陀阇耶、阿努沙巴迪的儿子朗卡·巫尼，以及朗卡·巫尼的儿子格尔达纳卡拉依次继承了王位，格尔达纳卡拉是第五位国王。这里值得注意的是，他们继承的是栋古尔·阿默栋和庚·德德斯所生的阿努沙巴迪的血统，与庚·安禄并没有直接的血缘关系。这一点和后来拉登·韦查耶的出身问题有着密切关系。

　　只看《爪哇诸王志》的记载的话，给人的印象是庚·安禄首先统一了杜马班，接着合并答哈，一统爪哇东部。但实际上我们知道后来答哈也拥有自己独立的政权。可能是杜马班和答哈两地小政权林立，新柯沙里王国居于其上，行使宗主权。

　　《爪哇史颂》和《爪哇诸王志》对新柯沙里王国第四代或第五代国王格尔达纳卡拉（1254—1292年在位）的描述大不相同。《爪哇史颂》写道，格尔达纳卡拉于公元1270年灭强敌查耶拉查（Cayaraja），公元1275年下令征服摩罗游（占碑），公元1280年杀掉恶人玛希沙·朗卡（Mahisha Rangkah），公元1284年征服巴厘，令此前属于彭亨、摩罗游、昆仑、巴库拉普拉（Bakulapura）、巽他以及马都拉的各国臣服于自己。如此说来，他被描述成一位伟大的国王。书中还写道，公元1292年格尔达纳卡拉去世，王国陷入混乱，谏义里国王查耶卡旺（Jayakatwang）觊觎王位。

　　然而在《爪哇诸王志》中格尔达纳卡拉继位后远忠臣亲

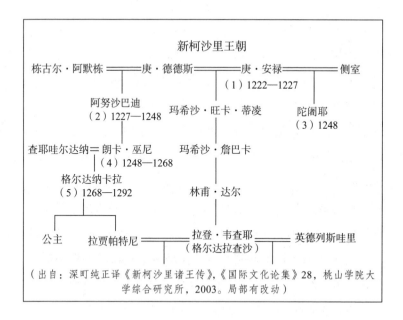

新柯沙里王朝

（出自：深町纯正译《新柯沙里诸王传》，《国际文化论集》28，桃山学院大
学综合研究所，2003。局部有改动）

小人。为了攻打仇敌摩罗游，大举派兵。答哈统治者、格尔
达纳卡拉的仇敌查耶卡旺得知此事后，攻打杜马班（新柯沙
里）。沉醉于椰子酒的格尔达纳卡拉王遭到突袭后，被杀身
亡。总之，在《爪哇诸王志》中，他被描述成昏庸的君王。除
此之外，《爪哇史颂》中远征摩罗游是发生在公元 1275 年，
而该书写的是发生在公元 1292 年，虽不至于说是扭曲事实，
但都是为了将满者伯夷王国的建立者拉登·韦查耶（Raden
Wijaya）塑造成伟大英雄而进行的安排。

拉登·韦查耶

据《爪哇史颂》记载，显赫王子的儿子、格尔达纳卡拉
王的女婿底安·韦查耶在鞑靼人的帮助下，推翻查耶卡旺，

灭其全族，在满者伯夷的王宫被推戴为王，称为格尔达拉查
沙·查耶跋达拿（Kertarajasa Jayawardhana）。韦查耶登上王
位后，爪哇国泰民安，不久他便郑重迎娶格尔达纳卡拉王的
四个女儿。底安·韦查耶和格尔达纳卡拉的翁婿关系诞生于
这场婚姻。也就是说底安·韦查耶出身不明。但是在《爪哇
诸王志》中，拉登·韦查耶是玛希沙·旺卡·蒂凌（Mahisa
Wonga Teleng）的子孙，而玛希沙·旺卡·蒂凌为庚·安禄和
庚·德德斯所生。即，他以"原人的子孙"这一形式被赋予王
者的资格。《爪哇诸王志》中还有下面这样一个故事。

格尔达纳卡拉王遭到突袭，拉登·韦查耶赶往杜马班的
王宫，但为时已晚。他救出了被答哈人抓住的格尔达纳卡拉王
的两位公主中的长公主，并逃至马都拉岛，投靠统治者韦拉拉
查。他听从韦拉拉查的建议，暂时给查耶卡旺效力，开辟特立
克荒地，然后建立村庄。这时候有个跟随他的马都拉人，口渴
难耐，摘了玛查树[1]的果实吃，味道很苦，于是这片土地作为
满者伯夷（Majapahit，苦涩的木橘之意）而为人所知。

这成了后来爪哇国家建设的一种模式。爪哇语中"Babad"
意为"历史记载"，其原意为"开拓土地"。也就是说国家的
历史同时也是开拓的历史。

满者伯夷王宫和首都遗址位于今德罗坞兰[2]。德罗坞兰位

---

[1] 即木橘（Indian bael），印尼称"Maja"。
[2] Trowulan，地名，暂无统一译法，文献中的特洛武兰、楚坞兰、特鲁乌兰、
特洛勿兰等都是指该地。

于从泗水 ① 沿布兰塔斯河溯源而上，惹班市南下不远的地方。
当时，沿布兰塔斯河溯源而上，一直到惹班附近，似乎都有贸
易船来航。因此，这里是控制谏义里和戎牙路两地贸易的要
地。现在，这里进行了遗址发掘和保护，还建有博物馆。从泗
水乘车可以一日往返，推荐大家去参观。

　　对于拉登·韦查耶来说，此时，意想不到的幸运降临了。
那就是元军于公元 1292 年进攻爪哇。据《爪哇诸王志》记载，
拉登·韦查耶和鞑靼王是朋友，于是以两位爪哇公主作诱饵，
诱使鞑靼王前来攻打（这当然是虚构）。不久鞑靼军来攻，他
们联合马都拉军和满者伯夷军攻打答哈。查耶卡旺被鞑靼军所
擒。拉登·韦查耶趁乱混入，救出小公主，又施计赶走鞑靼
军。后来拉登·韦查耶和两位公主成婚。10 天之后，拉登·韦
查耶派往摩罗游的军队抓了两位（摩罗游）公主回来。妹妹做
了拉登·韦查耶的侧室，姐姐和底安结婚生下了摩罗游国王杜
汉·查纳卡。就这样，拉登·韦查耶登上王位，称为格尔达拉
查沙·查耶跋达拿（Kertarajasa Jayawardhana）。拉登·韦查
耶去世时人们为他塑的雕像以诃利诃罗（湿婆和毗湿奴的合体
神）的形态保留了下来。

哈奄·武禄王

　　由《爪哇诸王志》可知，在拉登·韦查耶王（1293—
1309 年在位）的统治期间，各地也暴动频发，远远称不上统

---

① Surabaya，亦译为苏腊巴亚。

一。接下来的查耶纳卡拉王（Jayanegara，1309—1328 年在位）时期也是如此，公元 1319 年他不得不暂时放弃首都，率领宰相加查·马达手下的 25 名护卫逃亡。公元 1328 年他被部下暗杀，王位由他父亲的另一位妻子佳雅特丽·拉贾帕特尼（Gayatri Rajapatni）继承。但是此时拉贾帕特尼已经出家，便由她的女儿，即查耶纳卡拉王同父异母的妹妹特里布婆那（Tribhuwana，1329—1350 年在位）摄政。特里布婆那和贵族查克拉达拉结婚后，于公元 1334 年生下哈奄·武禄。这段时间，加查·马达担任宰相处理政务，他于公元 1334 年向巴厘派遣远征军，将公元 1284 年以来一直处于独立状态的巴厘再次纳入统治之下。

公元 1350 年佳雅特丽·拉贾帕特尼去世，特里布婆那也从摄政职务上引退，哈奄·武禄（1350—1389 年在位）继位。加查·马达继续任宰相一职，直至公元 1364 年去世。

《明实录》里的爪哇国王昔里八达剌巴那务（"Sri Bhatara Prabhu" 的音译，意为"国王"）确是哈奄·武禄王本人。他于公元 1370 年到 1381 年一直向明朝朝贡。但在此期间的公元 1378 年，也有人以阇婆国国王的身份向明朝朝贡，同年还有东、西两位藩王朝贡。由此可知，当时的满者伯夷王国内部未必实现统一。

哈奄·武禄王是位理想的君主，加查·马达是位理想的宰相，哈奄·武禄王在位期间政治达到最理想状态——这是早在 14 世纪末就开始流传在东南亚群岛地区的"神话"，但事实有很大的不同。通过爪哇建国神话，我们可以看到，两人并不

是所谓的君主和宰相的关系，而是天生就具有国王资格的君主
与教育、辅佐国王的师傅的关系。

《明实录》里的爪哇国朝贡年表

洪武三（1370）	昔里八达剌八剌蒲
五（1372）	昔里八达剌八剌蒲
十（1377）	八达那巴那务
十一（1378）	阇婆国王磨那陀喃
	东番王勿陀劳网结、西番王勿陀劳波务
十二（1379）	八达那巴那务
十三（1380）	八达那巴那务
十四（1381）	八达那巴那务、爪哇国
二十六（1393）	爪哇国
二十七（1394）	爪哇国
永乐元（1403）	西王都马板（两次）
二（1404）	东王孛令达哈
三（1405）	西王都马板、东王孛令达哈
四（1406）	西王都马板
五（1407）	西王都马板
六（1408）	西王都马板
八（1410）	西王都马板
九（1411）	爪哇国、新村村主
十一（1413）	西王都马板
十三（1415）	西王杨惟西沙
十四（1416）	爪哇国
十六（1418）	西王杨惟西沙
十八（1420）	西王杨惟西沙
二十（1422）	西王杨惟西沙
洪熙元（1425）	西王杨惟西沙
宣德元（1426）	西王杨惟西沙
二（1427）	国王杨惟西沙
三（1428）	国王杨惟西沙
四（1429）	国王杨惟西沙（两次）

（续表）

正统元（1436）	爪哇国、国王杨惟西沙
二（1437）	国王杨惟西沙
三（1438）	国王杨惟西沙
五（1440）	爪哇国
七（1442）	国王杨惟西沙
八（1443）	爪哇国
十一（1446）	爪哇国
十二（1447）	爪哇国
景泰三（1452）	国王巴剌武
四（1453）	国王巴剌武
五（1454）	国王巴剌武
天顺三（1459）	爪哇国
四（1460）	国王都马板
成化元（1465）	爪哇国
弘治八（1495）	国王不剌各得那眉

荣耀的满者伯夷

《爪哇史颂》第三章列出了当时满者伯夷统治下的地区名称。根据该书的记述，当时满者伯夷王国统治着几乎相当于今印度尼西亚共和国的地区。因此，印度尼西亚共和国独立后，他们把历史上存在满者伯夷王国这一事实作为依据，从历史的角度说明共和国存在的合法性。但是细读其记载就会明白，满者伯夷王国实际上只对爪哇东部和巴厘岛行使了实际统治权，而且占碑以西的地区被认为是摩罗游地区。后来，在公元1379 年左右，满者伯夷的舰队在这片地区大肆掠夺。格尔达纳卡拉王往摩罗游派舰队一定也是出于同样的目的。

那么这里列举的地名是普腊班扎知道的所有地名吗？笔者（生田滋）认为不然，这里列举的应该是当时爪哇人进行扩张的地区名称。也就是说，有爪哇人的地方就是满者伯夷王国的统治区域。笔者认为可能在公元926年爪哇东部成为政治经济中心后，这里出现了小规模的人口剧增，很多爪哇人开始移居到群岛地区。

满者伯夷王国时期，爪哇东部的文化发展得益于岁稔年丰。满者伯夷文化是以人们的高雅举止、巴蒂克（爪哇印花布）和克力士剑等各种优美工艺品、哇扬戏（皮影戏或由其发展来的戏剧）和佳美兰音乐等为代表的印度-爪哇文化的集大成者。东南亚群岛地区的人们极其憧憬且积极接受爪哇人带来的满者伯夷文化。

满者伯夷王国的衰落与灭亡

公元1389年哈奄·武禄王去世后，满者伯夷王国迅速分裂。公元1381年哈奄·武禄王最后一次向中国朝贡后，以爪哇这个国名进行的朝贡还有几次。西王都马板的朝贡始于公元1403年，持续到公元1413年；这期间，东王亭令达哈于公元1404年和公元1405年进行了朝贡。前者为西王"Tumapel"（杜马班）的音译，后者为东王"Bhreng Daha"的音译，这是一目了然的，但从位置关系来看，应该是西王为"Bhreng Daha"，东王为"Tumapel"。

不管怎样，有一件事很清楚，即满者伯夷王国的宫廷势力衰弱，传统的杜马班与答哈的对立再次爆发。事实上，郑和第一次下西洋之际，船队航行至爪哇，船员们登陆东王统治的土地时，遭到西王的士兵攻击，170人被杀。于是自公元1415年起西王杨惟西沙开始朝贡。杨惟西沙是爪哇语"国王"

的音译。他的朝贡一直持续到公元1442年，自公元1427年起，他不再称西王（正确来说应该是东王），而是称国王。从字面上来看，应该是杜马班的统治者一度成为满者伯夷的统治者。

国家的分裂一定让供职于朝廷的官员感到悲痛吧。《爪哇诸王志》中，哈奄·武禄王去世后，几乎只有家族谱系类的记述，故事性的元素基本看不到。想必这段时间，频繁发生着令该书作者痛苦到难以下笔的事件。

就像后面所述的那样，自15世纪中期开始，在爪哇的沿岸地带，建立了伊斯兰港口城市国家，满者伯夷王国逐渐被封锁到岛屿内陆地区。首都满者伯夷也不知何时被放弃，地方政权割据。16世纪初谏义里还存在地方政权，以图班作为外港维持着。但是这一政权不久便也消失了。《爪哇诸王志》就是在这种情况下，为祈盼满者伯夷王国能早日复兴而写就的。

第七章　历史性的巨变——13 世纪之后的中南半岛

泰国港口城市阿瑜陀耶的繁华

13 世纪——大变动时代

13 世纪前半叶以来，从云南到今泰国、缅甸、老挝国境一带，陆续诞生了素可泰、清迈等小规模的傣-泰民族诸侯国。同样自 13 世纪中叶起，元朝发起军事行动，撼动了中南半岛，给以占婆、吴哥和蒲甘三国为首的大部分区域带来沉重打击，这加速了陈朝等王朝的衰落。

1257—1287 年，元军三度向成功开拓红河三角洲而发展起来的越南陈朝发起进攻，但均被其击退。1282 年，元军从海路侵入占婆，两年后占婆败走。吴哥王朝向元朝派遣了使节，以示恭敬顺从。1296 年，元朝派出使节，回访答礼，《真腊风土记》的作者周达观也一道随行。1287 年，缅甸的蒲甘王朝也倒台了。

13—14 世纪，在中南半岛中央部，上座部佛教走进平民当中，受到民众笃信。巴利语取代梵语，成为宗教用语。在笃信上座部佛教的基础上，宗教建筑融合现有多种风格，取得了独自的发展，呈现出本土色彩。

在 13 世纪的大变动当中，傣-泰民族得以发展壮大。阿瑜陀耶王朝接替了素可泰王朝，泰族一口气南下至湄南河三角洲，阿瑜陀耶作为东西方贸易中转地发展起来。另外，在老挝还兴起了澜沧王国。

缅甸国内缅、孟、掸三族不停地角逐，柬埔寨在吴哥王朝以后，受泰国和越南夹击濒临亡国。如第五章所述，泰国、老挝、缅甸和柬埔寨四国一边保护渗入民众当中的上座部佛教，一边以上座部佛教为背景主张其统治的正统性。

同期，越南黎朝于 1471 年攻打占婆，构筑了南进至湄公河三角洲的桥头堡。

阿瑜陀耶王朝——巩固王权及内政改革

阿瑜陀耶王朝建于湄南河、华富里河（Lopburi River）、巴塞河（Pa Sak River）三河交通的要冲，自古以来便是货物集散地。泰族中心势力一举迁徙到南方的新天地。与素可泰相比，阿瑜陀耶坐拥地利，凭借贸易为新王朝国力的增强奠定了基础。建国者拉玛底帕提一世（1351—1369 年在位）身世不详，他登基后便任命王子和亲属为各地太守和总督，巩固自身权力，并转战于国内与周边各国。为了扩大势力范围，他向北攻打素可泰，向东攻打柬埔寨，甚至到达马来半岛的马六甲。他同时实行内政改革，设置各部门高官，制定首部法典。

国王后继者们完全控制了湄南河中下游流域，商业港口阿瑜陀耶利用中小河川和水渠，收集广大内陆地区物产，有棉花、象牙、蜜蜡、各种香辛料和漆器等。再加上本国自产的大米、兽皮等，一并出口到邻近地区。交易商品主要有日本的银和铜，中国、越南出产的生丝等。同时经暹罗湾和南海，连通中国南部，确保了经由马来半岛西岸通往孟加拉湾的土瓦（Dawei）、德林达伊（旧称丹那沙林，Tenasserim）的通商路线。

阿瑜陀耶王朝建立初期，在政治上，围绕王位继承曾发生过王族反目和主导权之争。此外，这是一个充满内忧外患的动荡年代，国王们对素可泰发动了一系列的征战，介入并干涉兰纳泰王国，远征柬埔寨，等等。

阿瑜陀耶王朝竭力保护和弘扬上座部佛教，在文化上、精神上实现了统合。国王因此被视为神圣的现世佛陀。与吴哥王朝一样，国王使用"圣足之尘"称号；如同素可泰时代，国王从未在大众面前显露过真身。宫廷的诸仪式、特定用语、种种祈祷文等高棉王宫的传统与制度，被原封不动地继承了下来。

建筑上有巴壤塔（Phra Prang）风格的佛塔，比高棉高塔更加细长。除去细节特征，从阿瑜陀耶初期雕刻中，可以看到华富里的高棉造像法的回归。总体上，它深受高棉各种传统文化的影响，继承了其统治理念及与宫廷相关的仪式和语言。

波隆摩罗阁二世（1424—1448 年在位）在统治期间，于1432 年消灭了东部邻国吴哥王朝，1438 年彻底吞并素可泰。其子戴莱洛迦纳国王（Trailokanat，1448—1488 年在位）改革了国内各项制度，为确立更加巩固的王权打下基础。他创设副王制度，建立类似中央官制的省厅的组织，制定了"萨克迪纳制度"（食田制度），对归属于个人的土地面积进行规定，还强化中央集权体制，削弱地方诸侯势力。直到 19 世纪末，戴莱洛迦纳国王制定的各项制度一直是国内的政治基础。但此时，他没有住在阿瑜陀耶城。为了指挥同兰纳泰王国的对决，他一直居住在湄南河中游的彭世洛，长达 25 年。

通商路线的争夺战——西欧势力袭来

拉玛底帕提二世（1491—1529 年在位）是首位接触欧洲人的国王。1509 年，葡萄牙的阿尔布克尔克①向阿瑜陀耶派出使节。两年后，葡萄牙占领了马六甲。1516 年，葡萄牙与阿瑜陀耶签订了第一份条约，葡萄牙人被允许在首都及德林达伊等地居住，获得通商权利，天主教教徒被允许传教。在拉玛底帕提二世的统治下，国内划分军管区，18 岁以上的居民被登记入册。此外，国王进行土木工程建设，以便用于远洋航海的平底帆船能够驶进阿瑜陀耶港口。

到了 16 世纪，西侧邻国缅甸兴起东吁王朝，第二代国王

---

① 葡萄牙的印度殖民地总督（1509—1515 年）。

莽应龙多次攻打阿瑜陀耶，1569 年，阿瑜陀耶沦陷。这场战争虽然起源于象征佛教徒国王的"白象"的归属问题，但实际上是围绕清迈与中国的通商以及德林达伊对孟加拉湾的贸易问题而爆发的战争。缅甸的目标是获取当时最辉煌的都城阿瑜陀耶的财宝，掠夺俘虏充当劳动力。缅甸将数千居民从阿瑜陀耶带至下缅甸，阿瑜陀耶成为缅甸属地长达 15 年。

随后纳瑞宣国王趁着缅甸内乱，带领阿瑜陀耶再次走向独立。他二度远征缅甸，并取得胜利，夺取马来半岛西岸的土瓦和德林达伊，重新开通孟加拉湾通商路线。同样，邻国高棉王国的首都洛韦（Longvek）也在 1594 年被他攻陷。

港口国家阿瑜陀耶的繁荣

到过阿瑜陀耶的外国人，因国王的富庶而把国王描述为商人之王。17 世纪是当地同欧洲和中国的活跃的外交通商关系不断发展的时期。尤其与中国，仅 14 世纪后半叶，正式朝贡就进行了 50 余次。1608 年，阿瑜陀耶与荷兰（联合东印度公司）也开始了国交，翌年，阿瑜陀耶国王首次派遣使节到达荷兰海牙。商业港阿瑜陀耶从腹地收集皮革、漆、染料的树皮、锡，又有来自日本和中国的大量贸易商品汇集于此，对到访的欧洲商人来说，这里是绝佳的商业贸易港口。

这一时期，在阿瑜陀耶城，居住在日本人街区的日本人超过 1500 人。山田长政由于获得颂昙王（Songtham，1611—1628 年在位）的信任，位居最高官职。国王去世后，山田长政被卷入王位继承的纷争之中。他支持 10 岁小王子的派系，并辅其登位，但第二代国王巴萨通王（Prasat Thong，1629—1656年在位）的亲信对其实力颇为忌惮，将其派到马来半岛的六坤，出任六坤太守。山田长政在战争中腿部负伤，接到密令的泰人为其涂上毒药，山田长政于1630年不治而亡。后来作为这一系列事件幕后推手的巴萨通王登基，肃清了反对派的王族们。

来访的欧洲人留下一些见闻录。当时的阿瑜陀耶国王行使着绝对权力，一切都源于国王，归于国王。理论上国王是大地的所有者，是臣民财产的统御者。贵族非世袭制，由所持财产及国王宠遇而定，分为五个等级。僧人阶级拥有威信和众多特权，可免租税。百姓则需承担6个月的徭役。另外，若缴纳一定实物，徭役也可免除。

课税商品有木材、煤、蜜蜡、树脂、象牙、谷物、布料、胡椒等。不在服役期时，百姓从事耕作或做生意。据记载，阿瑜陀耶港口"有各国船只来访，河川成为修理船体的合适的停泊场所，这里每天都在建造新船"。都城内划分给外国人的街区上居住着中国人、摩尔人、马来亚人和欧洲人。

阿瑜陀耶"港口国家"论的提出者石井米雄先生谈道，泰国国王通过投资孟加拉湾、南海的贸易，聚集出口用物产并进行垄断性的收购，再确定进口商品价值并进行垄断销售等，获取巨大利益。这就是王室管理贸易。石井米雄进而指出，要旨是在外国商人泰族化的同时，将其作为贸易、军事技术专业官员录用，直属国王，国库富庶与王权强化是港口国家的基础。

某见闻录中记载："都城内最壮观气派的景观，是每个河岸都建有佛塔和寺院，多达 500 余处，其中安置的涂饰金泥的佛像让人目不暇接，向那些对此陌生的外国人展示了其富裕的样貌。"另外，都城还有许多手艺人。那里居住着金银手工匠（精于金银镶嵌之人、擅长制作锦状之人等）、铸匠、枪械工匠、铁匠、建筑工匠、金银色丝织工匠等。

不过，自然资源基本尚未被开发。到过此地的人称："这个国家富有锡、铁、硝石等矿石以及棉花、丝绸和香料等。如果这些落到善于开发自然馈赠、对工作更有热情的人手中的话，这个国家可能会在印度各国中成为最富有的国家吧。暹罗人的懒惰致使其贫穷。"

阿瑜陀耶繁华尽谢——东南亚大陆地区战争的结果

荷兰（联合东印度公司）稳步扩大着贸易业绩，获得了皮革贸易的独占权。

那莱王（1657—1688 年在位）为了限制荷兰的贸易扩张策略，录用希腊人康斯坦丁·华尔康为高官，拉拢法国构成对抗势力。1687 年，由路易十四派出的第二支大型使节团带领 1400 名士兵到访。次年，那莱王去世。那莱王一去世，因外国势力的扩张而产生危机感的保守派帕碧罗阁王（1688—1703 年在位）便处死了华尔康，赶走了法国人和耶稣会相关成员。这一事件使得阿瑜陀耶与欧洲各国贸易活跃的时代落下了帷幕。18 世纪的阿瑜陀耶加强对外警戒，走上了闭关锁国的道路。在阿瑜陀耶，佛教深深扎根并得以蓬勃发展，甚至反而向斯里兰卡派遣僧侣。

1752 年，缅甸雍籍牙王崛起，使得阿瑜陀耶面临遭受侵略的威胁。缅甸远征军包围阿瑜陀耶 14 个月，阿瑜陀耶尽管拼死抵抗却徒劳无果，于 1767 年沦陷。城池化为焦土，王宫和寺院烧毁殆尽，约一万百姓沦为俘虏，被强行带至缅甸。立国 400 余年的阿瑜陀耶繁华尽谢。

阿瑜陀耶作为首都的历史长达 417 年，有 500 多座寺院和佛塔，是上座部佛教艺术之花绽放之地。由于缅甸的攻击，都城彻底被摧毁，繁华的王国变成一堆废墟。不过，从现在的废墟和遗址规模，也能窥见当时宗教都城的繁荣景象。

阿瑜陀耶王国初期，建造了玛哈泰寺（Wat Mahathat），这座寺院融合了华富里风格与素可泰风格。15 世纪中叶，阿瑜陀耶深受素可泰建筑风格的影响。素可泰推崇的钟形舍利塔很流行，于是人们建造了帕喜善佩寺（Wat Phra Si Sanphet）里的三座佛塔。17 世纪中叶以后，阿瑜陀耶吸收高棉美术的佛塔样式，创造了拥有炮弹状高塔的巴壤塔（Phra Prang）样式。

阿瑜陀耶王朝在 1732—1762 年之间处于鼎盛时期，广建佛教寺庙。这个时期流行宝冠佛，尤其推崇镇抚大海印相（双手施无畏印）和安慰亲者印相（右手施无畏印）的佛像。另外在陶器方面，泰人设计了一种被称为"班加隆"（Benjarong）的釉上施五色彩绘的陶器。这个时代创作出了宝冠佛、具有丰富设计感的小工艺品和别具一格的建筑等，真正意义上属于泰人独创的阿瑜陀耶美术登峰造极。从所处地理位置来看，可以说，阿瑜陀耶是一个泰人吸收外来文化能力的集大成之地，它融合了华富里、高棉、素可泰、缅甸、孟等各文化要素。建筑上的巴壤塔样式、雕塑上的乌通派佛像（华富里、素可泰、室利佛逝的混合美术）等就是证明。

澜沧王国——万象之国

登上历史舞台的内陆老挝人国家

老挝人是进入湄公河中游流域的傣-泰民族的一支，据说于 13 世纪前半叶脱离吴哥王朝的统治，然后沿湄公河河谷平原和山间盆地建立了几个"勐"（小国，地方势力）。相传征服了这些勐的法昂王于 1353 年在今琅勃拉邦建立澜沧王国（意为百万大象）。这个法昂王从之前居住的吴哥回到老挝，登上澜沧王国的王位。

国王将上千名僧人和高棉匠人招至澜沧。他们建造了著名的帕多恩金漆石佛①，成为镇国佛。通过这些来往与交流，高棉文化得以传入湄公河上游地方。当时，高棉文化仅是传播到万象，上座部佛教亦是如此。法昂王虽是传说里的人物，但由于素可泰碑文中载有其名，故毋庸置疑，确有其人。法昂王为开疆扩土，马不停蹄地进行远征。

后来，他的儿子（1373—1416 年在位）继承王位，着手

---

① 查到澜沧王国镇国金佛叫勃拉邦（Phra Bang）佛，是高棉王国送给法昂王的礼物，现为老挝国宝。琅勃拉邦即因此得名。未能查到作者所言"パドーン"石佛出处，暂照原文音译。

制定国家纲领。1376 年进行人口调查，结果显示有 30 万人口入册，因此国王被称为"桑森泰"（30 万泰人的酋长）。就这样，国王以作为国家基本的租税和军队为中心进行组织建设。国王通过各地的勐送来的贡品，与其结成主从关系，还通过与近邻傣-泰民族国家（兰纳泰等）政治联姻来结盟。永乐年间（1403—1424 年），国王曾向中国朝贡。

为保障国家安全——迁都万象

桑森泰国王的去世，引发了王族对立和政治动荡。1479 年，澜沧王国遭遇东邻大越国的入侵，双方发生了战斗。当时的澜沧王国凭借漆、安息香、象牙以及犀牛角等贸易获利，从而发展了起来。维苏纳腊王（Visoun，1500—1520 年在位）修建了新的佛教寺院等。后代国王们，即国王的子孙是虔诚的佛教徒，派人从清迈取来佛经，兴建佛教寺院，迎娶了兰纳泰王国公主。

16 世纪中叶，该国的领土范围最广。1563 年，塞塔提腊国王（Setthathirath）迁都万象。万象位于湄公河中游，交通便利，相比琅勃拉邦，更靠近老挝中央，同时也方便与大越及泰国进行贸易。另外，当时缅甸伺机入侵中南半岛中部，万象还是对缅的战略要地。国王命人在都城周围建造砖瓦墙进行防卫，修建了安放碧玉佛像的万象玉佛寺（Wat Haw Pha Kaew），城市面貌焕然一新。国王曾于 1547 年在清迈举行登基仪式，这个佛像是国王从那里带回来的。国王还在都城东北角修建了供奉佛像的"大舍利殿"塔銮寺（Pha That Luang）。

尽管澜沧王国在这个时代盛极一时，但是同缅甸之间的毁灭性战争突然爆发了。万象于1574年沦陷，一直到1591年都被迫处于缅甸政权之下。披诺芒（Phra Noh Muang）勉强恢复国家独立，但他死后又是一片混乱。到了1637年，在杰出的苏里亚旺萨王（Souligna Vongsa，1637—1694年在位）统治下，这个国家才终于恢复和平。

杰出的苏里亚旺萨王与昭阿努王

苏里亚旺萨王同黎朝公主结婚，与大越国结成同盟。协议规定所有在"上桩且带外廊"的房屋里居住的人皆属万象所辖，划定了两国的国境线。荷兰联合东印度公司的弗昂·卫斯特夫（1641年）和耶稣会的J. M. 勒利神父在见闻录中记载了老挝社会的发展状况及其传统艺术盛况。

但苏里亚旺萨王去世后（1694年），国家陷入新的危机，最终分裂为三个国家，分别是北部的琅勃拉邦（1707年）、中部的万象（1707年）和南部的占巴塞（1713年）。三国之间不断斗争，各自寻求外援来征讨其他两国。他们的衰微成为泰国扩张领土的香饵。占巴塞国首先被灭，万象也于1778年投降。

1804年，昭阿努王解放万象，一时恢复了繁华。昭阿努王与越南阮朝建交，致力于发展老挝的特色外交战略。他一边窥视强敌曼谷拉达那哥欣王朝（Rattanakosin）的动静，一边采取行动。他攻陷了占巴塞，将其收归旗下，控制了众多老挝人的勐。但一有间隙，昭阿努王便想攻取泰国。他听闻拉达那哥欣和英国开战，遂采取行动。未料想这是误报，而泰方已有所觉察，并派军讨伐，一举击败昭阿努王。昭阿努王及其家族逃亡越南，但最终被泰方俘获并处刑。1827年，万象彻底被破坏，数千民众被带到泰国东北部。第二次世界大战之后，老挝将昭阿努王的战斗视为争取民族独立之战，给予其高度评价。

老挝人的小宇宙世界

老挝因遭到缅人、泰人、越南人、霍人等的轮番入侵，国土愈发疲敝。每次战争后都会有大批老挝人死伤，或成为俘虏被带走。同时一旦有军队入侵，农民就弃田逃往山岳或森林地带避难，有的村落变得荒无人烟。

老挝人自北向南分散居住在湄公河沿岸的河谷、盆地、中高原斜坡地带，形成村落。多个村落联合形成勐。因而在人口规模及生产力上，与邻国或外敌相比总是处于劣势。再加上老挝是内陆国，与西欧各国的贸易开展较晚，拥有近代武器也需要时间。

老挝社会在传统的统治阶级与被统治阶级、普通居民与奴隶、主体民族老挝族与山岳地带的少数民族等社会内部阶级和人种方面，隐藏着矛盾与对立。

村落里有村长作为代表。村落里还有寺院和神灵信仰的小祠堂，僧人和小祠堂灵媒负责处理各项事务，小到村民个人烦恼，大到农耕仪式等，并提供生活规范。

村落不必与地方强大的政治势力建立关联。寺院和安放秕班等的小祠堂也只属于所在村落，众神将所在村落视为其管辖范围。他们停留在村落范围内，没有以泛地区的形式去获得更多的笃信者。村落举行宗教和农业等活动，是一个自律且松散的共同体。对村民来说，村庄是兼备一切事物的小宇宙世界。

19 世纪的老挝社会，在政治上，处于地域割据状态；在经济上，属于小规模、自给自足的农业经济；在社会组织上，是以村落为中心的血缘集团；在宗教上，限于村落寺院和小祠堂范围。可以说，老挝人的这种社会是一种社区（社会），它缺乏近代国家概念，欠缺国民的整体性。

缅甸的分裂与民族集团

争霸角逐的民族集团——手握上缅甸霸权的掸人

蒲甘王朝的灭亡，开启了约 3 个世纪的领土分裂时代。当时在缅甸不存在具有压倒性优势的民族共同体，每种历史场景中都上演着缅、孟、掸、若开等几个中等规模的主要民族的角逐与争霸。其中，上座部佛教作为政治与文化大体上的统合基础，发挥了纽带性作用。掸人是缅甸内的傣-泰民族。

在国内，立足于各个民族的众多诸侯和地方政权形成了分立、对抗之势，其中最主要的三个地方据点是：上缅甸的邦牙（Pinya）、实皆（Sagaing）、阿瓦（Ava）等地，下缅甸三角洲地带的勃固，东南部的东吁。第一个据点是蒲甘王朝脚下的上缅甸。1300 年，掸人在上缅甸的敏象击退了元军的第五次入侵，确立了在当地的霸权。

但同时掸人内部开始了内乱和分裂，1312 年成立的邦牙王朝以及 3 年后成立的实皆王朝同为掸人所建，两种世系的王朝并存于伊洛瓦底江两侧。实皆自 1315 年起约半个世纪都被设为都城，在雍籍牙王朝的统治下自 1760 年起 4 年的时间里也是都城。该王都位于伊洛瓦底江右岸，旧都阿瓦的对岸。河岸上，丘陵如同城墙般形成屏障，平缓的斜坡上，坐落着大大小小的佛塔与寺院，营造出仙乡一般的历史都城景象。

掸人最初并非佛教徒，随着佛教的推广，邦牙王朝的底哈都王改宗佛教。不久，继承实皆王统血脉的德多明帕耶国王将分裂的掸人势力合并，于 1364 年在阿瓦建都。那里便成为上缅甸的首都。然而长期的对抗和战乱导致阿瓦王朝衰落，阿瓦王朝最终于 1527 年因莫宁（Mohnyin）的掸人攻击而沦陷。

第二个地方据点位于下缅甸。蒲甘城池失陷前的 1283 年，该地孟人崛起，伐丽流王（Wareru，1287—1296 年在位）创立了勃固王朝。他将领土扩至马来半岛的丹老，定都马达班，开始了统治。伐丽流王因主持制定缅甸现存最古老的法典——《伐丽流法典》而闻名遐迩。伐丽流王统沿袭八代，其中频耶宇王（1353—1385 年在位）在统治期间迁都勃固，罗娑陀利王（1385—1423 年在位）多次击退阿瓦王朝与泰国阿瑜陀耶王朝的进攻，完善了国内各项制度。

下缅甸勃固王朝与锡唐河东吁王朝

1476 年，达摩悉提王（Dhammazedi，1472—1492 年在位）派遣 24 名比丘前往斯里兰卡学习大寺派（Maha Viharaya派）受戒。按照归国长老的呈报，国王在都城西侧设结界

（Sima），创建了根据迦梨耶尼河命名的"迦梨耶尼结界"（Kalyani Sima），将之前混乱执行的受具足戒仪式统一为大寺派传承的礼法。

自蒲甘王朝起，在上座部佛教世界，直通派的摩罗姆僧伽派[①]、锡兰僧伽派[②]等六个分派相互斗争，而且这种分裂状况波及下缅甸区域。国王以大寺派为正统派，结束了持续约 300年的分派斗争，整肃、净化了佛教集团。此戒坛在缅甸国内自不必说，在东南亚其他地区也名声颇高，来自各地的求法僧人络绎不绝。最终，上座部佛教的改革与统一，引起近邻佛教国家的效仿，影响甚远。勃固成为佛教圣地，迦梨耶尼结界在东南亚上座部佛教史中发挥了重要作用。

下缅甸沿岸的勃固、马达班、锡里安（Syrium）、勃生（Bassein）等港口城市，由于印度、中国以及东南亚近邻商船的造访，商贸交易呈现活跃景象。1519 年，葡萄牙人在马达班开设商馆，这里成为缅甸首个与欧洲建立关系的场所。在这些河港和海港，满是勃固当地的漆器、蜜蜡、角、象牙，上缅甸的红宝石等宝石，亚齐的胡椒，婆罗洲的樟脑，中国的香木、瓷器以及印度的棉布等，盛况空前。

由于商业贸易带来了繁荣，佛教的传播带来了和平，下缅甸勃固王朝的这番景象，引来了周边敌对民族的觊觎。多迦逾毕国王（1526—1539 年在位）遭到东吁国王莽瑞体的攻击，勃固失陷。

---

① 亦称"缅面宗""缅甸派"（Marammanikaya）。

② 亦称"斯里兰卡派""僧伽罗宗"（Sinhalanikaya），为车波多引进。

东吁王朝莽瑞体国王完成国内统一大业

第三个地方据点是位于勃固山脉锡唐河河谷的东吁。蒲甘失陷时，一部分缅人逃脱了掸人统治，来到这里避难。东吁是建于 1280 年的一座城堡要塞，后来的东吁王朝一直到 14 世纪都附属于阿瓦王朝，一边避免卷入与阿瓦王朝、勃固王朝以及各民族的斗争，一边渐渐积蓄实力。但在 1527 年，阿瓦城再次落入掸人之手，许多缅人逃亡到东吁王朝。16 世纪前半叶，东吁王朝从阿瓦王朝中独立出来，作为一个政治势力，获得了飞速发展。

东吁在蒲甘沦陷后成为缅人的居住地，于 16 世纪发展成独立的政治势力。缅甸国内的各个政治据点，即阿瓦的掸人、勃固的孟人以及东吁的缅人构成鼎立局面。东吁城主莽瑞体国王（1531—1551 年在位）致力于由缅人来完成国内统一，创建了东吁王朝（1531—1752 年）。

1538 年，莽瑞体国王攻破孟人都城勃固，瞬间平定了下缅甸和中缅甸。随后在 1544 年，莽瑞体作为上缅甸之王在蒲甘加冕，两年后，作为统一缅甸的国王，在勃固举行了登基仪式。莽瑞体国王是缅甸史上第二次实现国内统一大业的国王。尽管在各地征伐中，他得到了葡萄牙佣兵和枪炮武器的帮助，但攻打若开邦和远征阿瑜陀耶均以失败告终。

第二代国王莽应龙（1551—1581 年在位）再次统一国内后，征服了清迈、阿瑜陀耶、万象等地，缅甸的版图由此达到了最大。都城勃固达到辉煌之巅。威尼斯旅行家切萨雷·费德里奇（Cesare Federici）讲述了当时勃固的繁荣景象，包括寺院里镶嵌着宝石的黄金佛像林立、国王本人作为人类之中的太阳而现身的情形。

连年的征战使国王无暇致力于国家的统治与管理，无节制地动员、召集士兵招致民众怨愤。由于战争和疾病，死亡人数大增，肥沃的三角洲地区也没有了耕作的身影，稻田开始荒芜化。国王笃信佛教，在统治地区传播佛教，尤其是在掸人居住区极力宣传佛教。

内战的再次开启以及锁国政策

在接下来的莽应里国王（1581—1599年在位）统治下，先王征服的大片土地失陷，国内各地王侯间频频爆发冲突。1599年，若开邦船队攻打勃固，勃固化为血与火的街巷。缅甸再次陷入长达16年的无政府状态。但是阿那毕隆王（1605—1628年在位）登基后，恢复了和平与法律秩序。

在重建后的东吁王朝的统治之下，英国和荷兰前来谋求商贸交易，在锡里安、勃固和阿瓦等地开设了商馆。1635年，他隆王（1629—1648年在位）迁都阿瓦。此次迁都内陆意味着改变了一直以来的孟人、缅人融合政策，断绝与外国势力的接触，逃避了世界政治的巨大浪潮，向闭关锁国政策倒退。这种闭关锁国的孤立政策暗示着英缅两国由小冲突走向战争，以及缅甸王国最终沦为殖民地的命运。

王朝末期由于印度、泰国等外敌的入侵，再加上各地诸侯开始势力之争，国力急剧衰弱。在下缅甸，缅人撤退后，孟人为争取独立发起暴动，1752年阿瓦都城被孟人诸侯频耶达拉（Binnya Dala）率领的孟人军队攻破。

勃固作为孟人的中心，几度繁荣，几度凋零。在都城旧址耸立着著名的瑞摩都佛塔（Shwemawdaw Pagoda），还有因瑞达良卧佛而闻名的瑞达良卧佛寺（Shwethalyaung Temple）、安放四面坐佛的四面佛塔（Kyaik Pun Pagoda）等，即使现在也有很多佛教徒前去拜访。这些寺院和佛塔在各个时代都受到了皈依佛教的国王的精心保护与修缮。

柬埔寨的衰落与社会动荡

吴哥王城被放弃

周达观记载："传闻与暹人相攻，皆驱百姓使战，往往亦别无智略谋画。"曾经广阔的国外领土虽已失去，但柬埔寨国内的固有领土并未发生变化。只不过基本上没有新建寺院，传统文化和艺术也没有得到发展，不断在萎缩。在扁担山脉北侧和柬埔寨西部地区，泰国人无休止的袭击导致柬埔寨人无法再居住。

高棉王制从社会内部开始发生动摇，这是由于上座部佛教的渗透。居民自愿改宗平等主义这一新信仰，进而颠覆了吴哥王权所依托的印度教和大乘佛教这种立国宗教的思想基础。取而代之，上座部佛教构成人们的精神价值体系，开始检验政治的正统性。同一时期，上座部佛教在缅甸已完全扎根，并从该地向湄南河和湄公河两河流域传播开来。

12世纪末左右，甚至有吴哥王族前往斯里兰卡修行佛教。

1个世纪后，高棉人每一个村落都建设了佛塔和寺院。新宗教上座部佛教渐渐渗透到平民阶层。上座部佛教不需要众多的祭司或精心准备的仪式，也不需要高额的贡品。僧人们在村民面前修行以求达到涅槃之境。他们安于清贫，修持遁世之道。

最初的巴利语碑文是为了纪念精舍和佛像的建造而刻的，可追溯到1309年。比那晚20年左右，吴哥王城印度教最后的梵文石柱碑记载了年代。现在金边王宫也由被称为拔阔（baku）的婆罗门僧后裔掌管王室内的祭祀活动。

1327年的碑文之后，碑铭改为"柬埔寨王家编年史"，记载的首位国王于1304年左右登基。1351年，随着阿瑜陀耶王朝的建立，高棉人和泰族人的斗争愈发激烈，国境地带上交火不断。高棉人虽顽强抵抗，但吴哥古都于1432年被泰人占领。国王失去信心，决意放弃硝烟弥漫的古都。

受泰国和越南夹击的柬埔寨

国王在磅湛短暂停留后，定都于现在的金边（1434年）。后来的柬埔寨历史是一部逐步走向衰弱的历史。继金边之后，王都相继迁至斯雷桑托、洛韦、乌栋（Udong）等地。在王室内部围绕王位进行的权力争夺也日渐白热化。其政治体制具有前近代特性。紧接着，泰国和越南介入这些争斗，从中干涉，柬埔寨领土遭到这两个国家的蚕食。

政治机构由国王及其亲属、高官、宫廷官、军队长官等组成。因此，出现了国王去世和王位更替、篡夺王位、国王年幼和摄政、退位国王再复位等情况，政治体制走上了衰落一途，总是不稳定。16 世纪，安赞一世（Ang Chan I）实现了短期复兴，但柬埔寨国土面积逐渐被削减。泰国阿瑜陀耶王朝从未放松对它的进攻，自 1474 年开始一直为其宗主国。1594 年柬埔寨首都洛韦沦陷，迁都乌栋。1794 年，阿瑜陀耶王朝吞并了马德望、暹粒、诗梳风（Sisophon）三地。1796 年，阿瑜陀耶计划吞并柬埔寨，所以对其新国王的继位不予承认。

在柬埔寨东部，越南人逐步进入湄公河三角洲地带。1623 年，越南进入普利安哥（Prey Nokor，西贡地区，今胡志明市）。这得到了柬埔寨国王的许可。越南以维持普利安哥附近秩序为由出兵，制造了占据该地的既成事实，之后越南人和中国人迁入该地生活，18 世纪末将湄公河三角洲的"交趾支那"（法国殖民统治下，位于南部的法国一方对其的称呼）全域纳入统治之下。乌迭二世（1758—1775 年在位）统治时期，已经软弱到如果没有常驻王宫的越南顾问的副署名，法令就无法公布的地步。之后 1841 年，阮朝决定吞并柬埔寨，将王室相关人员等作为人质，移送到西贡。反越南的柬埔寨王室成员流亡曼谷。结果，柬埔寨自 18 世纪后半叶起沦为越、泰两国的附属。

17 世纪参拜吴哥窟的日本人

现已确认，拜访吴哥窟的日本人留下的墨书有 14 处。其中最负盛名的是"肥州住人藤原朝臣森本右近太夫一房"，该墨书用 12 行文字记录了右近太夫为了祈祷母亲来世幸福，远渡重洋，于宽永九年（1632 年）正月抵达寺院，敬献四尊佛像的事情。其父义太夫是加藤清正家的重臣，在朝鲜战役中因英勇善战而名声大振。右近太夫在去往柬埔寨之前，已辞去加藤家的职务，任职于肥前的松浦家。

这个时代的日本，由德川家康于 1603 年创立了江户幕府。当时发放了朱印状 ①，与海外交往密切。现在的东南亚各地均设有日本人街区。当时的柬埔寨正于金边以北约 40 公里处兴建乌栋都城。

据岩生成一所著的《南洋日本町的研究》，日本人街区有两处，一处位于现在的首都金边，另一处位于沿洞里萨湖溯源而上 26 公里处的波尼安鲁（Ponhea Leu）。两处都以天主教教徒为核心，共居住着 300～400 个日本人。

日本人的墨书集中在吴哥窟中央的十字形中回廊附近。这里称作千佛阁（Preah Poan），曾有大大小小的佛像密集地安放于此。虽然现在只能看到 20 尊左右，但这里依然是附近村民的圣地。15 世纪后半叶，吴哥窟面貌发生改变，成为上座部佛教寺院而得以延续。最上层的中央正殿安放着四尊阿瑜陀耶风格的佛像。

17 世纪造访吴哥窟的日本人认为，吴哥窟就是曾经位于印度的"祇园精舍"，他们对此深信不疑。以当时的日本人对地理的感知，他们认为现在的东南亚是"南天竺"（西川如见，《增补华夷通商考》，1708 年）。长崎的通事 ②岛野兼了（身世不详）将"祇园精舍图"带回日本，现存于水户市的彰

---

① 盖有红色官印的公文。
② 特指江户幕府在长崎从事通译或贸易事务的官员。

考馆里。这张平面图俨然就是吴哥窟的布局图，记载的方位、护城河以及回廊几乎与真实的吴哥窟一致。另外，右近太夫曾经任职的松浦家的松浦静山在《甲子夜话》（第 21 卷）中记载道，义太夫之子宇右卫门（右近太夫一房的俗称）带回了吴哥窟实测图。

右近太夫于 1632 年回国，之后他度过了怎样的一生呢？

1632 年，加藤家被贬，肥后（熊本）城主变为细川藩。当时幕府在强力镇压天主教徒，于同年颁布了日本人海外往来的禁令，迎接回国者的将是极刑。此外还爆发了岛原之乱。右近太夫必须隐瞒自己的海外经历。其原因是他害怕由于"锁国（宽永）条令"的颁布，他的海外经历受到调查，而且自己是天主教教徒的嫌疑会使森本家受到牵连。于是，他在社会上消失了。除此之外，当然也有对森本家直系亲属所任职的细川家的回避。右近太夫与父亲义太夫一起搬到父亲的出生地京都山崎。1986 年，其后代子孙故森本谦三氏（居住于冈山县津山市）告知，经过他的努力寻找，发现了菩提寺和父子两人的坟墓，弄清了一些事实。右近太夫于 1674 年去世。当时远渡海外的人们碍于闭关锁国的外交政策，不得不远离社会，隐瞒海外经历。

为复兴柬埔寨而努力的地方官吏

每当泰国阿瑜陀耶王朝与越南阮氏出兵，柬埔寨便会死伤无数，并且成千上万的百姓作为俘虏被带走，充当劳役，挖掘运河。柬埔寨社会随着人口的减少而逐渐失去了活力。

　　国内的混乱与荒废直接源于王族内部的权力争夺。柬埔寨王族与两国王室之间存在政治上的婚姻关系，使得内乱更加复杂。两国甚至出动兵力来平息柬埔寨内乱，拥立各自支持的国王和王位继承者，数万军队经常往来于柬埔寨平原地区的谷仓地带，有时这里还会变成战场。

　　平原地区肥沃的耕地被弃置，农民们藏身于丛林。但是在距离中心地较远的地方，存在小规模、自给自足的村落。村庄里有村长及其辅佐人员。另外，还有供奉祖先神和土地神涅达（neak ta）的小祠堂。寺庙为人们提供生活规范，约定来世的救赎。神灵信仰和涅达神保证人们现实生活中的利益，并庇护人们。

　　1841年，柬埔寨被越南吞并。1845年，柬埔寨百姓反抗越南官员进行的国情调查和土地调查，对越南一直以来的强制性同化政治的不满爆发，由此揭竿而起。这次起义总算成为柬埔寨复兴的契机。这次起义的核心力量，是越南吞并柬埔寨之后，那些被越南官员夺取地位和官职的地方小官。

　　流亡曼谷的王族们得知这一消息后，在泰国军的支援下秘密回国，召集反越势力，占领首都乌栋。顺化朝廷军占领金边，与泰军对峙。其间，从曼谷回国的王位继承者安东（Ang Duong）向两国提议停战修好，得到两国认可，于1847年登上王位。柬埔寨国王在得到认可之际，承认两国的共同宗主权，泰国拉达那哥欣王朝依旧统治柬埔寨西北部各州，阮朝则拥有湄公河三角洲"交趾支那"的领土。

越南的"南进"

民族意识的形成和传统社会的发展

　　李朝末期的重臣陈守度对李朝感到失望，建立了陈朝（1225—1400 年）。陈朝是一个长期稳定的政权，它旨在建立中国式的中央集权新体制。陈朝的主要功绩其一是大规模开拓红河三角洲，其二是击退元军，其三是建设儒教官僚国家。皇帝确立了上皇制，即皇帝在世时选择继承人，将政权委托给继承人，改变了过去围绕皇位继承而产生的混乱局面，皇位得以顺利承袭。年轻的新皇帝把政务处理好，而重大国事的决定权往往握在上皇手中。陈朝制定了许多新的制度，比如改善了李朝的行政体制。中央政府设立太师等大臣，地方政府则分为府和路，其下设有州、县、乡。从这一时期起村落组编成"社"。

　　陈氏一族占据高官显位。这个时代也是大量引进中国儒教文化的时代。官员录用考试（科举）的报考以及入学国学，几乎无一例外对官僚子弟开放。军队中有禁军和各路军，而陈氏一族的私家兵横行霸道。

　　民族意识的高涨催生了备受关注的早期文艺。主要有黎文休的编年史《大越史记》30 卷（1272 年）、莫挺之和朱文安的诗作以及传说故事集等。另一方面，除这些汉文作品外，用汉字改造字，即字喃书写的本国语言文学，从 13 世纪末左右开始广泛出现。这是民族文化发展的时代。

　　陈朝经济以农业为基础，不断推进粮食增产。历代皇帝在开荒的同时，发展灌溉和水利公共事业，如修筑堤防网等。

另外，他们在红河三角洲的部分区域筑起堤坝，形成堤围地，改造广阔的耕地。在当地，新的村落（社）不断涌现。土地制度采用田庄（庄园）制，进行三角洲和沿岸地区的开拓。此外，工商业也很发达。在升龙（河内），商人和工匠结成同业联盟并定居下来，升龙变成大都城，那里居住着建筑师、雕刻家、钟楼建造师、丝织物工匠等。租税已不再是以实物，而是以银币收缴，货币流通的法制化得以实现。国内的各项制度和体制逐步走向完善，总的来说是平稳度过了 175 年。

元军重击陈朝

元军于 1257 年初次发动攻击。接着在 1282 年，元世祖（忽必烈）怀着要控制南海诸国船舶的野心，开始讨伐占婆。占婆军虽然失守首都，但仍勇猛顽强抵抗，于 1285 年击退元军。派往占婆增援的两个元朝军团，欲于 1284 年横穿大越，但均被陈朝军队一一击破。1287 年白藤江之战中，陈朝军队再次击败了从海路来攻的元军。这一系列抵抗元军的胜利，成为越南人的一大伟业。这些胜利离不开民族团结和陈兴道卓越的游击战术。

尽管部分贵族阶层叛变，但人们面对元军奋起反抗，民族意识高涨。这种忠诚与坚韧不拔的精神是取得胜利的原动力。但是，全力抗战使大越社会凋敝不堪。农业失去大量劳动力，一系列的战争使荒废的田地增多，引发了恐怖的饥荒。陈朝的衰弱是由在东京高地的山岳部族叛乱以及老挝、占人接二连三的侵犯而引起的。顺化地区是 1306 年根据协议从占婆夺取的，但也丢失了。

持续不断的战争下，陈朝强行收取租税，强迫农民服役，这加深了民众的不满。在陈朝末期，社会动荡引发了一系列农民起义。随着中央政权的衰退，官僚们开始抢夺农田以扩充自己的耕地。同时，连续多年的饥荒再加上过重的租税，使得佃农落入凄惨的境地。多数人为了躲避租税和服役弃田而逃，因此事实上他们变成了奴隶。

各地农民起义及明朝的进攻

在三角洲地带，忍辱负重的人们揭竿而起。其中，最著名的是吴陛起义，从 1344 年开始持续了 17 年，旗下聚集了近一万贫民。这些农民起义虽然具备一定的组织性，但最终还是被武装正规军镇压下去了。一系列的农民起义使国家逐渐衰弱。1400 年，地区首领胡季犛篡夺了王位。他精通政治，断然实行一系列改革以期获得支持。

其中最重要的改革是限制土地所有权的限田法（1398 年）和限制奴隶所有权的限奴法（1401 年）。即超出 10 亩（约 4 公顷）的领地将被国家没收，分配给农民租种。另外，为了衡量国库的增收情况，胡季犛发行了纸币。同时，他设立了官营市场。他还进行了教育改革，不再使用汉字，而使用字喃。

这些改革并未立即从根本上改变人们的生活水平。而且，这些改革触犯了旧陈朝官僚的利益，使他们也走向了敌对面。因此，支持旧陈朝的忠义官僚们在让胡朝丧失民心这件事上提供了一臂之力。明朝以复兴陈朝为借口，于 1406 年派遣了 20

余万人的军队，胡朝大部分士兵不战而降，战败的俘虏被押回南京。提倡复兴陈朝的旧陈朝官僚阶层认为明朝强制实行的政策与他们的期待相悖，便奋起反抗明朝。但是，反抗于 1414 年宣告结束。

黎朝——长期稳定政权的诞生

1418 年，地区首领黎利在清化省蓝山举旗造反。他灵活巧妙地运用游击战和野战，在人民的支援下，从明军手中解放了祖国，于 1428 年开创了黎朝。黎朝（1428—1527 年，1532—1789 年）是越南史上执政时间最长的政权。其改革始于农田制度。首先，第一项改革是为作为抵抗主力的农民提供了村落共有田（公田）。黎朝没收了明朝官吏的持有田以及旧陈朝的无主水田，将其定为公田，并重新分配（均田法）。另外，通过征用地区首领以及旧官僚富豪的土地，剥夺了特权阶级的权利。这些改革同时认可私有财产，促进中国式官僚国家的实现，为经济发展打下了坚实基础。

第二项改革是认可私有财产，在地方行政中设立行政村制度"社"。在"社"完成租税征收，来自中央的布告也下发至"社"。地方制度设有承宣、府、县以及社制。这些社会改革及经济改革，使黎朝的农业生产出现飞跃，带来了比邻国更快速的发展。

力争成为法治国家的黎朝——行政改革迎来鼎盛期

在第四代国王黎圣宗（1460—1497 年在位）的统治下，

黎朝迎来了鼎盛时期。地方军的五府军结构等军事制度完全成型。黎朝为了振兴农业，新建堤坝和灌溉设施，扩充耕地，而且为了开垦中部、南部的荒地，组织军队移民（屯田）。占有大面积土地的行为被禁止。1483年依据中国唐律颁布的《洪德法典》，收录了治理社会的刑事和民事法令。以此为中心的黎朝法典集黎朝刑律之大成。

这也是文艺之花绽放的时代。历史研究著作有《大越史记全书》，它是将着眼点放在国家（而非民族）之上的国史集大成者。神话传说、歌谣和诗文等也得到了汇编，收录神话传说的《岭南摭怪列传》被编纂成书。《家训歌》是最著名的文学作品之一，为阮廌（1380—1442年）所作，因为优美的诗句而被后世加工、引用。

攻克"南进"的障碍——占领占婆首都

对外关系上，越南通过占领占婆的中心地佛誓，永久地占领了其北半部领土（1471年），在此期间，越南的宗主权还扩至西部湄公河的老挝王国。但是，黎圣宗之后继位的历代皇帝，从继承和发展事业的角度来看，统治时间皆过于短暂。后期的黎朝皇帝个个胸无大志、自甘堕落，致使各诸侯反叛。1527年，武将莫登庸将军篡夺王位。黎朝复兴派旧臣阮淦虽然拥立了黎庄宗，但复兴派的主导权被武将郑氏夺去。郑氏与莫氏继续斗争。之后的1592年，首都河内在郑氏相助之下重回原黎朝手中。

但是，黎朝皇帝没有再次实现国内的统一。莫氏在中国的支援下，直到 1677 年，一直在高平顽强抵抗。后来阮氏脱离黎朝复兴派，迁至越南中部的顺化。阮氏作为远离中央政权的势力，自立为独立领主。黎朝虽然得以复兴，但皇帝只是形式上的存在，政权实际掌握在武将郑氏手中。正如日本天皇与将军的关系。与阮氏（交趾支那，广南）对抗的郑氏（东京）在北部区域继续握有一切权力。两氏南北分立，从 1627 年开始断断续续持续了约 50 年的战争。最终这两大势力同意瀘江为两氏间的国境，在两氏的缄默下，停战了 1 个世纪。越南语中，把郑氏这种武将出身、拥有兵力的实力派称为"主"。占据中部和南部的阮氏也被称为"主"。

这个时代的越南由这两位主掌握着政治实权。

郑阮纷争时期，越南北部社会的村落更加自律化，逐渐形成深受中国文化影响的越南传统文化。

尽管处于战时状态，阮氏势力一直在向南扩张。"南进"构成了越南史的大框架，而农耕民获取新土地成为"南进"的基础。凭借大量人口和勤勉的劳动力，越南才战胜了邻近的原住民。佛誓沦陷后，占婆已经沦落到只能在沿岸的狭小区域糊口的境地。而且占婆的庆和（1653 年）、平顺（1693 年）也相继被阮氏夺取。但是，占婆联结了东南亚各地据点，利用船舶继续进行商业活动。这个时期在各地还能见到占婆商人和商船。

第八章　伊斯兰国家的形成

元朝和伊斯兰教的传播

印度和伊斯兰教

　　早在 7 世纪后半叶，阿拉伯人和波斯人就乘贸易船只造访东南亚群岛地区。虽然毫无疑问他们是伊斯兰教徒，但与他们接触的当地居民却没有改宗伊斯兰教的迹象。这是因为当地居民所接受的大乘佛教、湿婆教、毗湿奴教，抑或后两者融合的印度教具有强大的生命力。提起印度教，从笈多王朝分裂的 6 世纪后半叶开始，因为与东南亚群岛地区关系密切的南印度帕拉瓦地区，尤其甘吉布勒姆已成为印度教信仰的一个中心，所以从那里出发到访东南亚群岛地区的印度人一定是源源不断地带来新事物。至于大乘佛教，如前文所述，位于比哈尔邦的那烂陀寺很重要。不过，10 世纪中叶，阿富汗加兹尼王朝建立，于 11 世纪初入侵印度西北部之后，在印度也成立了伊斯兰教徒的王朝，作为统治者强迫人民信仰伊斯兰教。那烂陀寺也于 1200 年前后，遭到了伊斯兰教徒的破坏。

那烂陀寺的破坏给印度和东南亚的大乘佛教带来沉重的打击。由于失去传承和发展教义的场所，东南亚的大乘佛教或与当地固有的信仰融合，或与印度教融合，也就是向着本地化发展。

元朝与东南亚群岛地区

下表展现了元代的中国与东南亚群岛地区诸国之间的关系。从下表可以看出，其与到南宋为止的时代相比有两处较大差异。首先可以看到来自以下各国的朝贡：马八儿（濒临锡兰岛的印度东海岸，或稍北一点的科罗曼德尔海岸）、俱蓝（马拉巴尔海岸的奎隆）等印度港口国家，那旺、速木都剌、法里剌、南无力（南巫里）、阿鲁等苏门答腊北部港口国家，急兰丹（吉兰丹）等马来半岛港口国家，宾丹（宾丹岛）、龙牙门（林加群岛）等岛屿。这表明中国船只已来到了巨港或占碑以西的地方，各国使节搭乘这些中国船只前来朝贡。

元朝与东南亚群岛地区

年号（公历）	遣使	入贡
至元十五（1278）	阇婆	
十六（1279）		马八儿
十七（1280）	爪哇、木剌由	马八儿、俱蓝、阇婆
十八（1281）	探马礼	

年号（公历）	遣使	入贡
十九（1282）	爪哇、法里郎、阿鲁、乾伯	阇婆、俱蓝、那旺、苏木都刺、马八儿
二十（1283）	俱蓝	
二十一（1284）	南巫里、别里、理伦、大力	马八儿、法里刺
二十二（1285）	马八图（儿）、俱蓝	速木都剌、马答
二十三（1286）	爪哇	马八儿、须门那、僧急里、南无力、马（急）兰丹、那旺、丁呵儿、来来、急阑亦带、苏木都剌
二十四（1287）		俱蓝、马八儿
二十五（1288）		马八儿
二十六（1289）		马八儿
二十七（1290）	马八儿	
二十八（1291）		马八儿
二十九（1292）	爪哇远征	
元贞元（1295）		南巫里、速木答剌、继没剌予、毯阳、爪哇、法而剌、阿鲁
二（1296）	马八儿	
大德元（1297）		马八儿、爪哇
二（1298）		爪哇
三（1299）		没剌由
四（1300）		吊吉而、爪哇、蘸八
至大元（1308）	爪哇、苏鲁	
延祐元（1314）		马八儿
七（1320）		爪哇、龙牙门
至治三（1323）		宾丹、爪哇
泰定二（1325）		爪哇、龙牙门
三（1326）		爪哇
四（1327）		爪哇
至顺三（1332）		爪哇
至正二十三（1363）		爪哇

其次，值得注意的是，在之前的北宋、南宋时期，中国从未向这些港口国家派遣使节，却在这个时期频繁派遣。元朝利用南宋建造的舰队或江南新建的舰队，分别向日本、占婆、爪哇派遣远征军，其目的是在军事征服的同时实现移民。但是，除此之外的频繁遣使无疑是为了元朝朝廷开展贸易活动。换句话说，元朝试图积极加入此前交由民间商人开展的海外贸易之中。

虽然难以得知这些变化是何时发生的，但笔者（生田滋）认为，三佛齐于 1178 年最后一次朝贡之后再无朝贡这件事，就意味着这些变化的发生。

马可·波罗与速木都剌-巴赛

马可·波罗（1254 年前后—1324 年）是一个威尼斯商人，据说他在 1275—1292 年游历于元朝统治下的中国，1292 年作为忽必烈汗的一名使节从海路前往波斯，又从波斯回到威尼斯。马可·波罗被俘于热那亚，在狱中口述自己的旅行见闻，《东方见闻录》[①]就是依据他的口述而记录成书的。不过最近人们质疑《东方见闻录》的记述是否完全基于马可·波罗自身的经历。据杉山正明所述，1292 年，忽必烈汗的使节经过马六甲海峡进入波斯，这是历史事实。因此，即使马可·波罗没有成为其中一员，也能从同行者那里获得这些消息。

据马可·波罗口述，这一行人从中国出发，经罗斛、宾

---

① 《马可·波罗游记》又名《东方见闻录》。

丹岛、摩罗游到达苏门答腊北部。这里虽有八国，但使节们只拜访了其中六国。他首先记载了菲勒芝王国："菲勒芝王国的百姓原本全部都是偶像崇拜者，萨拉森商人频繁来到此地之后，只有一部分城市居民改信了穆罕默德的教义。居住在山区的岛民宛如野兽，只要是肉，来者不拒，不在乎是否干净，甚至食用人肉。"接着他们经由巴斯曼（巴赛）王国访问了速木都剌王国，在此停留了5个月，待风起航。他称"百姓尚未得到文明教化，是偶像崇拜者，统治这一方百姓的国王势力强大，富甲一方。百姓自称为可汗的属下"，没有提及国王是否为伊斯兰教徒。

接着，该书还就这一行人在速木都剌如何等待风向，做了如下叙述：

> 马可·波罗与他的同行者是如何在此地度过了5个月的时间的？下面介绍一下相关情况。在岛屿上岸后，与这一行2000人共同度过了5个月的马可·波罗，首先在驻地周围挖掘壕沟，切断与岛屿内部的联络。这是防范捕捉路人食用、近似于野蛮人的当地居民的措施。壕沟两端都通到港口，在其上方搭建了五座进行防御、类似高脚架的木造瞭望楼。……后来，随着这一行人与当地居民慢慢建立起信赖关系，当地居民开始过来售卖食物和其他必需品。

因为使节人数众多，这个设施的规模极为宏大。在面朝马六甲海峡的各地，到访商人们大概建造了同样的设施，等待返航时机吧。后来这一行人又在花面国、南巫里、班卒（今苏门答腊西海岸的巴鲁斯）诸国停泊，而后到达孟加拉湾。

伊斯兰国家速木都剌-巴赛的建立

那么速木都剌-巴赛王国是如何转变为伊斯兰国家的呢？14世纪末，用马来语写的速木都剌-巴赛王国的历史书《巴赛帝王史》（*Hikayat Raja-raja Pasai*）中记载道，来自麦加的使节，在前往速木都剌途中，顺路拜访了麻布里，当地国王穆罕默德，即先知穆罕默德的好友艾卜·伯克尔的后代丢下王位，成为修行者，加入其一行中，到访了速木都剌。然后，麦加使节说服速木都剌国王穆拉希洛（Merah Silu）改宗伊斯兰教，并献上神器，授予他"Sultan Malikul Saleh"的称号。使节们获得各种赏赐后回国，不过修行者穆罕默德就这样留在了速木都剌-巴赛。这个麻布里指上文提到的马八儿，位于科罗曼德尔海岸或其南部地区，大致是印度教徒生活的地方，可能也出现过伊斯兰教徒居住的港口国家。鉴于此，可以说，在苏门答腊北部地区（包括速木都剌在内）出现伊斯兰教国家，应该是马八儿与中国开始交流，使得苏门答腊北部地区成为停泊重地之后的事。另外，虽然提到从麦加来的使节，但很明显伊斯兰商人在伊斯兰教传播过程中发挥了巨大作用。同时，修行者穆罕默德的存在也不可忽视。可以说，伊斯兰教国家成立的背后，有着伊斯兰教圣人的积极活动。他们深受这个时期整个伊斯兰世界中颇为盛行的伊斯兰教神秘主义的影响。伊斯兰教信仰在速木都剌-巴赛得以确立也源于这些圣人的活动。

在占碑、巨港这些古老的国际贸易中心未出现伊斯兰教国家，而在边境地区的苏门答腊北部开始形成伊斯兰教国家，这是因为大乘佛教、印度教等印度文明尚未被当地人接受。如前文所述，《巴赛帝王史》为马来语著作，这一点至少可以说明，速木都剌-巴赛宫廷的主要成员是来自苏门答腊南部占碑、巨港的移民。大概是因为将这些移民组织成国家时，伊斯兰教是一种有效手段吧。

我们将这样的伊斯兰教为百姓所接受的过程称为"伊斯兰化"。伊斯兰化的过程包括两种情况，即通过个人接触而改宗伊斯兰教，以及身为伊斯兰教徒的统治者为了统治的目的，将其作为一种手段，强制百姓伊斯兰化。当然两者是并进的。第一种情况中，伊斯兰商人一定曾以改宗伊斯兰教为条件，分配珍奇的商品，或只卖给伊斯兰教徒商品等。

伊本·白图泰与速木都剌-巴赛

伊斯兰世界最伟大的旅行家伊本·白图泰于 1341 年至 1342 年旅居印度马拉巴尔海岸的卡利卡特，亲眼见到众多来访的中国船只。中国船只在 13 世纪末以前可能仅仅到达科罗曼德尔海岸，但在 14 世纪，开始进入古吉拉特。换言之，以中国为中心的南海、东海贸易圈（参考第九章"印度洋贸易圈中的东南亚"中"南海、东海贸易圈"一节）扩大至印度的卡利卡特。1346 年，伊本·白图泰在由印度奔赴中国的途中来到了速木都剌市。他们一行人在叫作萨鲁巴的港口上岸，进入速木都剌市。伊本·白图泰详细介绍了船只进入港口的手续等。

　　速木都剌市是一座美丽的城市，由木栅包围，有几座木制瞭望楼。这些木栅和瞭望楼，如果按照马可·波罗所述是由1292 年逗留在当地的使节所制的话，那就有意思了。但是在热带地区木制建筑无法维持 50 年，所以应该另有其人。国王为苏丹马利克·阿扎尔（Sultan Al-Malik Az-Zahir），信奉沙斐仪派教义，重用法律人才。国王向异教徒发起挑战，并获得胜利。异教徒向其交纳贡品和人头税。但是，国王为了一个女子，与侄子对立，最终导致侄子的叛乱。另外，在伊本·白图泰要离开速木都剌之际，国王为其备船并赠送了粮食。这一点与 7 世纪义净旅行之际基本一样。这大概与宗教无关，是马六甲海峡两岸司空见惯的风俗习惯吧。

港口国家速木都剌-巴赛

　　随后速木都剌-巴赛作为港口国家繁荣发展起来。另外，附近的阿鲁、南巫里亦是如此。该地域的出口商品为黄金，不过，大约从这一时期开始也栽培胡椒。大概是自印度而来的商人从胡椒产地马拉巴尔海岸移植而来的。

　　速木都剌-巴赛在繁荣经济的支撑下，形成了伊斯兰式马来文化。作为伊斯兰文化，以亚历山大大帝为主人公的故事集《亚历山大之书》（*Eskandar nameh*）① 与伊斯兰教一起被引入，

---

①　改编自基于亚历山大大帝生平的伊斯兰传说，并把亚历山大塑造为圣哲。作者尼扎米，是 12 世纪的波斯诗人、学者，对阿塞拜疆、伊朗、阿富汗和塔吉克斯坦等国的语言文学均产生过重要的影响。

广为人知。文化遗产有前文提到的《巴赛帝王史》。但却是下文中提到的马六甲王国继承和发展了诞生于速木都剌-巴赛的伊斯兰式马来文化。

之后，速木都剌-巴赛成为东南亚信仰伊斯兰教的中心，麦加巡礼的出发地。它不断发挥着作用，直至苏伊士运河开通，欧洲各国的船运公司开始提供既便宜又快捷的麦加巡礼旅行为止。

马六甲王国的建立与发展

明朝禁海令与东南亚

元朝廷迫于各地的叛乱，撤回到蒙古地区，随后在 1368 年，朱元璋（洪武帝，1368—1398 年在位）定都南京，建立了明朝。洪武帝想独占海外贸易利益，便禁止民间商船去国外，并派遣由朝廷组编的船队，诱劝各国统治者朝贡。这是沿袭了元朝的对外政策，并在此基础上进一步强化。另外，除了接受册封的国王为朝贡而派的船只之外，明朝禁止外国船只到来。这一系列闭关锁国政策，总称为禁海令。

由于禁海令的实施，南海、东海贸易圈无法再轻易获得中国商品。中国船只也不再航行至印度卡利卡特，南海、东海贸易圈瞬间萎缩。

禁海令实施前，很多中国人涌入东南亚各地，形成中国人街区。但禁海令实施后，不再有新移民涌入，故而中国人街区的人口逐渐减少。不过，各国向中国派遣的朝贡船只实由这

些移民全权负责，外交文书之类也是汉文书写的。他们与各地
当权者的关系愈加密切。

14 世纪后半叶的占碑和巨港

1347—1375 年，占碑出现了一位名叫阿迭多跋摩
（Adityawarman）的国王。他与满者伯夷王族有着一定的联
系。另一方面，据《明实录》记载，1371 年至 1377 年期
间，几位叫作"三佛齐国王"的国王遣使向明朝入贡。可能
这些使节并未自称"室利佛逝"使节，中国方面认定是从前
的三佛齐辖区内的统治者送来的朝贡，便如此记录了。其
中 1371 年朝贡的马哈剌札八剌卜（"Maharajah Prabu"的音
译，意为大王侯）、1373 年朝贡的怛麻来沙那阿者两者中的一
位，或二者相当于阿迭多跋摩。此外，1374 年朝贡的麻那答
宝林邦是"Maharajah Palembang"的音译，那么一定是巨港
（Palembang）的统治者。阿迭多跋摩去世后，1377 年，其继
承者麻那者巫里，即"Maharajah Mauri"向中国遣使请求册
封。于是，洪武帝派出使节，欲将麻那者巫里册封为王。没想
到麻那答宝林邦扣留了使者，使者一时音讯全无。这时满者伯
夷王国派出舰队讨伐麻那答宝林邦，救出使者并送回中国。不
过，这并非满者伯夷王国为营救明朝使节而专门派出的舰队，
只是碰巧而已。

马六甲王国的建立

14 世纪末或 15 世纪初，马六甲王国在马来半岛的马六

甲成立。葡萄牙人多默·皮列士（Tome Pires）在 1512 年
至 1515 年旅居马六甲期间所著的《东方志：从红海到中国》
（*Suma Oriental*）中的相关记载，是研究马六甲王国的建立及
其历史最重要的史料。此外，还有《明实录》等中国史料、收
录在琉球中山王国的外交文书集《历代宝案》中的几篇相关文
书，以及作为同时代史料的若干重要碑文等。之后还有 1536
年或之前在柔佛写就的马来语历史文献《马来纪年》（*Sejarah
Melayu*）。

　　根据多默·皮列士所言，马六甲王国的创建者是出身于
巨港的王族拜里迷苏剌（Parameswara）。他在前文提到的满
者伯夷王国讨伐巨港之际，逃出巨港，迁移至当时称为海城的
新加坡（Singapore，狮城）岛，然后从马来半岛南海岸北上，
在麻坡河上游的巴莪（Pagoh）安定下来。追随他的有 30 名

根据《马来纪年》的记载复原的马六甲王国宫殿

被称为奥朗劳特人（Orang Laut）或巴瑶族的海民。

　　组成马六甲王国的基本要素为马来人王族以及被称为奥朗劳特人或巴瑶族的海民。所谓海民，是指前文提到的，活动在海岸线地带，从事渔业、采集海产品或进行海盗行为的人们。海民居住于海上或水上的船，或者高架屋里，这是为了保护自身免受疟疾等寄生虫病的伤害以及老虎等野兽的袭击。但是，他们为了得到谷物、水果、西谷淀粉等，或者为了交易，有时不得不在陌生、危险的陆地上生活。这时他们便拥戴马来王族为王，凭借国王拥有的魔力而免受邪恶阴魂所害，他们认为，邪恶阴魂是借助陆地上泛滥的害虫和野兽来加害人类的。海民为得到庇护，须服从国王，战时提供船只和人力，敬献供物和奴隶。

　　在马来人之间，国王与臣子的关系，即这里的国王与海民的关系，是双方都负有义务，或者说彼此对等的合同关系。换言之，只要国王保护臣子，臣子就要尽忠国王，国王对臣子并无绝对支配权。但随着时代的推移，这种对等的君臣关系逐渐演变为国王绝对专制的君臣关系。马六甲王国及其后继者柔佛国的政治史可以说是这两种君臣关系的对抗史。

　　据多默·皮列士所述，拜里迷苏剌最终答应了归属于自己的海民的请求，迁到马六甲河上游的布雷坦（Bretan）构建居舍。随后其儿子梅加特依斯干达沙（Megat Iskandar Shah）在河口的山丘上建设王宫。这就是现在马六甲市的起源。这座小山丘曾被作为印度教神殿来使用，虽然当时可能已经被放弃，但山丘仍然具有一种神秘力量。不过，皮列士为了将梅加特依斯干达沙英雄化，在记述中有所润色，而在河口山丘上建设王宫的到底是拜里迷苏剌还是梅加特依斯干达沙，尚不明确。

1351 年成立的阿瑜陀耶王国，当时也挺进马来半岛南部。拜里迷苏剌也臣服于阿瑜陀耶王国，每年上交一定数量的黄金。这是为了更好地对抗满者伯夷王国。

郑和下西洋

永乐帝（1402—1424 年在位）在即位不久后的 1405 年至1424 年间，曾先后六次命令宦官郑和组建舰队，访问东南亚、南亚各地和西亚的忽鲁谟斯等地。宣德帝（1425—1435 年在位）在 1431 年至 1433 年，命郑和进行第七次航海。这七次航海行动合称为郑和下西洋。这是元代乃至洪武帝时代以来，最后的也是规模最大的对外遣使尝试。

关于郑和舰队的活动情况详见下页表，这里指出几个整体上的关键点。

第一，郑和在马六甲和速木都剌建设了名为"官厂"的基地，在溜山（马尔代夫群岛）也建立了另一处基地。郑和在马六甲设基地，当然是因为对于穿行于马六甲海峡的船舶来说，这个位置非常便利，但还有一个重要的原因是在海岸附近有一口大水井，方便补给饮用水。顺便提一下，这口水井又称"三宝井"，一直保留至今。

第二，参加下西洋舰队的人们写了一些记录。有参加第三、第四、第七次航海的费信写的《星槎胜览》，参加第四、第六次航海的马欢写的《瀛涯胜览》，参加第七次航海的巩珍写的《西洋番国志》，佚名著的《郑和航海图》——其中详细记录了第七次航海途中郑和舰队的航行路线。通过这些记录，可以获悉当时东南亚各国的状况。

第一次下西洋

时间：1405—1407 年。船数：62 艘。参加人数：27800 余人。

主要途经地和活动：新州港（占婆王国、归仁港）、爪哇（满者伯夷王国）、巨港、马六甲、阿鲁、速木都剌-巴赛、锡兰、奎隆、科钦、卡利卡特。

第二次下西洋

时间：1407—1409 年。船数：无记录。参加人数：无记录。

主要途经地和活动：爪哇、科钦、卡利卡特、锡兰。分队去往占婆、阿瑜陀耶。

第三次下西洋

时间：1409—1411 年。船数：48 艘。参加人数：27000 余人。

主要途经地和活动：新州港、爪哇、巨港、马六甲、速木都剌-巴赛、锡兰、奎隆、科钦、卡利卡特。分队去往阿瑜陀耶。

其他：费信加入。

第四次下西洋

时间：1413—1415 年。船数：63 艘。参加人数：27670 人。

主要途经地和活动：新州港、爪哇、巨港、马六甲、阿鲁、速木都剌-巴赛、锡兰、奎隆、科钦、卡利卡特、忽鲁谟斯。分队去往吉兰丹、彭亨、南巫里、溜山、木骨都束、卜剌哇、麻林、阿丹、祖法儿、忽鲁谟斯。

其他：费信和马欢加入。

第五次下西洋

时间：1417—1419 年。船数：无记录。参加人数：无记录。

主要途经地和活动：新州港、爪哇、巨港、马六甲、速木都剌-巴赛、南巫里、锡兰、科钦、卡利卡特、忽鲁谟斯。分队去往溜山、木骨都束、卜剌哇、麻林、阿丹、祖法儿、忽鲁谟斯。

第六次下西洋

时间：1421—1422 年。船数：无记录。参加人数：无记录。

主要途经地和活动：阿瑜陀耶、速木都剌-巴赛、孟加拉、忽鲁谟斯、阿丹、祖法儿等十六国。

其他：马欢加入。

第七次下西洋
时间：1431—1433 年。船数：61 艘。参加人数：27550 人。
主要途经地和活动：新州港、爪哇、巨港、马六甲、阿鲁、速木都剌-巴赛、南巫里、锡兰、奎隆、科钦、卡利卡特、忽鲁谟斯。分队去往木骨都束、卜剌哇、麻林、阿丹、吉达、祖法儿。
其他：费信和巩珍加入。

郑和与马六甲

马六甲国王拜里迷苏剌于 1405 年第一次向明朝派遣使节，该使节随同访问马六甲的明朝使节尹庆一道，拜访了明朝。接着，他又派使节搭乘第一次航海回国的郑和船队拜访明朝。郑和在第一次航海中就了解到暹罗的阿瑜陀耶王国的统治范围遍及马六甲海峡两侧的苏门答腊、马来半岛各地。从中国传统的对外关系的立场来看，得到中国皇帝册封而向中国朝贡的各国，作为中国的朝贡国应该是平等的关系，马六甲等国也有过相应诉求。因此，以明朝的立场来看，阿瑜陀耶王国统治马六甲王国的行为是很难被允许的。1408 年，永乐帝派宦官张原前往阿瑜陀耶，对阿瑜陀耶在马来半岛等地的活动提出警告。郑和在第二次航海时，还亲自访问了阿瑜陀耶，赐予国王罗摩罗阇镀金银印等，正式将其立为暹罗王。马六甲国王拜里迷苏剌为表谢意，派出使节随第二次航海返航船队一同前往明朝朝贡。郑和第三次航海时，在马六甲停泊，将皇帝的诏书和银印赐予拜里迷苏剌，正式将其立为满剌加（马六甲）国王。此时，郑和在马六甲设立了官厂，即航海船队的基地。基地围栅如墙，四方筑楼门，里面再围栅，铜钱和粮食等物资存放于此。郑和如此向马六甲国王示好，可能有马六甲国王同自己一样为伊斯兰教徒这个因素，但是马六甲适合作为航海船队的基地无疑也是一大因素。

郑和在马六甲设立航海船队基地，对拜里迷苏剌来说是意想不到的幸运。1411 年，他与郑和第三次的航海船队同行，携妻儿和陪臣 500 余人来到中国。

1414 年，拜里迷苏剌去世，其子梅加特依斯干达沙继承王位。梅加特依斯干达沙朝贡了 6 至 8 次，于 1414 年和 1419 年两度拜访中国。继任国王穆罕默德沙（Sri Maharaja）朝贡了 4 至 8 次，也先后于 1424 年和 1430 年 ① 拜访中国。1430 年最后一次朝贡时，赶上宣德帝驾崩，国王一行人于 1435 年才回国。像这样，国王亲自频繁前往中国朝贡的例子并不多见（即使关系亲密的琉球中山王国，国王也没有亲自前去朝贡过），可见马六甲与明朝关系深厚。不过这可能是因为有前文提到的基地，即使国王长期不在国内，王权基础也丝毫不会动摇。

马六甲与伊斯兰教

据马欢的《瀛涯胜览》记载，他于 1414 年访问马六甲时，在马六甲国王之下的百姓已经信仰伊斯兰教。但是，拜里迷苏剌国王的名字还没有伊斯兰化，所以他是否改宗伊斯兰教尚不明确。据多默·皮列士所述，拜里迷苏剌的儿子梅加特依斯干达沙经巴赛国王劝说，改宗伊斯兰教。总之，伊斯兰教及其文

---

① 疑年份有误，《明史》卷二百十三载："（宣德）八年，王率妻子陪臣来朝。"

化是由速木都剌-巴赛的伊斯兰教徒传播至马六甲的，这一点毫无疑问。

与阿瑜陀耶王国的对立

阿瑜陀耶王国欲将马六甲纳入统治之下，遂对其施加压力，1433 年在郑和下西洋的舰队最后一次离开马六甲后，马六甲王国压力剧增，内部高度紧张。1445 年，国王斯里拜里米苏拉帝瓦沙（Sri Parameswara Dewa Shah）向明朝派出使节，请求赐予护国诏书和龙袍以及用于朝贡的船舶，并获得同意。该国王的地位明显不稳定，他可能是通过篡位登上王位的。后来，阿瑜陀耶向马六甲派出舰队，发起了攻击。之后的 10 年间马六甲没有向明朝朝贡，但在 1455 年，马六甲国王苏丹穆扎法沙（Sultan Muzaffar Shah）向明朝派出使节，称因龙袍等被烧毁，恳求赐予新袍。"Muzaffar"是阿拉伯语，意为"胜利者"，而且该国王是史料能够证实的首位获得苏丹称号的马六甲国王。他击退了阿瑜陀耶的入侵，最终确保了马六甲的独立，大概为纪念这一伟绩，才开始使用苏丹称号，称为穆扎法沙。从穆扎法沙时代起，中国和琉球的史料、碑文、马来语的历史文献的内容开始趋于一致。可以说，从此以后才是马六甲王国的历史时代。

从穆扎法沙时代起，马六甲王国的统治范围扩至濒临马六甲海峡的马来半岛和苏门答腊。另外，几乎从同一时期开始，马六甲取代速木都剌-巴赛和阿瑜陀耶，成为东南亚群岛地区的国际贸易中心。

马六甲王国的政治和社会

如前文所述，关于马六甲王国有各种各样的史料，即使是想了解它的政治与社会，也能获得非常详细的信息。一般认为前文提到的室利佛逝王国、速木都剌-巴赛王国等马来人建立的国家基本结构一样，所以这里只简单介绍一下马六甲的政治和社会。

国王和王权：马六甲王国的君臣关系，如前文所述，是马来王族拜里迷苏剌和海民之间的基于契约的双方义务关系。随着时代的推移，开始强调王权的绝对性，但双方义务的观念并未消除。王位继承原则上是父传子。

王族：王族包括皇太子在内，使用 "Raja" 的称号，称作 "Raja 某"。王族在国家初期占据要职，负责辅佐国王，但到穆扎法沙的继任者曼苏尔沙国王时，王族被排除出政治中心，国王的绝对地位得以确立。

贵族：指追随拜里迷苏剌的海民后裔，总称为 "Menteri"（官吏）。该词在纳入葡萄牙语时变成 "Mandarim"，进而又引入英语，变成 "Mandarin"，之后指代中国清朝官员。他们叫作 "Menteri 某"。贵族除了在马来半岛南海岸各地被赐予领地之外，在马六甲市周边还可经营果树园，在市内可以按照划分的特定区域，向居民征税。

贵族所任官职如下。

盘陀诃罗（Bendahara）：管理王国的政治、外交、国防等，属于最重要的官职，相当于宰相。盘陀诃罗是终身且世袭的官职，往往出自一个家族，可以称作盘陀诃罗家。作为惯例，国王世代与盘陀诃罗家女儿联姻。马六甲南部的麻坡是盘陀诃罗的领地。

财务官（Penghulu Bendahari）：管理王国的征税、外籍人员、贸易等的官职，原本应该是管理王族家产的职位。任财务官的官员使用"Sri Nara Diraja"这个称号。与盘陀诃罗一样是终身、世袭的官职，往往出自一个家族，可以称作财务官家。

天猛公（Temenggung）：负责马六甲市内警卫，任职程序不明。

胡鲁巴朗·比萨尔（Hulubalang Besar）：是下边要介绍的胡鲁巴朗（Hulubalang）的将领。使用"Sri Bija Diraja"这一称号。官职是否终身尚不明确，但世袭。

战士：出生于马六甲以外地区，作为战士为国王效劳的人。他们被总称为胡鲁巴朗，叫作"Hang 某"。从胡鲁巴朗中任命的胡鲁巴朗·比萨尔的助理是拉克萨马纳（Laksamana）。第一代拉克萨马纳是汉都亚（Hang Tuah）。拉克萨马纳后来成了胡鲁巴朗的首领，而胡鲁巴朗·比萨尔成为名义上的官职。拉克萨马纳是终身且世袭的官职，但实际上由养子继承职位。

此外也应该有平民，但史料中无记载，详细情况不明。

国王、王族和贵族拥有奴隶，除了把他们当作家中奴隶使唤，还让他们去马六甲市郊外经营果树园，在园里劳动。奴隶分为战争奴隶和债务奴隶。

外国人：在马六甲住着大量外国人，其中大部分为商人，此外还有船员、航路向导等各种人员。外国人按照自己的出身，形成小团体，王国允许他们自治。头目从他们中间任命，称为沙班达尔（Shahbandar，波斯语，意为港长）。通常情况下，港长只有一名，但在马六甲有四名。他们各自管理着不同出身的人：①古吉拉特出身者，②科罗曼德尔海岸、勃固、巴赛出身者，③爪哇、马鲁古、班达、巨港、丹戎布拉（Tanjung Pura）、文莱、吕宋岛出身者，④中国、琉球、占婆出身者。港长负责外国船只进港、征税、贸易管理、外籍人员管理等事务。

管理体制

在马来半岛的马六甲以北地区有 7 处村落。这些村落的居民大多为马来人，由贵族任其领主，每年有义务向马六甲国王交纳一定数量的特产——锡。这些马来人可能是来自马六甲等地的移民，由贵族安排他们开采锡矿。就连马六甲市周边，最初也进行锡矿开采，所以在此意义上可以说，马六甲市和这些村落没有本质区别。

紧邻马六甲市南边的麻坡也很重要。这里是盘陀诃罗的领地，据多默·皮列士所述，这里约有 2000 名居民，除贵族以外还有很多"骑士"，即前文提到的胡鲁巴朗，所以就像是马六甲市的缩小版。和马六甲市唯一的不同是这里没有外国商船，因此也没有外国人村落。

接下来再看位于苏门答腊东海岸的领地。从皮列士对亦鲁卡、鲁帕（现在也同名。鲁帕岛）、普林（望加丽岛东北端）、萨波卡、唐务卡鲁（Tungkal，现在也同名）的记述中，可以看出有几个共同点。首先，皮列士就上述地方进行记述时，在文中不同位置，出现了"有国王"和"无国王，有贵族（Mandarim）"两种自相矛盾的表述。实际情况应该是，可能如萨波卡记载的那样，以前存在过国王，但现在由马六甲派来的贵族统治，即使有国王也已无实权。第二，除了萨波卡，居民都是被称为奥朗劳特人的海民。他们从事渔业或海盗活动，在亦鲁卡和普林开设了奴隶市场。一般认为，在鲁帕和唐务卡鲁也有这种市场。这些地方虽然不必向马六甲国王交纳贡品，但战时有义务无偿提供人员。林加岛和宾丹岛的情况一样。

此外，在苏门答腊还有西亚克（Siak，现在同名）、监笼（Kampar，同现在的金宝）、因德拉吉里（Indragiri）这些比马六甲王国还古老的国家。这些国家臣服于马六甲王国，王族间有着密切的通婚关系，每年向马六甲王国上交大约 3.27 千克的黄金。在战争之际，他们好像没有义务提供人力，当然，他们应该自发地提供过一些必要的人力和物资。这些国家自然是港口国家，但皮列士称这里盛产粮食，说明在周边或内陆存在一定程度的农业活动。另外，位于马来半岛北岸的彭亨王国同马六甲王国的关系，也与苏门答腊各国同马六甲王国的关系一样。

马六甲王国的经济

马六甲王国的首都马六甲市位于马来半岛南岸，建于 14

世纪末或 15 世纪初，初建时该地森林茂盛，一直延伸到海岸一带，人们以西谷淀粉为主食。进入 15 世纪后半叶，马六甲市成为国际贸易中转港，人口增加，仅凭周边出产的西谷淀粉已无法满足粮食供应。但是，人们开始从周边各国，或者爪哇、暹罗、勃固等地进口大米，16 世纪初便以大米为主食。

如前文所述，在马六甲市周边，贵族经营着农场，栽培了各种果树。这些农场结出的果实或卖给马六甲市民，或出口。另外，15 世纪初内陆地区已开始产锡，但在 16 世纪初葡萄牙人的记录中没有找到产锡的相关内容。

爪哇伊斯兰教港口国家的建立

根据马欢在《瀛涯胜览》中对爪哇国的记述可知，15 世纪初前后，爪哇的港口城市就已经有西亚、东亚出身的伊斯兰商人来访，其中到访该地的中国商人里也有很多伊斯兰教徒。但是这一时期的当地居民还未接受伊斯兰教。

前文提到马六甲王国从爪哇进口大米。大概在马六甲成为国际贸易中心地的 15 世纪 50 年代，住在马六甲的伊斯兰商人开始进入爪哇海岸地带收购大米。他们定居在爪哇北岸的港口城市，或建立新港口城市，然后从内陆聚集居民来港口城市周边种稻。一般认为，爪哇海岸地带的开拓始于这一时期。

定居在爪哇北岸港口城市的伊斯兰商人努力传播伊斯兰教。虽然这是作为伊斯兰教徒被赋予的义务，但让各地的人们改宗伊斯兰教，拥有共同归属感也是将这些人团结起来的一种有效手段。这种情况下，或是他们自身是伊斯兰教领袖，或是通过马六甲邀请一些伊斯兰教领袖。他们建设清真寺，通过伊斯兰教信仰把人们组织起来，在各港口城市建立伊斯兰教港口国家。

这些领袖被称为苏南（Sunan），其中的"中心人物"被称作"九圣"（Wali Songo，至于具体包括哪几位贤人还存在争议）。他们的墓地如今也被视为圣地，有很多信徒聚集于此。格雷西市背后山丘上的苏南·吉里（Sunan Giri）之墓、井里汶（Cirebon）市内的苏南·古农查蒂①之墓等，即使在今天，参拜者仍然络绎不绝。

在爪哇北岸的伊斯兰教港口国家使用马来语和阿拉伯文字作为前述满者伯夷文化的交流手段，宗教信仰方面将伊斯兰教添加进来，形成了独特的伊斯兰–爪哇文化。

对伊斯兰教港口国家来说，满者伯夷王国象征着过去的荣光。他们为了确立势力，有必要自称为其后继者。

爪哇人往返于从爪哇北岸的港口国家延伸至各地的贸易网络之中，伊斯兰–爪哇文化被他们传播到各地，并被当地的文化吸收。如马鲁古群岛，就是在伊斯兰–爪哇文化的影响下，伊斯兰文化兴起，并开始形成国家的。

---

① 　Sunan Gunung-Jati，又称法达希拉。参考：廖大珂，《关于福建与琉球关系中钓鱼岛的若干问题》，《闽商文化研究》，2012 年第 2 期。

第九章　东南亚群岛地区的"商业时代"

印度洋贸易圈中的东南亚

印度洋贸易圈

公元 1498 年葡萄牙人瓦斯科·达·伽马的船队到达印度的卡利卡特，从此葡萄牙人踏上了亚洲的土地。同时，关于那些经由印度洋实现通行往来的各个国家的情况，葡萄牙人等欧洲人留下了详细记载。尤其是前文提到的多默·皮列士和同一时期长期旅居在印度的葡萄牙人杜阿尔特·巴尔博扎（Duarte Barbosa），通过他们的记载，可以整体把握这片区域的国际贸易活动。

由这些记载可知，在西起非洲东海岸、阿拉伯半岛、波斯湾沿岸，东至马鲁古群岛的地区，也就是阿拉伯海、孟加拉湾、南海、爪哇海以及环海周边区域，形成了一个巨大的贸易圈。笔者称其为印度洋贸易圈。其中心是印度的古吉拉特地区，该地生产的各种棉织品被销往贸易圈各个角落。但是，这些并不能满足这一区域对棉织品的需求，因此同属印度的孟加拉地区和科罗曼德尔海岸作为棉织品的第二生产中心，发挥着一定的作用。

印度洋贸易圈各地的人们购买古吉拉特、孟加拉、科罗曼德尔海岸生产的棉织品，不仅作为日常用品，还将其视为提高社会地位的"威信财富"而存储起来。他们为了获得这种棉织品，需要准备各种商品。

非洲贸易圈和地中海贸易圈

与印度洋贸易圈西边邻接的是非洲贸易圈。由非洲贸易圈出口到印度洋贸易圈的商品以金、象牙、奴隶为主，由印度洋贸易圈出口到非洲贸易圈的商品则以棉织品为主。在印度洋贸易圈的西北部，是环绕地中海的地中海贸易圈。从地中海贸易圈出口到印度洋贸易圈的商品有金、银（货币、生金、金银制品），铜、铁（铜、铁材料以及各种制品），包括武器在内的各种工艺品，还有奴隶。地中海贸易圈的基础商品是毛织品，地中海贸易圈的商人一直到 18 世纪，都在尝试将毛织品出口到印度洋贸易圈，结果以失败告终。

从印度洋贸易圈出口到地中海贸易圈的主要商品则为香料，即胡椒、肉桂、丁香、肉豆蔻和豆蔻花等。印度洋贸易圈对于地中海贸易圈中的商品的需求量很小，因此，地中海贸易圈就不能进口到完全满足其需要的香料。在地中海贸易圈中，香料价格极高，正是缘于此。

南海、东海贸易圈

印度洋贸易圈东北部是以中国为中心的南海、东海贸易圈。该贸易圈的主要商品是中国产的生丝、丝织品、陶瓷器、铜钱，以及其他工艺品等。中国之外的各个地方，为获得这些商品，需要准备各种商品。日本也在南海、东海贸易圈之内，为获得中国产的生丝、陶瓷器、铜钱，向中国出口金、银、铜等。

印度洋贸易圈和南海、东海贸易圈，在东南亚地区是重合的。这种重合的状态随时代而不同。从南海、东海贸易圈即中国出口到印度洋贸易圈的商品中，生丝、丝织品、陶瓷器、少量金银、铜钱及用锡和铅等铸的私铸钱是重要商品。此外，还有铜材、铁材、各种铜制品和铁制品，火药原料硫黄和硝石，箱子、扇子、针等工艺品，以及麝香、樟脑、明矾、大黄等药材。特别是在南亚没有陶瓷制造的传统，人们一般使用素烧壶。这种壶在水渗出表面蒸发之际，会吸收热量，从而使得壶中的水处于低温状态，所以中国产的陶瓷器在当地广受欢迎。

与之相对，印度洋贸易圈向南海、东海贸易圈出口的商品，除胡椒、丁香、肉豆蔻、豆蔻花等香料外，还有药材、香、象牙、锡、红色染料苏木，以及从西亚进口的驼毛呢和毛织品等。

东南亚贸易圈

印度洋贸易圈可进一步分为阿拉伯海、孟加拉湾贸易圈和东南亚贸易圈。16世纪初，联结这两个地区的中转站是马六甲。虽然被称为东南亚贸易圈，但这里流通的主要商品是来自古吉拉特、孟加拉、科罗曼德尔海岸的棉织品，所以它仍是印度洋贸易圈的一部分。

来自阿拉伯海、孟加拉湾贸易圈的各种商品，被带到了马六甲。下页"东南亚贸易圈内的贸易"是根据多默·皮列士的记述，对贸易内容进行的归纳。从此表可以发现，从阿拉伯海、孟加拉湾贸易圈出口到马六甲的商品中，当然是棉织品比较多；反过来，进口自马六甲的商品中，丁香、肉豆蔻、豆蔻花、白檀等产自马鲁古群岛、班达群岛、帝汶岛的香料比较重要。此外，需要指出的是，作为东南亚地区的产品，马来半岛产的锡和苏门答腊产的金很重要。但是，苏门答腊南部、巽他地方产的胡椒不包含在内，这是因为印度的马拉巴尔海岸是胡椒的大型产地，对于孟加拉湾、阿拉伯海贸易圈来说，没有进口胡椒的必要。此外，还有生丝、丝织品、少量的陶器，这些是中国的出口商品，经由马六甲再次出口到阿拉伯海、孟加拉湾贸易圈。

东南亚贸易圈的内部贸易

在东南亚贸易圈内部，为了在马六甲获得产自古吉拉特、科罗曼德尔海岸、孟加拉的棉织品和中国的出口商品，必须准备各种商品。简单来说，阿拉伯海、孟加拉湾贸易圈以及中国需要金、锡等矿产品，香、香木等林产品，丁香、肉豆蔻等香料。其产地将准备这些商品。而没有这些商品的地区，则生产易栽培且有价值的胡椒。苏门答腊各地以及巽他地区即是如此。但是，能进行稻作的地区，不论是水稻还是旱稻，都出口米。这是因为随着各地的商人、船员乘船来到马六甲等港口城市，居民中不再从事农业的人口增多，而且随着生活质量的提高，米取代了西谷淀粉，其需求量有所增加。爪哇、勃固、暹罗便是如此。

东南亚贸易圈内的贸易（根据多默·皮列士《东方志：从红海到中国》记载）

勃固

出口到马六甲的商品：食品（米、黄油、油、盐、洋葱、大蒜、芥末等）、香（虫胶、安息香、麝香）、宝石（红宝石等）、银

进口自马六甲的商品：中国产品（缎子、中国产的带花的深色绢丝、陶器）、贵金属（金）、金属类（水银、铜、朱砂、锡）、货币（甫舍来拉）、香料（丁香、肉豆蔻、豆蔻花）、各种涂红的粗陶器、珍珠母

暹罗

出口到马六甲的商品：食品（米、盐、干咸鱼、椰子果实、蔬菜）、香（虫胶、安息香）、贵金属（金、银）、金属（铅、锡）、药草（肉桂［其果实可用作泻药］）、染料（苏木）、象牙、铜制或金制壶、红宝石和钻石戒指、劣质纺织品

进口自马六甲的商品：中国商品、奴隶、香（白檀）、香料（胡椒、丁香、肉豆蔻、豆蔻花）、金属（水银、朱砂）、药材（鸦片、雄黄、文莱的龙脑、木香［克什米尔产的树根］、五倍子）、坎贝和克林的纺织品、进口自阿拉伯和波斯湾的商品（驼毛呢、蔷薇水、毛毡）、子安贝、蜜蜡

缅甸和清迈

出口到马六甲的商品：宝石、安息香、虫胶、麝香

进口自马六甲的商品：胡椒、白檀、沙纳巴付[①]、水银、朱砂、花缎、缎子、锦缎、孟加拉白衣

---

① Sinabafo，一种孟加拉生产的白色细棉布。参考：皮列士著，向高济译，《东方志：从红海到中国》，江苏教育出版社，2005。

柬埔寨

出口到马六甲的商品：米、肉、鱼、酒、金、虫胶、象牙、干鱼

进口自马六甲的商品：孟加拉白衣、胡椒、丁香、朱砂、水银、苏合香、红珠

占婆

出口到马六甲的商品：伽兰木、金、干鱼、咸鱼、米、金、银

进口自马六甲的商品：槟榔子、孟加拉白色纺织品、沙纳巴付、潘查维里兹①、克林产的纺织品、胡椒、丁香、肉豆蔻、阿仙药、木香、苏合香

交趾支那不航海到马六甲

出口商品：金银、伽兰木、陶器、塔夫绢（有光泽的丝织品）、生丝、珍珠母

进口商品：硫黄、硝石、红宝石、钻石、蓝宝石、鸦片、胡椒、中国的昂贵商品、苏合香

中国

出口到马六甲的商品：各种不同颜色的生丝、丝织品、珍珠母、麝香、樟脑、abarute②、明矾、硝石、硫黄、铜、铁、大黄、铜制品、铁制品、（箱子、扇子、针等）工艺品、陶瓷器

进口自马六甲的商品：胡椒、丁香、肉豆蔻、木香、阿仙药、各种香、象牙、锡、芦荟、文莱的龙脑、红珠、苏木、坎贝产的玉髓、绯色驼毛呢、毛织品

琉球

出口到马六甲的商品：金、铜、武器、小箱等工艺品、小麦、纸、各色生丝、麝香、陶器、缎子、蔬菜

进口自马六甲的商品：和中国的进口商品一致

文莱

出口到马六甲的商品：金、龙脑、诃黎勒果（使君子科植物的果实）、蜜蜡、蜂蜜、米、西米、椰子

进口自马六甲的商品：克林和孟加拉生产的服装、中国制造的黄铜手镯、来自坎贝的各色玻璃珠和珍珠做的念珠、红珠

苏门答腊

出口到马六甲的商品：金、食用龙脑、胡椒、生丝、安息香、芦荟、蜂蜜、蜜蜡、达马树脂香、硫黄、棉花、藤、米、肉、鱼、酒、水果

---

① Pancha vilizes，"多半和 Pachaveloes 一样，科罗曼德尔的一种印花布"。参考文献同上。

② 参考文献同上。

巽他

出口到马六甲的商品：胡椒、长胡椒、罗望子、奴隶、米、金、劣质纺织品、蔬菜、肉、酒、水果

进口自马六甲的商品：沙纳巴付、synhavas、潘查维里兹、balachos、atobalachos[①]、克林产的纺织品、格子纹绢料、木香、阿仙药、坎贝产的种子、bretangis[②]、坎贝的服装、槟榔、蔷薇水

爪哇

出口到马六甲的商品：米、可食用动物、酒、金、黄宝石、荜澄茄、长胡椒、罗望子、肉桂、小豆蔻、蔬菜、奴隶、纺织品、铜和甫舍来拉钟[③]

进口自马六甲的商品：坎贝产的所有纺织品、从坎贝到马六甲的所有商品、克林的纺织品、大小格子纹绢料、taforio[④]、topetins[⑤]、以及其他多种商品

马都拉

出口到马六甲的商品：米、粮食、奴隶

巴厘岛、龙目岛、松巴哇岛：与爪哇贸易

出口商品：粮食、纺织品、奴隶、马

比马

出口到马六甲的商品：粮食、罗望子、苏木、金

出口到爪哇的商品：奴隶、马

出口到班达、马鲁古的商品：纺织品

亚比火山（桑厄昂岛）

出口商品：粮食、奴隶

索洛岛

出口到马六甲的商品：粮食、硫黄、罗望子

帝汶岛

出口到马六甲的商品：白檀

进口自马六甲的商品：沙纳巴付、潘查维里兹、cotobalachos[⑥]，这些是白色纺织品，以及来自坎贝的同类粗纺织品

---

① 前五项都是衣料名称，参考文献同上。

② 参考文献同上。

③ Fruseleira，即黄铜钟。参考文献同上。

④ 参考文献同上。

⑤ 参考文献同上。

⑥ 参考文献同上。

班达群岛

出口到马六甲的商品：肉豆蔻、豆蔻花

进口自马六甲的商品：所有种类的沙纳巴付、孟加拉产的所有种类的白色轻薄纺织品、波努克林的所有纺织品、大中小格子纹绢料、topetins、古吉拉特产的所有纺织品

马鲁古群岛

出口到马六甲的商品：丁香

进口自马六甲的商品：坎贝产的纺织品、波努克林的所有纺织品、大中小绢料和格子纹绢料、派多拉绸、白色粗纺织品（如 synhavas、balachos、潘查维里兹、cotobalachos）、坎贝的服装、孟加拉的白牛尾

丹戎布拉（婆罗洲南岸）

出口到马六甲的商品：金、米、其他粮食

进口自马六甲的商品：红色和黑色的 bretangis、孟加拉产的廉价白色服装、奴隶、蜂蜜、蜜蜡

加里曼丹东岸各地

出口到马六甲的商品：金、粮食、子安贝、草席、藤、干鱼、树脂、蔬菜、酒、中式平底帆船、奴隶、金

进口自马六甲的商品：和其他各岛相同，巨港的黑色安息香

望加锡

出口到马六甲的商品：粮食、米、金

进口自马六甲的商品：bretangis 和坎贝的服装、孟加拉的服装、克林的服装、黑色安息香等香

这些地区为了从周边地区收集面向马六甲的商品，生产纺织品或其他工艺品，或者出口稻米。如此一来，在东南亚贸易圈中，又形成了局部贸易圈。例如暹罗、爪哇、马鲁古群岛、班达群岛、文莱等地，便是局部贸易圈的中心地。马鲁古群岛、班达群岛出口丁香、肉豆蔻、豆蔻花；进口产自古吉拉特、科罗曼德尔海岸、孟加拉的棉织品，或者爪哇生产的棉织品、工艺品，再出口到周边地区，以获取作为食物的西谷淀粉。

这样的贸易往来需要船只，需要船只的人们便前往木材丰富的勃固、爪哇的井里汶等地，驱使当地居民采伐木材后运出，建造船只。

贸易与经济的实态

东南亚贸易圈内部的贸易活动，如上所述，是以马六甲为起点，通过贸易网络，有成效、有组织地开展的。1512 年在马六甲，葡萄牙人和马六甲商人合资派遣船只到勃固的马达班，当时的记录可以作为史料，为我们清晰地提供东南亚贸易圈内部交易的实际状况。据其记载，他们将资本全部换成稻米或胡椒这种商品的形式，在停靠的港口城市将这些商品卖掉，获得当地货币，再用货币购买所需之物。即，在港口城市，交易不是以物物交换的方式，而是以货币为媒介进行的。但是在整个东南亚贸易圈，并没有完全通用的"国际通货"。于是作为局部通货，除了使用从印度各地进口的货币，从中国进口的铜钱和用锡、铅等铸造的私铸钱之外，也使用子安贝和金属碎片等。

众所周知，这种贸易方法是不能积聚财富的。至少，为了守住财富，需要持续进行交易。

欧洲人的到来

阿方索·德·阿尔布克尔克占领马六甲

关于葡萄牙挺进亚洲，本系列丛书第 25 卷《亚洲与欧美

世界》中有记述，详见该书，这里从葡萄牙人进入东南亚开始
说起。

葡萄牙人最初出现在东南亚，是1509年迪奥戈·洛佩
斯·德·塞盖拉率由5艘船组成的船队到达马六甲港口的时
候。当时的马六甲国王马哈木沙（约1481—1527年在位）允
许葡萄牙人进行贸易和建设商馆，但是由于葡萄牙人在印度对
伊斯兰商人采取敌对行动，居住在马六甲市的伊斯兰商人劝说
国王，偷袭葡萄牙人并将他们全部杀害，然后夺取其船只。偷
袭行动中约60名葡萄牙人被杀害，但是船只并未被夺取。塞
盖拉撤下了24名俘虏，离开马六甲港去了印度。

第二任印度总督阿方索·德·阿尔布克尔克（1509—
1515年在任）于1511年，率领由大小16艘船组成的船队，
到达马六甲。他要求马六甲国王释放俘虏、提供建设要塞所需
用地、支付赔偿金。马六甲方面也预想到葡萄牙人会前来攻
打，做了充分准备。国王马哈木沙同意释放俘虏，但对其他要
求犹豫不决。于是，阿尔布克尔克率部下登陆，展开攻击。马
六甲王国激烈抵抗，但最终被阿尔布克尔克占领了马六甲市。

阿尔布克尔克在马六甲的丘陵脚下建设要塞和教会，欲
将这里作为葡萄牙在东南亚贸易圈的活动基地。其目的是，向
经由马六甲港而进行的国际贸易收税，同时通过向航行在这片
海域的船只发放许可证，攻击、抓捕没有持许可证的船只来控
制贸易，进而挺进肉豆蔻产地班达群岛、丁香产地马鲁古群岛
以及中国。

阿尔布克尔克占领马六甲后，立刻向出口稻米的阿瑜陀

耶和勃固派遣使节，缔结友好关系。他甚至还计划向马鲁古群岛和中国派遣船队。1511 年末，他往马鲁古群岛派遣了由3 艘船组成的船队，由安东尼奥·德·阿布鲁（António de Abreu）任司令官。弗朗西斯科·塞朗乘坐其中的一艘，与之同行。阿布鲁的船队虽没能到达马鲁古群岛，但到达了班达群岛，并在该地获得了丁香、肉豆蔻等香料，之后返回马六甲。塞朗的船因强风、巨浪而倾覆，他和伙伴们受到马鲁古群岛中特尔纳特岛国王的招待。此后，葡萄牙人每年都向班达群岛、马鲁古群岛派遣商船，但是没能建设永久基地。

从《托德西拉斯条约》到《萨拉戈萨条约》

西班牙和葡萄牙于 1494 年签订《托德西拉斯条约》，划定两国势力范围。该分界线相当于西经 46° 37′ 子午线及其延长线东经 133° 23′ 子午线。不久，在西班牙就有一些人想越过势力范围内的新大陆，继续向前航行，进入他们认为在《托德西拉斯条约》分界线的东侧，理应是西班牙势力范围内的马鲁古群岛（当然这与事实不符），加入丁香、肉豆蔻贸易。这时葡萄牙人费尔南多·麦哲伦（以下称麦哲伦）来到了西班牙。他和弗朗西斯科·塞朗既是表兄弟又是挚友，他们曾经加入塞盖拉、阿尔布克尔克的船队，征战于马六甲。回国后，王室的冷漠深深伤害了他，他向西奔赴挚友弗朗西斯科·塞朗所在的马鲁古群岛，一定是想在对自己冷眼相待的葡萄牙王室及相关人士面前争口气。不久，他利用富格尔商会的资本筹备船队，并作为指挥官，于 1519 年出发，西行前往马鲁古群岛。葡萄牙的曼努埃尔王得知麦哲伦的船队出发后，立刻下令派出船队，前往马鲁古群岛建设要塞。

麦哲伦船队发现了麦哲伦海峡，横穿未知的大洋，到达现在的菲律宾群岛。但是 1521 年，他在宿务岛附近的麦克坦岛被杀，与挚友塞朗相会的梦想未能实现。塞朗几乎于同一时期在马鲁古群岛被毒害。不久，船队到达马鲁古群岛的蒂多雷岛，与蒂多雷王曼苏尔（Al-Mansour）建立了友好关系，两艘船满载丁香，向着西班牙进发。但是，其中一艘船不幸进水，另一艘绕过好望角后直奔西班牙。

1522 年麦哲伦的船队回到西班牙。于是，在葡萄牙和西班牙之间，针对根据《托德西拉斯条约》马鲁古群岛属于西班牙还是葡萄牙的势力范围这一问题，争论逐渐白热化，西班牙方面为了制造既成事实也派遣了船队。但是继承费尔南多王成为西班牙国王的卡洛斯一世（1516—1556 年在位，后来的神圣罗马帝国皇帝查理五世）为开展外交政策，被迫与葡萄牙加固友好关系，葡萄牙方面也没有与西班牙相争的余力。因此，1529 年两国签订《萨拉戈萨条约》，西班牙让出有关马鲁古群岛的一切权利，葡萄牙向西班牙支付 35 万克鲁札多[①]。当然，马鲁古群岛在分界线的西侧，所以，对于葡萄牙来说，本来就没有必要支付这笔钱。

麦哲伦船队刚刚离开蒂多雷岛，派往马鲁古群岛建设要塞的葡萄牙船队就到达了，并开始在特尔纳特岛建设要塞。葡

---

① 克鲁札多是葡萄牙古货币单位，此处疑有误，似应为金杜卡特。

萄牙王室想要独占马鲁古群岛的丁香贸易，这一政策不仅受到当地居民反对，还受到供职于要塞的葡萄牙人的反对，1538年之后王室允许葡萄牙人以个人名义从事丁香交易，并以征收丁香的方式向其征收赋税和运输费用。

葡萄牙人社会的形成

供职于葡萄牙商馆和要塞的葡萄牙人，有一项义务，即在此供职三年。他们从王室领取正规工作报酬的同时，还被许可从事私人的商贸交易。要塞和商馆的王室代理人——商务员，向他们征收交易税。

他们不适应气候，饱受环境卫生恶劣之苦，很多人死于瘟疫和战争。能活过三年任期的人中，管理者不用承担旅费就能回国，但是很多士兵、船员等因为筹不齐回国的旅费，与当地女性结婚定居下来。他们和妻子以及子女们形成了独特的社会群体，信仰天主教，说葡萄牙语，过着葡萄牙式的生活，从而创造了独特的印度-葡萄牙文化（即日本历史中所谓的南蛮文化）。他们大多作为商人从事贸易活动，其中也有人作为雇佣兵组成部队，受雇于当地权贵。

包括东南亚群岛地区在内的整个印度洋贸易圈中，他们是不可忽视的群体。除了马六甲、班达、马鲁古，他们还在帝汶、索洛建立殖民地，也进入其他港口城市。葡萄牙语与马来语同为东南亚贸易圈的通用语言。另外他们的文化也影响深远。马来语中，有大量来自葡萄牙语的外来语，印度尼西亚、马来西亚的大众音乐克龙宗歌曲是以葡萄牙民谣为基础而产生的。在日本广为人知的《梭罗河》（*Bengawan Solo*）便是这种克龙宗歌曲。

南海、东海贸易圈中的葡萄牙人

如前所述，明朝颁布了违背时代潮流的锁国政策——海禁令，因此在以中国为中心的南海、东海贸易圈，"倭寇"，即走私商人开始活跃起来。1526 年，倭寇在浙江宁波海上的双屿岛建设了贸易基地。不久这里成为南海、东海贸易圈的贸易中心。因此，以琉球的那霸为中心而开展活动的中国商人、船员也转移到双屿。这样一来，琉球便只是中国福州和日本萨摩之间的中转港口了。

葡萄牙人占领马六甲后企图立刻开展对华贸易，但是中国不承认葡萄牙是朝贡国，不允许葡萄牙船只进港。于是葡萄牙船只就在广州附近的海上进行走私贸易。双屿的走私贸易基地一建成，葡萄牙船也进入双屿。

种子岛是从双屿到日本各地的航线上的停靠港。1543 年，葡萄牙人搭乘倭寇首领王直的船，"漂到"种子岛也绝非偶然。

马六甲的葡萄牙人获悉日本的航线消息后，即刻从马六甲派船到中国广州附近，将中国产的生丝、丝织品、陶瓷器等装上船，直奔日本。

在日本，火绳枪要实现国产化，这为葡萄牙人带来了巨大的商机。生产火绳枪需要用来制造子弹的铅，用来制造火药的硫黄、硝石、木炭，用来制造火绳的棉线，等等。日本拥有足够的硫黄和木炭，但是不生产制造子弹的铅和制造火药的硝石，只能借助葡萄牙船从印度进口。不仅如此，制作铠甲里面具有良好吸汗效果的贴身衣物所需的棉织品、制作披风或他用的鹿皮、刀柄上的鲨鱼皮等，都是进口自印度、东南亚的商品。来到日本的葡萄牙船只，除金银之外，还买进谷物、奴隶。金是面向印度的商品，银是销往中国的商品；谷物和奴隶是面向印度洋贸易圈中各处葡萄牙殖民地的。

由于葡萄牙人协助镇压海盗，1557 年，当地官府开始默许他们在澳门居住。澳门成为葡萄牙人的对日贸易基地。在日本，葡萄牙船只最初在各地的港口入港，不久平户成了葡萄牙在日本的停泊港。

基督教的传播

葡萄牙人进入印度之初，就从本国邀请方济各会的修道士来进行传教活动，但谈不上热心。葡萄牙国王若昂三世（1521—1557 年在位）便将印度的传教活动全权委托给在 1534 年成立的耶稣会。于是耶稣会的创立者之一方济各·沙勿略于 1541 年前往印度。他在印度开展了传教活动，而经验告诉他面向伊斯兰教徒开展传教活动，几乎不会有什么效果。接下来，应该在尚未接受伊斯兰教的土地上传教。他选择了安汶岛等地，在那里取得了一定的成功。自 1549 年起的大约一年半的时间里，他在日本传教，但由于日本战乱，无法充分开展传教活动。他之后又打算在中国传教，但是在等待中国的入境许可期间，在香港附近的上川岛因病去世。

支撑基督教在日开展活动的是与到访的葡萄牙船只之间的贸易。天主教徒、身为大名的大村纯忠于 1580 年将长崎港及其周边地区捐献给耶稣会，作为教会领地。随着传教士在长崎和平户定居，当地形成了由从事小规模贸易的葡萄牙人以及与其有交往的日本人构成的社会。也就是说，由于葡萄牙船的到来，长崎和平户被归入了印度洋贸易圈，与日本人的交易也使用葡萄牙语，里面夹杂着马来语。

世界体系与东南亚

世界体系

新大陆对于西班牙来说的确是一座宝藏。进入 16 世纪 30 年代，墨西哥等地出产的银被大量运往西班牙国内。1545 年，秘鲁副王领地的波托西银矿（今玻利维亚境内）开始出产银。出产的银被运回西班牙。于是，白银作为各种物资的采购资金，从西班牙流入欧洲各国，引发了通货膨胀这一现象，即价格革命。

流入欧洲的银，相当一部分作为各种商品的采购资金，流入亚洲地区。流出渠道之一就是葡萄牙的印度贸易。进入 16 世纪 50 年代，随着新大陆流入欧洲的银大量增加，从印度进口的香料数量也飞速增加。

当时的日本和新大陆均为银的重要产地。日本金、银、铜的产量丰富，葡萄牙人看到了这一点，加入了中日之间的贸易。从 16 世纪 90 年代起，日本金银的产量急剧增加，甚至成为主要的出口商品。最终，谷物和奴隶不再出口了。

新大陆和日本产的银，出口到亚洲，逐渐流入印度和中国，那么在世界某个地区发生的经济变动，就会立即给相距甚远的其他大陆的经济带来影响。这种连接世界各地经济的网络被称为世界体系。

印度洋贸易圈和世界体系

从新大陆和日本流出的银，经由各地，最终流入印度和中国。当时印度处于战乱时期，无论是作为军事经费，还是作为囤积财富的手段，都急需大量的银。另外，中国经济发展，对作为通货的银（实际上以自然银的形式流通）的需求巨大。

说到东南亚，作为各种商品的采购资金，新大陆及日本产的银被葡萄牙人支付给各地商人和掌握权力的人。他们或是积攒起来，或是将其作为购买印度和中国商品的资金。丰臣秀吉、德川家康积蓄金银的事已是众所周知，东南亚各地也从此时开始储蓄金银，尤其是银，以某种形式将其投资到贸易中的掌权者出现了。

海禁政策的放宽

明朝顽固坚持海禁令，于1548年攻打双屿的走私贸易基地，并将其彻底摧毁。但是在中国沿海各省，一些社会上有权势的人和"倭寇"联手获取利益的情况屡见不鲜，他们反对中央政府施行的海禁令方针。1567年，政府最终放宽海禁政策，允许民间商船前往日本之外的各个地方，同时允许日本之外的外国商船进入中国。禁止日本船只进入中国这件事，确实做到了；禁止中国船只前往日本这件事，却是有名无实，大量中国船只开始来到日本各地。因此，这实质上就是海禁令的废除。之前的"倭寇"换了个"贸易商人"的招牌，继续进行贸易活动。

随着海禁政策的放宽，中国船只可自由航行到东南亚各地。在群岛地区，巽他地区的万丹成为重要的目的地。因为该地是巽他地区和南苏门答腊生产的胡椒的出口港。

西班牙挺进菲律宾

西班牙在 1529 年签订的《萨拉戈萨条约》中，放弃了关于马鲁古群岛的一切权利，但之后依旧关注着马鲁古群岛。1542 年鲁伊·洛佩斯·德·维拉洛博斯的船队被派往马鲁古。当时，维拉洛博斯将现在的莱特岛或薄荷岛，以西班牙菲利普皇储（后来的菲利普二世）的名字，命名为菲律宾岛。后来这成了整个群岛的名字。

公元 1564 年，米格·洛佩斯·雷加斯比的船队从墨西哥被派往菲律宾群岛。同行的安德烈斯·德·乌达内塔（Andrés de Urdaneta）次年返回墨西哥时，发现了从菲律宾群岛北上至日本近海，利用偏西风返回墨西哥的航线。从此，在墨西哥和菲律宾之间就能定期往返，使西班牙对菲律宾的统治成为可能。雷加斯比在宿务、班乃建设城市后，于 1571 年占领马尼拉并设总督府。

在菲律宾群岛中，只有棉兰老岛从爪哇传入了伊斯兰教，除此之外的其他地区还没有受到伊斯兰教的影响，这为基督教的传播提供了绝佳条件。总督府推进了基督教的传教活动。总督府还试图扩大势力范围，便趁柬埔寨内乱，于1596年和1599年两次征伐柬埔寨，但以失败告终。

"传教特权"与日本

对于西班牙来说，菲律宾群岛是进入马鲁古群岛、中国及日本的中转基地。他们尤其期待将墨西哥产的银运到马尼拉后再出口到中国，换取生丝、丝织品、陶瓷器、工艺品等中国产品。马尼拉很快便有中国商人进入，形成中国人街区。于是，马尼拉成为墨西哥和中国之间贸易的中转基地。马尼拉和中国之间的贸易通过中国船只进行，马尼拉和墨西哥阿卡普尔科之间的贸易则通过被称为"盖伦"（galleon）的西班牙大帆船进行，称为大帆船贸易。在墨西哥、西班牙，通过大帆船贸易获得中国商品是人人心向往之的。

1580年，西班牙的菲利普二世（1556—1598年在位）以兼任葡萄牙国王的形式，合并了葡萄牙。但是在国外，两国之间的对立持续着。马尼拉的总督府自1593年起，向日本派遣传教士进行传教活动。这引发了与拥有在日传教特权（1494年之前罗马教皇认可葡萄牙和西班牙两国国王拥有在各自势力范围内进行传教活动的权利）的葡萄牙耶稣会之间的对立。对于马尼拉来说，日本是银的出口国，同时也是生丝、丝织品等物的进口国，可以说是贸易上的竞争对手。他们进入日本的最大目的就是传播基督教。

丰臣秀吉于 1587 年征伐九州之际，看到了九州基督教的传教活动和葡萄牙船只的贸易活动，禁止了基督教传教士的传教活动以及葡萄牙船只出口奴隶和谷物。但是他没有禁止葡萄牙船只进入日本。这是日本擅长的，同时也受到罗马教廷认可的"政经分离"外交政策之一。这时丰臣秀吉将长崎及周边地区的耶稣会领地没收为直辖地。从葡萄牙的角度看，这是对"传教特权"的巨大挑战，也是对依据"传教特权"保护基督教徒义务的巨大挑战。传教士中间，有人得到了马尼拉总督府的援助，提出应该用武力征服日本。

丰臣秀吉的本意是独占贸易的支配权，他不想让手下的大名通过贸易储备财富和军需品进而反抗自己。把长崎作为天领①，也是为了控制葡萄牙船和西班牙船的贸易。文禄、庆长之役②（1592—1596 年，1597—1598 年）也是为了强迫明朝再开朝贡贸易，但以日本惨败告终。

给进入朝鲜的日本军提供铅、硝石等军需品的是葡萄牙船只。日本军要做的是俘虏大量朝鲜人，卖到葡萄牙船上当奴隶。

朱印船

继丰臣秀吉之后，成为日本统治者的德川家康也实行政

---

① 江户幕府直辖的领地，是幕府重要的经济基础。参考《新世纪日汉双解大辞典》。

② 这场战争中朝日三国叫法不同，明王朝称为"东征御倭援朝"，朝鲜称为"壬辰、丁酉倭乱"，日本则称为"文禄、庆长之役"。

经分离的外交政策。他一方面警惕日本被卷入外国战争，以及外国干涉日本内政；另一方面，采取促进贸易的政策，于1601年开始铸造金币、银币。

文禄、庆长之役导致来日的中国船只数量减少，来自中国的商品数量也随之减少。与此同时，日本国内和平，百姓生活质量提高，对中国产的生丝、丝织品、陶瓷器的需求量增加，而且由于金银增产，能大量进口这些商品。于是日本人、日本船只开始走出国门。

德川家康于1601年开始实行朱印船制度。只有获得朱印状这种许可证的船只才能航行到海外，目的是使日本船"有秩序地"出航。但这并不是日本独有的制度，只是采用了当时印度洋贸易圈和南海、东海贸易圈中广泛流行的做法而已。朱印状作为"皇帝的许可"，所到之处都被致以敬意。德川家康在开始这项制度时向菲律宾的马尼拉总督、安南国王，以及柬埔寨国王寄送亲笔书信，请求保护携带朱印状的船只。

朱印船的目的地几乎都是南海、东海贸易圈内的港口城市。朱印船在这些港口城市和来航的中国船进行贸易，用银换取生丝、丝织品、陶瓷器等中国商品。以下将这种形式的贸易称为迂回贸易。

日本人街区

在朱印船抵达的港口城市，形成了日本人街区。侨居在日本人街区的日本人，获准在各自首领的领导下进行自治。这也是印度洋贸易圈，南海、东海贸易圈实行的惯例，并非日本人的特殊待遇。在阿瑜陀耶，除了日本人街区之外，还有中国人、葡萄牙人、望加锡人的居留地，战时他们有义务组编并加入部队参加战争。山田长政既是日本人街区的首领，又是日本人部队的队长。虽然有人主张山田长政和日本人部队就是日本人"好战""具有侵略性"的证据，但是当时在阿瑜陀耶最重要的"外籍部队"是葡萄牙人部队，他们的火炮威力巨大，其次是人数众多且勇敢的望加锡人部队，日本人部队位居第三。

荷兰、英国挺进东南亚

西班牙是 16 世纪欧洲最强大的国家。相当于现在的荷兰、比利时、卢森堡的尼德兰王国是毛织品产地，也是当时西欧最富饶的土地，但在 1556 年成为西班牙领地后，受到残酷剥削和宗教镇压。因此，尼德兰王国自 1568 年起反抗西班牙的统治，1579 年北部七省结成乌得勒支同盟。这是尼德兰（荷兰）共和国的雏形。同盟于 1581 年发布独立宣言，同西班牙的斗争一直持续着。

尼德兰共和国为了筹措军费同时直接攻击西班牙，计划进军海外。进入东南亚也是其中的一环。但是共和国没有足够的财力，为了充分利用民间资本，采取股份公司的形式，于 1594 年成立"远方公司"。1595 年，该公司组织的第一支船队出发前往爪哇西部的万丹。船队由四艘船组成，指挥官为科内利斯·德·霍特曼。船队为了避开葡萄牙-西班牙舰队的攻击，没有经过马六甲海峡，而是横穿印度洋，从巽他海峡进入爪哇海。船队顺利进入万丹港开展贸易，却受到来自马六甲的葡萄牙舰队的攻击。不过贸易取得成功，船队得以顺利返航。

受到这次成功的鼓舞，大量股份公司成立，大量船队被派往东南亚、印度。共和国政府担心这些公司因过度竞争而纷纷倒下，于1602年让它们合并为一家新公司。这就是"尼德兰特许联合东印度公司"，即荷兰东印度公司。公司依据特别许可证，在共和国内享有对亚洲贸易的独占权；在驻地，它拥有的权限等同于国家——宣战、议和、缔结条约等。这与之后的英国、法国、丹麦等国的东印度公司一样。

荷兰东印度公司除在万丹设有商馆外，还在北大年、阿瑜陀耶、望加锡开设了商馆，并于1605年占领了安汶，为确立在马鲁古群岛的势力迈出了第一步，1609年又在班达群岛建设了军事要塞。但是荷兰东印度公司没能占领葡萄牙的主要根据地马六甲、澳门，以及西班牙的主要根据地马尼拉。

公司自1609年起设东印度总督一职，彼德尔·坡施被任命为第一任总督，当时没有常设基地，历任总督指挥舰队在各地巡航。1619年第四任总督燕·彼德尔斯逊·昆（1618—1623年在任）从万丹王国手中获取了现在的雅加达，在此建设巴达维亚城，作为公司在亚洲的活动基地。

在日本提到荷兰东印度公司，一般认为它只在东南亚贸易圈、南海、东海贸易圈内活动，其实它在阿拉伯海、孟加拉湾的各贸易圈内的活动也非常重要。该公司进入印度的马拉巴尔海岸，在该地购进胡椒运回国内。荷兰需要的商品中，除胡椒外，日本产的金、铜，马鲁古群岛产的丁香，班达群岛产的肉豆蔻、豆蔻花也很重要。

在当时的印度洋贸易圈内，荷兰东印度公司只是一个不起眼的公司。因此，公司必须时刻把握当地情况，必要时果断地请求当地统治者的协助。

16世纪中期同西班牙对抗的另一国家是英格兰。英格兰借鉴荷兰东印度公司的成功，于1600年组建英国东印度公司，派船队去万丹，开始挺进亚洲。但是英国东印度公司的规模远小于荷兰，作为一个组织它尚未成熟。

博爱号和威廉·亚当斯

如前所述，1597年霍特曼的船队返回尼德兰王国后，尼德兰为了往亚洲派遣船队，成立了大量公司。其中，鹿特丹公司派出了由5艘船组成的船队，于1598年经麦哲伦海峡前往亚洲。船队快到麦哲伦海峡时走散，只有博爱号这一艘船穿过太平洋，于1600年漂泊到了丰后①的臼杵②。幸存者24人，其中6人上岸后不久就死去。英国人威廉·亚当斯是幸存者之一。多数幸存者不久便搭乘葡萄牙船等便船回国，但是亚当斯和炮手耶扬子等留在日本，为德川家康效力。亚当斯担任德川家康的外交及通商顾问，德川家康赐予他相模国三浦郡逸见

---

① 日本旧国名之一，相当于大分县的中南部。
② 今臼杵市，位于日本大分县东部，濒临丰后水道。

村 ^①250 石 ^② 的领地，并赐名"三浦按针"。

德川家康于 1605 年，拜托前往北大年的博爱号船长雅各布·库尔纳克（Jacob Quakernak），捎信给尼德兰共和国执政官毛里茨（1585—1625 年在任），请求派遣商船来日本。于是1609 年，第一支荷兰船队来到平户，开设商馆。另外，亚当斯于 1611 年，寄回国内一封给"未知的同胞"的信，而此前英国东印度公司也计划进入日本，1613 年约翰·萨利斯的船队来到平户，并开设了商馆。

荷兰东印度公司、英国东印度公司进军日本贸易，都是为了加入中日之间的迂回贸易，以获取利益。这等于是给予自己的敌人西班牙、葡萄牙（如前所述，西班牙自 1580 年到1640 年合并了葡萄牙）以打击。两公司都招募日本人做士兵骨干，在东南亚各地商馆、要塞担任守卫。

热兰遮城

尼德兰共和国和西班牙于 1609 年签订了停战 12 年的条约。1621 年条约失效后，荷兰东印度公司于 1622 年，派遣雷尔生（Cornelis Reyersen）指挥舰队试图占领澳门。但是葡萄牙人英勇善战，击退了荷兰舰队。雷尔生放弃占领澳门，在澎湖列岛建设基地，但是被明朝官员勒令撤离。不得已，他们在中国台湾的大员（今台南市安平）建设要塞，并命名为热兰遮

---

① 位于今横须贺市东北部。
② 石是计算粮米的容积单位。文中的石数指诸侯拥有的领地所能收获的谷米的总数。1 石为 10 斗，约 180 升。

城，作为中日之间迂回贸易的基地。

荷兰东印度公司不仅将台湾用作贸易的中转基地，还让台湾当地生产鹿皮、砂糖、樟脑等销往日本的商品。另外，荷兰的改革派教会积极开展传教活动。

锁国令

丰臣秀吉禁止传教士进行传教，但是默许信徒活动，允许葡萄牙船只、西班牙船只来到日本。德川家康起初采取几乎相同的方针。但是幕府从 1612 年开始镇压基督教徒，不久采取全面镇压的政策。

与葡萄牙、西班牙相比，荷兰东印度公司在军事上处于劣势，无法争夺班达群岛、马鲁古群岛以外的葡萄牙、西班牙的基地。于是他们煽动对基督教传教抱有戒心的德川幕府，争取将葡萄牙船只和朱印船从日本贸易中排挤出去。幕府确认仅靠荷兰船只和中国船只的进口就能置办满足国内需要的生丝、丝织品等后，废除朱印船制度，禁止日本人去海外，甚至禁止葡萄牙船只来日。这就是锁国令。

锁国令的颁布，对于荷兰东印度公司来说，是将对日贸易中的竞争对手排挤出去的重大胜利。消息传到巴达维亚总督府后，总督府举行盛大宴会庆祝胜利。

日本人街区的命运

由于朱印船被禁止出海，日本人街区与日本国的联络断了，不再有人从日本来到这里。渐渐地，日本人街区被当地社会同化，消失踪影。

巴达维亚居住着受雇于荷兰东印度公司的士兵，以及因禁教令，被日本放逐的混血儿。男性和当地女性，尤其是巴厘的女性结婚，多从事商业活动。女性和荷兰人结婚的居多。经常有人说，中国人融入当地社会，而日本人处于一种游离状态，打造了一个只有自己人的社会。但是若从史料来分析他们的行动，可以看出，当时的日本人、中国人在生活态度上几乎没有差别，只是人数有多寡之分罢了。出身长崎的基督教徒米希尔村上武左卫门，在巴达维亚经营范围广泛，从遗言中可知他带着茶具来到巴达维亚。他为守护信仰而被故国流放，在这块土地上，这个有教养的人依然钟爱着茶道。

住在巴达维亚的日本人寄给日本亲人的书简有几封留存了下来，都表现了他们深深扎根于巴达维亚，同时和故国保持联系的生活状态。另外，那些被称为"雅加答腊来信"，收录于西川如见的《长崎夜话草》之中的书简，都是如见创作，或是如见做过大幅度修改的作品，没有反映出当时的生活情感。

荷兰、英国东印度公司之争

荷兰东印度公司与葡萄牙、西班牙严重对立，同时与英国东印度公司竞争激烈。但是英国东印度公司规模较小，常常处于劣势。荷兰东印度公司在安汶岛的安汶建设要塞，英国东印度公司也在该地开设了商馆。1623 年 2 月 23 日夜晚，荷兰东印度公司要塞的荷兰人卫兵发现日本卫兵七藏的行动可疑，将其抓捕并加以拷问，七藏供出英国东印度公司的商馆员要偷袭要塞。于是，要塞的知事赫尔曼·凡·斯皮尔特将嫌疑人抓获，盘问之后，将 10 个英国人、1 个葡萄牙人和 9 个日本人处死。

由于这件事，英国东印度公司只保留了万丹商馆，关闭安汶等东南亚各地、平户的商馆，决定在荷兰、葡萄牙势力尚未确立的孟加拉湾周边地区开展活动。

明清斗争与郑氏政权

公元 1631 年[①]明朝爆发李自成起义。1644 年李自成占领北京，崇祯帝（1627—1644 年在位）自缢身亡，明朝灭亡。在北面的山海关，与清军对峙的吴三桂打开城门引清军入关，并作为先锋向北京进发，大破李自成军队。清朝顺治皇帝（1644—1661 年在位）的摄政大臣多尔衮进入北京，表明了继明朝之后，清朝统一中国的决心。但是在华中、华南地区，反抗"夷狄"满族建立的清朝统治的斗争一直持续着。因此，在江西景德镇等出口陶瓷的产地，混乱不断，生产停滞。

这一时期，有一个叫郑一官的商人以厦门为基地开展贸易活动。他是"倭寇"中的幸存者，曾把平户作为基地，这期间和日本女性生下了郑成功。他以厦门为基地，在海上反抗清朝统治。他把日本女人和郑成功从平户接到厦门自己身边，然而 1646 年厦门被清军攻陷，郑一官投降清朝。但是郑成功不

---

① 一般认为李自成在崇祯二年（1629 年）起义。

投降，持续反抗。明皇族反清运动领导者唐王鉴于郑成功的功绩，允许郑成功使用帝王姓氏"朱"姓。因此人们又称郑成功为"国姓爷"。

郑成功的经济基础是日本和中国之间的迂回贸易。据坂井隆所述，可能是郑成功看到中国的陶瓷器无法出口，便让日本生产陶瓷器，将其出口到东南亚以获取利益。日本生产陶器，但是一直到16世纪末，日本都不生产瓷器，而是从中国和朝鲜进口。文禄、庆长之役时，从朝鲜半岛俘虏回日本的人中有陶艺工匠，其中有一个叫李参平的人，在佐贺县有田町的泉山发现了烧制瓷器的原料陶土，于是在有田町开始生产瓷器。这里产的瓷器叫"今利"，在日本国内取代中国瓷器广泛销售。不仅如此，大概是在17世纪40年代下半叶，中国工匠可能是搭乘郑成功派遣的商船来到日本，在他们的指导下生产出来的瓷器，无论是品质还是设计，都可与景德镇瓷器媲美，这种瓷器大量销往东南亚。

郑成功和荷兰东印度公司

郑成功于1659年从厦门出发，远征南京，结果以失败告终。厦门基地也因此危在旦夕。于是，他把目光投向荷兰东印度公司的根据地——台湾热兰遮城，于1660年攻打该地。荷兰人严加防守，但是巴达维亚没有增派援军过来，1661年荷兰人投降，撤退到巴达维亚。

郑成功占领热兰遮城，收复台湾后，与清军对抗。他在占领台湾后不久突然去世，但郑氏政权继续存在。由于郑氏政权依赖日本、东南亚、中国大陆之间的三角贸易，清朝推行迁界令，想要破坏郑氏政权赖以生存的经济基础——贸易。但是仅凭此项措施，未能推倒郑氏政权。

1683年，清朝趁郑氏政权内讧攻打台湾，郑氏政权覆灭。第二年迁界令废除，之前被禁止的广州等地的对外贸易也被允许了。之前在对华贸易中独占鳌头的是澳门的葡萄牙人，但英国东印度公司很快就进军广州。虽然鲜为人知，荷兰东印度公司也曾在当时进军广州。

第十章 东南亚群岛地区从"商业时代" 到"开发时代"

东南亚群岛地区的"商业时代"

马六甲王国的灭亡

葡萄牙军队于 1511 年占领马六甲后，马六甲国王马哈木沙转移到邻邦麻坡，试图夺回马六甲，但是以失败告终。他被赶出麻坡，横穿半岛到达彭亨，接着又从彭亨迁到宾丹岛，并将那里作为根据地。之后他五次攻打马六甲，均以失败告终。葡萄牙军队于 1526 年攻打宾丹岛，在该地大肆掠夺。马哈木沙逃往苏门答腊的监笆，客死该地。他的儿子阿捞丁·里阿耶特·夏二世（1529—1564 年在位）从监笆转移到柔佛河上游的北根杜亚（Pekan Tua），重建王国。之后人们称该国为柔佛

王国，只是首都的位置变了，实际上仍是马六甲王国。葡萄牙
军队于 1535 年和 1536 年攻打北根杜亚，百姓逃往内陆避难。
葡萄牙军队将村落彻底毁坏后离去，居民又折返重建村落。之
后柔佛王国再次掌握了国际贸易。

亚齐王国的建立

　　葡萄牙人试图通过控制马六甲港，来控制东南亚贸易圈，
但是这种尝试因布置在马六甲的葡萄牙人的拙劣行为而以失败
告终。因受葡萄牙人折磨，很多伊斯兰商人迁移到巴赛或柔
佛，不久集中到了苏门答腊北部的亚齐。来自印度古吉拉特地
区的伊斯兰商人的船只也在亚齐靠岸，根据需要也会前往宾丹
岛。来自科罗曼德尔海岸的印度教商人的商船继续靠岸于马六
甲。另外，一度将国际贸易港地位让给马六甲的阿瑜陀耶，再
次发挥重要作用。

　　亚齐王国于苏门答腊北部成立，其位置与自古以来就是
港口城市的南巫里大致相同。国王亚里·慕哈耶特·夏（约
1514—1530 年在位）于 1520 年，征服了苏门答腊北部胡椒和
金的产地，扩大了势力范围。1524 年占领巴赛，并占领葡萄
牙在此建立的要塞。亚齐王国甚至将苏门答腊西海岸置于统治
之下，控制该地生产的胡椒的出口。

亚齐王国的构造

　　亚齐王国权力结构的基础是国王苏丹和奥朗卡亚这一贵
族阶层的关系。这一点与马六甲王国相同，二者是相互承担义

务的关系。苏丹为了获得奥朗卡亚的支持，必须不断向他们提供财富。因此，最省事的方法就是制造战争掠夺的机会。亚齐王国的历代苏丹为此屡次向柔佛王国统治的马来半岛、苏门答腊各地派遣舰队，进行掠夺。1564 年或者 1565 年，亚齐王国攻打柔佛王国当时的首都柔佛拉马①，掠夺巨额财富，将王族以下的俘虏带回亚齐。亚齐王国在柔佛王国立傀儡君主，但柔佛王国不久将其废除，恢复独立。伊斯干达尔·穆达（1607—1636 年在位）于 1613 年攻打柔佛时也发生过相似事件。之后，柔佛的玛阿耶特·夏（1613—1623 年在位）一度将首都迁至宾丹岛，表明了要积极控制贸易的态度。

亚齐王国在 1537 年后多次攻打马六甲，但是葡萄牙人一贯英勇善战，屡屡将其击退。

亚齐王国的繁荣

伊斯干达尔·穆达时代是亚齐王国的鼎盛时期。他曾经和奥斯曼土耳其帝国缔结外交关系，接受军事援助。荷兰东印度公司也和亚齐王国缔结了友好关系，试图共同采取行动，占领马六甲的葡萄牙要塞，但是没有成功。伊斯干达尔·穆达攻打苏门答腊、马来半岛各地，之后又于 1629 年全力攻打马六甲，但葡萄牙军联合彭亨、北大年两王国迎战，给予其毁灭性的打击。伊斯干达尔·穆达没能从此次损伤中重新站立起来，之后也无力发动大规模的军事活动了。葡萄牙的此次胜利，与

---

① 即旧柔佛，Johor Lama。

同年（1629 年）荷兰东印度公司击退马打兰王国苏丹·阿贡对巴达维亚的攻击一起，成为具有划时代意义的大事件，使当地掌权者意识到欧洲人的存在。

1629 年的战败，使亚齐王国从以战争和商业为基础的时代，进入以农业为基础的时代。伊斯干达尔·穆达在奥朗卡亚之上设置了胡鲁巴朗这一新贵族身份，由于不能再通过掠夺分发财富，给他们分配了领地，确立了具有封建领主性质的胡鲁巴朗阶层。"贸易中的获利属于苏丹，农业中的获利属于胡鲁巴朗"，这一制度由此产生。

胡鲁巴朗不希望制约自己权力的强有力的苏丹出现。伊斯干达尔·穆达去世后，其女婿即彭亨王之子伊斯干达尔·泰尼（1636—1641 年在位）继位，此时已无法进行以前那样的大规模远征了。在亚齐，伊斯干达尔·泰尼去世后，由他的王后即伊斯干达尔·穆达的女儿即位，也就是女王达朱尔阿蓝（1641—1675 年在位）。之后的一段时间里，一位又一位女王即位。

柔佛王国的繁荣

1629 年亚齐的战败，对于柔佛王国来说，是一个巨大的转机。此前一直害怕亚齐王国来攻，这一恐惧已经成为过去。柔佛王国几乎将旧马六甲王国的统治区域全部置于统治之下，首都巴都·沙哇尔和宾丹岛成为国际贸易中心。荷兰东印度公司与柔佛王国结成同盟，于 1641 年最终占领了马六甲的葡萄牙要塞。公司在此设商馆，但此时的马六甲只不过是马来半岛进行锡贸易的地方性贸易港。之后柔佛王国作为建立在贸易统治基础上的国家继续存在，但是 1699 年国王马哈茂德（1677—1699 年在位）被臣下杀害，从此柔佛王国丧失了对苏门答腊各地的统治权，马来半岛各地的领主以开采和出口锡为基础，逐渐拥有势力。

爪哇中部、东部的海岸地带和东南亚贸易圈

据多默·皮列士记载，16 世纪初，爪哇中部、东部的伊斯兰港口城市国家经通婚形成了不太紧密的联合关系，其中淡目是盟主，哲帕拉的地位紧随其后。东部只有图班服从内陆的谏义里。淡目王国将苏门答腊的占碑、巨港等置于统治之下，这是继承了满者伯夷对这一地区的统治。

爪哇中部、东部的海岸地带是东南亚贸易圈中重要的稻米出口地。尤其是自 16 世纪 50 年代起，随着新大陆和日本产的银逐渐流入东南亚贸易圈，以及 1567 年明朝放宽海禁政策之后来到此地的中国船只激增，在东南亚贸易圈中，居住在港口城市而不从事农业的人口逐渐增加，稻米需求量也在增加。因此，在稻米出口地阿瑜陀耶王国、缅甸的勃固王国，以及爪哇中部、东部的海岸地带，国王独占稻米出口的权利，逐渐在国内手握重权。这种倾向，又因为他们能够通过获取银的形式积蓄财富而得以强化。与此同时，各国在国内与国外，围绕贸易支配权展开了激烈的争斗。葡萄牙人、荷兰与英国两家东印度公司、西班牙人，以及中国人和日本侨居者也卷入斗争之中，或借此构筑更加有利的立足点。

位于爪哇中部、东部海岸地带的伊斯兰港口城市国家自16世纪20年代起，为了独占稻米出口收益而开始了争斗。淡目王国的统治者特连科诺（约1505—1518年，1521—1546年在位）为将爪哇东部的港口城市国家纳入统治之下，与竞争对手泗水展开了激烈争斗。他以满者伯夷王国的继承人自居，称继承了满者伯夷王室的血统。他为了掠夺从事稻作所需的劳动力，去攻打尚未接受伊斯兰教的爪哇东端一带，却被杀害。

爪哇中部内陆地区国家的形成

一般认为，爪哇中部内陆平原因926年左右默拉皮火山爆发而被遗弃，此后约600年间无人居住。18世纪下半叶整理成书的马打兰王国史书——《爪哇国土史》（*Babad Tanah Jawi*）中记载，特连科诺将他的女婿佐科·丁基尔派到内陆的巴章（今梭罗市及周边），令其统治那里。也就是说，佐科·丁基尔开拓了内陆这片地区，并获准统治聚集在这片地区的百姓。

1546年特连科诺去世，佐科·丁基尔独立。1581年他依靠伊斯兰圣人苏南·吉里，正式登上巴章的王位，后于1587年去世。

佐科·丁基尔的家臣基阿伊·格德·巴马拿汉忠诚勤奋地为他效力，他答应赠予巴马拿汉马打兰（今日惹市及周边）的土地，但迟迟没有履约。于是巴马拿汉在另一个伊斯兰圣人苏南·卡利查加（Sunan Kalijaga）的仲裁下，于1570年前后获赠马打兰的土地，称为基阿伊·格德·马打兰。巴马拿汉于

1584 年前后去世，他的儿子巴宁巴汉·施诺巴迪·英格拉格[①]
（1584 年前后—1601 年在位）继任。巴宁巴汉·施诺巴迪·英
格拉格即位时，被认为向居住在爪哇岛南面大海的魔女祈求了
保佑。由此可以认为，他反对爪哇中部、东部海岸地带的马来
式、伊斯兰性质的政治、文化传统，欲建立"爪哇式"国家。

英格拉格将首都设在内陆，想要获取爪哇中部、东部海
岸地区港口城市积累的财富。这是后来历代马打兰国王的基
本方针。他于 1587 年或 1588 年征服巴章，进而征服了淡目、
茉莉芬、谏义里。他的儿子巴宁巴汉·格拉普耶克（Seda ing
Kraprak，1601—1613 年在位）经常攻击泗水，但未果，便和
荷兰东印度公司交涉，在哲帕拉开设商馆。

1613 年巴宁巴汉·格拉普耶克去世，其子苏丹·阿贡
（1613—1646 年在位）继位。起初他似乎被称为邦格兰[②]或者
巴宁巴汉·阿卜杜拉·马哈茂德。他征服了泗水、图班、马
都拉，1625 年采用"苏苏胡南"，相当于爪哇语中"皇帝"的
称号。

爪哇中部、东部的港口城市通过出口稻米获取利润，重
要的出口对象有马六甲的葡萄牙人和巴达维亚的荷兰东印度公
司。苏丹·阿贡认为，为了加强对海岸港口城市的统治，必须
让巴达维亚的荷兰人服从于自己。他在 1628 年和 1629 年两
次包围巴达维亚。但是荷兰东印度公司英勇善战，冲出包围，

---

① Panembaban Senapati，即年表中提到的森纳帕提。

② 邦格兰是爪哇语的太子或贵族的称号。参考：D. G. E. 霍尔著，中山大学东南
亚历史研究所译，《东南亚史》，商务印书馆，1982。

苏丹·阿贡的军队在元气大伤后撤退。总督科恩在第二次包围时，因霍乱突然去世。正如前文所述，这次胜利，使周边各国意识到欧洲人的存在。

之后苏丹·阿贡继续征伐，大致统一了爪哇中部和东部、马都拉岛。除此之外，他还征服了加里曼丹南岸的苏卡达纳，也使苏门答腊的巨港屈从。这样一来，他建立了马打兰王国，作为满者伯夷王国的后继者，统治爪哇。他于1638年得知万丹王国国王采用苏丹称号，便派使节前往麦加，获准采用苏丹称号以及"阿卜杜拉·马哈茂德·毛拉娜·马塔拉尼"（马打兰的伊斯兰领袖阿卜杜拉·马哈茂德）称谓。后来他以苏丹·阿贡（大苏丹）著称。他去世之后，其子苏苏胡南·阿莽古拉特一世（1646—1677年在位）继位。

阿莽古拉特一世的任务是维持苏丹·阿贡留下来的国家统一的局面。凡是服从马打兰的各地领主，都被集中到首都，国王派遣官员到各个领主的领地，强行征税。禁止内陆居民迁居海岸地带。他于1651年实施人口调查。他还通过1646年签订的条约与荷兰东印度公司改善了关系，允许向荷兰东印度公司出口稻米。但与此同时，他禁止爪哇人去海外，企图独占与荷兰东印度公司的贸易所得。他的最终目标是：将海岸港口城市的贸易税收全部纳入宫廷；让荷兰东印度公司明白自己是马打兰的附属国，敬献能够提升国王本人及宫廷威严的贡品，如波斯马；从东印度公司获取银、铜钱以解决国内当时已成定局的货币缺乏问题。从这些方面可知，阿莽古拉特一世的政策和德川幕府的政策基本相同。

　　阿莽古拉特一世的高压统治使国内出现了极其紧张的气氛。这导致 1677 年马都拉的王族杜鲁诺佐约发动叛乱，国内陷入巨大混乱，并招致荷兰东印度公司的介入。结果海岸地带实质上被纳入东印度公司统治之下。

胡椒和万丹王国

　　15 世纪上半叶，在爪哇西部巽他地方，今茂物地区，巴查查兰王国成立。其西面是万丹王国，1332 年和德里[①]途经于此，拜访了该地。一般认为今万丹河河口以南约 13 公里的上万丹[②]遗址，是万丹王国的中心。该遗址发现了大量的陶瓷器碎片，由此得知，大概从 10 世纪开始，这里就作为贸易港口发挥着作用。

　　一位叫作苏南·古农查蒂的圣哲将伊斯兰教传入巽他地区。他来自巴赛，由于 1521 年至 1524 年葡萄牙人在巴赛建设要塞，他便离开巴赛去麦加巡礼，回国后来到淡目，并和特连科诺的姐妹结了婚。他向特连科诺借兵前往万丹，并占领当地。一般认为他占领的不是上万丹，而是万丹河河口的港口城市（今下万丹[③]）。这应该是 1522 年到 1527 年之间的事。这是因为 1522 年葡萄牙船来到巽他格拉巴港（今雅加达），与统治者缔结条约，获准在此建设要塞，但 1527 年葡萄牙船为建

---

① Odorico da Pordenone，又译为鄂多立克，意大利传教士。

② Banten Girang，意为"河流上游的港口"。参考：辛光灿，《西爪哇下万丹遗址发现的中国陶瓷初探》，《故宫博物院院刊》，2013 年第 6 期。

③ Banten Lama，意为"河流下游的港口"。参考：辛光灿，《西爪哇下万丹遗址发现的中国陶瓷初探》，《故宫博物院院刊》，2013 年第 6 期。

设要塞再次来到此地时，成为万丹王国新统治者的伊斯兰教徒已经占领了这个港口，于是葡萄牙人没有登陆便返航了。葡萄牙语史料中，万丹王国的建立者为法拉特汉，但一般认为，他就是苏南·古农查蒂（亦有他论，但未必有说服力）。这时他将巽他格拉巴改名为嘉雅卡塔（Jayakarta，胜利之城）。嘉雅卡塔被讹音为嘉卡特拉（Jacatra），即现在的雅加达（Jakarta）。

伊斯兰港口城市国家万丹

苏南·古农查蒂建立的伊斯兰港口城市国家万丹是由来自淡目王国的移民建设起来的，因此可以说是爪哇人的移民城市。而巽他族依然居于内陆，从事着胡椒生产。

从巽他地区到苏门答腊南端的区域是胡椒产地，大概是为了吸引中国船，继爪哇之后，从 12 世纪下半叶开始了胡椒的栽培。1567 年明朝放宽海禁政策，许多需要胡椒的中国船来到万丹港，万丹作为国际贸易港而繁荣起来。关于当时的情景，1596 年第一支到达此地的荷兰船队曾有过详细记载。如今万丹市遗址也保存完好，其规模之大令人惊叹，远远超过荷兰东印度公司建设的巴达维亚城和巴达维亚市。可以认为这种规模上的差距，显示着万丹王国和巴达维亚在贸易量上的差距。

1638 年阿甫尔慕法希尔王（1596—1651 年在位）派使节前往麦加，继亚齐王国之后，获准使用苏丹称号。正如前文所述，马打兰王国的苏丹·阿贡受其刺激也采用苏丹称号。继阿甫尔慕法希尔王之后的迪尔达耶沙王（1651—1682 年在位），利用恰巧在他即位时开始的第一次英荷战争，打算和英国联手对抗荷兰。他打造欧洲风格的舰队，接受英国东印度公司、丹麦东印度公司以及中国人的帮助，往印度洋贸易圈各地派遣商船。前文提及的日本产的今利瓷器当时是重要商品。迪尔达耶沙王还与在马打兰王国发动叛乱的杜鲁诺佐约结盟，打算攻打巴达维亚。

荷兰东印度公司非常讨厌这样强劲的对手，却又忙于处理杜鲁诺佐约的叛乱而无暇顾及。而在处理妥当之后，荷兰东印度公司便趁着迪尔达耶沙王与王太子的对立，于 1683 年占领万丹王国，驱逐英国东印度公司的商馆。英国东印度公司改在苏门答腊的明古鲁（英语发音为"明古连"，Bencoolen）开设商馆。

望加锡王国

在东南亚群岛地区，马来半岛及大、小巽他群岛以外地区的贸易重地有加里曼丹北端的文莱、苏拉威西岛西南的望加锡，以及马鲁古群岛。其中文莱是在稍晚一些的时代才逐渐变得重要起来，在此就望加锡和马鲁古群岛做简要叙述。

苏拉威西岛的形状如"K"字形般奇特。"K"左下方直线上的是南苏拉威西半岛。这里居住着关系亲密的布吉族和望加锡族（两者统称为布吉-望加锡，也简称为布吉族）。望加锡族大都住在半岛南部，布吉族大都居住在半岛中部和北部。这一地区盛行稻作，各地小国林立。自 1530 年左右起，望加锡族形成了以科阿（望加锡，今乌戎潘当^①）为中心的国家。另一方面布吉族的波尼王国（今瓦坦波尼）位于半岛中部东海岸，极其重要。科阿王国与波尼王国交战，使波尼王国臣服的同时，也将布吉族置于统治之下。科阿王国之所以在南苏拉威西确立了霸权地位，是因为葡萄牙人占领马六甲后，伊斯兰商人前往马鲁古群岛，必须避开经由爪哇北海岸港口城市的路线，这条路线为葡萄牙人所使用。伊斯兰商人只好选用经由加里曼丹、苏拉威西南海岸的路线。另外，当时葡萄牙人或伊斯兰商人传来的枪、炮发挥了巨大作用。不久，在科阿形成了马来人的居留地。

此时，望加锡族、布吉族还未接受伊斯兰教或天主教，但是他们积极吸收外来文化，引进军事技术、造船术等，对宗教也抱有浓厚的兴趣。他们往建有葡萄牙要塞的特尔纳特岛派遣使节，邀请他们派基督教的传教士来。但是，基督教的传教没有成功，人们逐渐改宗伊斯兰教。葡萄牙人未受影响，也挺进了科阿地区。

科阿王国统一半岛后，开始涉足贸易和海盗活动。特别是进入 17 世纪后，科阿王国攻打了苏拉威西岛其他地区、加里曼丹南岸、松巴哇岛、龙目岛等。除此之外，他们还作为雇佣兵活动于柔佛王国等地。尤其是他们在柔佛王国的马来半岛雪兰莪地方，被赠予土地并且定居下来，建立了一个小国家——现在的马来西亚雪兰莪州的雏形。

进入 17 世纪，除葡萄牙人外，还有英国、丹麦两家东印

---

① 望加锡于 1971—1999 年曾称为乌戎潘当，现已恢复原名。

度公司以及法国同荷兰东印度公司对抗，进入科阿。虽然荷兰东印度公司也开设商馆，但是王国拒绝了荷兰东印度公司的贸易垄断政策，逐渐与其形成了敌对关系。1641年荷兰东印度公司占领马六甲后，居住在马六甲的葡萄牙人多往科阿转移，并以此为基地开展活动。布吉族、望加锡族，以及葡萄牙人等欧洲人的活动，对荷兰东印度公司来说，是巨大的威胁。1660年，布吉族首领阿卢·巴拉卡发动了针对科阿王国的叛乱，于是荷兰东印度公司抓住机会，在巴达维亚庇护了逃亡者阿卢·巴拉卡。1666年，荷兰东印度公司与布吉族结成同盟，攻打科阿，激战之后，科阿王国国王苏丹·哈沙努丁（1653—1669年在位）屈服。其后苏丹·哈沙努丁虽然再次反抗，但还是在1669年被迫退位，要塞被荷兰东印度公司收入囊中，所有的欧洲人、马来人被逐出科阿。阿卢·巴拉卡作为独裁者，统治着这块土地，直至1696年去世。

　　科阿的沦陷以及阿卢·巴拉卡的独裁，导致望加锡族、布吉族有众多流亡者分散在东南亚群岛地区各地。他们大多迁移到马来半岛、阿瑜陀耶等不受荷兰东印度公司干涉的地方。阿瑜陀耶王国当时的那莱王（1657—1688年在位）起用了希腊人康斯坦丁·华尔康，曾派遣使节前往法国路易十四处，路易十四也派来了使节和军队。

　　流亡在阿瑜陀耶的布吉族于1686年发动叛乱，结果被镇压下去，当时马来人居民也几乎被虐杀殆尽。阿瑜陀耶起初是马来人和暹罗人因贸易而建成的港口城市，宫廷人士中马来人居多，宫廷里很可能使用马来语。可以说，从此时起，马来人和暹罗人的共同体——阿瑜陀耶王国变成了只有暹罗人的王国。

在阿瑜陀耶王国，帕碧罗阇反对那莱王施行的积极的外交政策，他在那莱王去世后，发动政变，杀害华尔康，驱逐法国人守卫队。这样一来，阿瑜陀耶王国只允许荷兰东印度公司设置商馆以及中国船只到访，从而进入锁国状态。

马鲁古群岛

大概从 1460 年起，马鲁古群岛各岛逐渐形成王国，这是伊斯兰-爪哇文化影响下的产物，伊斯兰-爪哇文化是伊斯兰商人从爪哇的伊斯兰港口城市国家带来的。特尔纳特、蒂多雷等五座岛形成了王国，其中，丁香产量最高的特尔纳特岛上的王国最有实力，与相邻的蒂多雷王国对立。正如上文所述，葡萄牙人在特尔纳特建设要塞，王室企图垄断丁香贸易，但没有成功。特尔纳特王国和葡萄牙要塞姑且处于共存关系，但关系并不融洽。

进入 16 世纪下半叶，马鲁古群岛的贸易量增加，与丁香的出口相对应，马鲁古群岛的进口商品数量也在增加。结果，特尔纳特、蒂多雷两个王国越过马鲁古群岛，将直至棉兰老岛、伊里安岛①、苏拉威西岛、索洛岛的范围纳入贸易圈之中，进而逐渐对这些地区实行政治上的统治。

在特尔纳特王国，哈伊鲁王和葡萄牙人之间的关系愈发紧张，1570 年葡萄牙人杀害哈伊鲁王。之后继位的巴布拉王对此非常愤恨，于 1574 年将葡萄牙人逐出了特尔纳特岛。葡

---

① 新几内亚岛的别称。

萄牙人于 1578 年在蒂多雷岛建设要塞并继续丁香贸易。后来弗朗西斯·德雷克环游世界途经特尔纳特时，巴布拉王给了他满船丁香，还与他缔结了友好条约。

1580 年，西班牙和葡萄牙合并，马尼拉的西班牙人立即与蒂多雷的葡萄牙人联手试图攻打特尔纳特王国，但没有成功。不久，1599 年第一支荷兰船队到达特尔纳特，与特尔纳特王国建立了友好关系。荷兰东印度公司于 1605 年占领安汶，在这里建设要塞，也进入特尔纳特岛，但是西班牙从马尼拉派来舰队，在特尔纳特建设要塞与之对抗。双方的对立一直持续到 1666 年。这一年，因担心台湾郑氏政权攻打马尼拉，西班牙守卫队撤离了。

其间，特尔纳特、蒂多雷两王国利用荷兰与西班牙的对立逐步扩大自己的势力。但是 1666 年之后，荷兰东印度公司成为此地唯一的欧洲人势力，于是，两王国都饱受压迫之苦。荷兰东印度公司为了提高收益，限制丁香的生产，并派舰队巡航监视，砍伐超过限制的丁香树。另外他们还在爪哇、望加锡等地通过战争，彻底阻拦当地商人加入丁香贸易。如此一来，特尔纳特、蒂多雷两王国的物资进口受到限制，势力逐渐衰退。

从"商业时代"到"开发时代"

印度洋贸易圈中贸易结构的变化

从 17 世纪下半叶到 18 世纪初，东南亚群岛地区的国际贸易活动，以及以此为基础的国家的形成和发展，都发生了巨大变化。其中，第一个诱因是 1661 年荷兰东印度公司在中国台湾的根据地——热兰遮城被郑成功收复。荷兰东印度公司曾在中国台湾生产砂糖、樟脑、鹿皮等出口至日本等地的商品，自从被郑成功逐出台湾后，迫于需要，开始在爪哇生产这些商品，尤其是砂糖。

第二个诱因是胡椒贸易发生的变化。荷兰东印度公司通过在印度洋贸易圈内部的贸易活动，获得巨大收益，于是购入印度马拉巴尔海岸生产的胡椒，运回本国。从印度运往荷兰的胡椒，出口量不断增加，在 17 世纪 70 年代到达顶峰。不仅是荷兰东印度公司，包括葡萄牙人和其他欧洲人、伊斯兰商人等，所有在印度洋贸易圈和地中海贸易圈之间从事贸易的人，都在做胡椒贸易。这导致欧洲市场里充斥着胡椒，胡椒从特定人群的奢侈品变成了面向一般大众的消费品，价格一落千丈。当然，以荷兰东印度公司为首的从事胡椒贸易的人们收益也在减少。这也发生在东南亚对中国的胡椒出口上。

新商品的开发

能够取代胡椒出口到地中海贸易圈的商品有中国的茶、印度的棉织品、阿拉伯半岛的咖啡。

在中国，1681 年清朝征服了郑氏统治的台湾，解除了之前实行的迁界令。1683 年清朝正式允许海外贸易，并开放广州以方便贸易。之前，澳门的葡萄牙人一直独霸对华贸易，但自此，以英国东印度公司为首的欧洲各国商人进入广州，开始购买中国产的生丝、丝织品，还有新商品茶叶。结果，此前为了购买胡椒，在东南亚各地支付给当地商人或权贵的银，逐渐通过东南亚直接流入中国。

印度棉布热及其影响

前文已多次提及，印度洋贸易圈的基本商品是印度古吉拉特、科罗曼德尔海岸、孟加拉产的棉织品。英国东印度公司从东南亚、日本撤离后，转而在孟加拉湾周边地区开始活动。它在科罗曼德尔海岸的马德拉斯和孟加拉湾的加尔各答设立基地，将这两地生产的棉织品出口到英国，引发印度棉布热。

科罗曼德尔海岸、孟加拉生产的棉织品的相当一部分，逐渐由英国东印度公司出口到地中海贸易圈，这样一来，面向东南亚生产的棉织品自然就会减少。古吉拉特地区生产的棉织品面向东南亚，所以变得越发重要。荷兰东印度公司在古吉拉特的苏拉特设立的商馆所经营的棉织品重要性凸显。除了棉织品，鸦片作为荷兰东印度公司从印度出口至东南亚的商品，也很重要。荷兰东印度公司勒令群岛地区各国统治者承认其海外贸易独占权，这一点广为人知，其目的就是抬高棉织品、鸦片等印度商品的价格。

从穆哈咖啡 ① 到爪哇咖啡

荷兰东印度公司注意到了咖啡可以作为胡椒的替代品运往荷兰。咖啡的原产地是埃塞俄比亚，但当时主要的出口地是阿拉伯半岛的穆哈。荷兰东印度公司一直从穆哈出口咖啡，但

① Mocha Coffee，亦称摩卡咖啡。

是这里成为奥斯曼土耳其的统治区域后，无法再出口。因此，荷兰东印度公司在其他地区尝试栽培咖啡，尤其是在其直接统治的爪哇西部成绩斐然，于是从1696年起这个地区开始积极尝试咖啡栽培。荷兰东印度公司命居民开垦土地种植咖啡。这样一来，公司是贸易者的同时，也迈出了作为国家管理土地和统治百姓的第一步。

东南亚群岛地区"商业时代"的终结

除了这些变化，17世纪末，日本出口的金、银数量骤减，尤其是银，这也给东南亚群岛地区带来了巨大影响。此前，与日本进行贸易的荷兰东印度公司、中国商人，为了在东南亚各地采购出口到日本的物资，将日本出口的银支付给各地的商人和权贵。可此时几乎无法再做到了。

这一系列变化几乎是在17世纪末到18世纪初同时发生的。这导致在东南亚贸易圈或南海、东海贸易圈，进口印度棉织品以及中国各种商品所需的银出现不足，再也无法轻易获取这些商品。有人认为，这种状况是荷兰东印度公司采取"便宜买进高价卖出"的重商主义经营理念的结果，但实际上，这是一个更大的经济变化的一部分。于是东南亚的"商业时代"宣告终结。

"开发经济"的开始

应对这一变化，可以采取两种措施。其一是进口商品的国产化，其二是开发新的出口商品。

最为热衷进行国产化的国家，当属日本。日本积极将之前依靠进口的生丝、陶瓷器、茶、烟草、棉织品等商品国产化。结果，生丝、陶瓷器等反而成为重要的出口商品。

但是进口商品的国产化无法完全替代之前的进口商品。进口商品无论如何都有其必要性。因此需要寻找新商品用于出口。日本的海带、鲍鱼、海参等被称为"俵物"的海产干货生产便应运而生。这些海产品的重要生产地是虾夷地，即现在的北海道。江户时代的日本经济若离开"殖民地"虾夷地生产的海产品和鱼肥，是无法维持下去的。如果将江户时代称为封建时代的话，那么毫无疑问，这是一个"重商主义"的封建时代。

东南亚群岛地区的海民

那么，东南亚群岛地区情况又如何呢？这里为方便起见，首先从新出口商品的开发谈起。

在中国，康熙（1661—1722 年在位）、雍正（1722—1735 年在位）、乾隆（1735—1795 年在位）三位皇帝统治时期，其繁华程度世界第一。人们生活水平提高，除之前大量进口的胡椒之外，对各种食物、调味品的需求量也在增加。因此，海带、鲍鱼、海参等海产干货从国外大量进口。进口地区之一是日本，另一个就是东南亚群岛地区。

日本近几十年来，鹤见良行等很多人士研究了居住在东南亚群岛地区的海上居民，最近，开始将在日本、东南亚各地的海上生活之人称为"海民"或"海人"。我们在这里也称他们为海民。

东南亚群岛地区基本上是适合海民生活的地方。首先，海面平静，即使是简易船只也可自由航行。其次，渔业资源品质上乘，产量丰富。再次，椰子、西谷椰子随手可得，便于获取碳水化合物和饮用水。

当然，仅靠这些是不能维持生活的，还需要通过交易获取各种生活工具、制造工具的钢材、制作服装的纺织品等。但是在群岛地区的港口城市，通过交易很容易获取这些物品。不仅如此，满载珍奇、昂贵商品的船只在这片海域频繁往来，给袭击商船、抢夺商品、绑架船员的海盗行为提供了可能。另一方面，从各港口城市的统治者的角度来看，海民不仅提供了玳瑁等出口海产品，晾干或熏制的鱼、西谷淀粉、椰子等食品，还能提供通过海盗活动获得的商品和奴隶，并且在战时贡献船只和战士，其存在很重要。前面提到的东南亚群岛地区各王国或多或少都和海民保持着联系。

国际贸易和海民

约从 17 世纪末开始，海产干货成为出口中国的重要商品，形势发生了很大变化。首先是中国商人积极进入群岛地区的各个王国，开始大规模收集货物。这些中国商人的活动据点有柔佛王国的贸易港廖内-林加群岛、文莱王国，以及以苏禄群岛的霍洛①岛为中心的苏禄王国。自此东南亚群岛地区开始了海

---

① Jolo Island，亦译为和乐岛。

洋资源的开发。

但是仅靠海民的话，无法收集足够的商品来满足中国商人的需求。于是各地的权贵、商人以及海民为了筹备所需的劳动力，开始远征各地，绑架当地人作为奴隶。同时他们掠夺能够成为商品的各种物品，这一点自不必说。这样一来，东南亚群岛地区海盗活动日益猖獗。荷兰东印度公司、马尼拉的菲律宾总督府对此束手无策。

陆上的"开发"

东南亚群岛地区海洋资源的开发，几乎全都是为了生产出口中国的商品。而陆上的开发有三个目的：①生产本地区所需商品；②生产出口中国的商品；③生产出口地中海贸易圈的商品。本地区内部所需的商品中，稻米最为重要。正如前文所述，随着从事海洋资源开发的人口增多，人们对食物稻米的需求量也自然增加。或者说要推进海洋资源的开发，稻米的稳定供应是不可或缺的。17世纪下半叶开始，荷兰东印度公司插手爪哇中部马打兰王国的内乱，不断扩大领土，其动机之一就是想稳定获取低价的稻米。

其次，出口中国的商品有胡椒、棕儿茶（茜草科的树木，从树叶萃取的汁液能当万能药使用）、金、锡、锑（作为化妆品原料使用）等。胡椒自古产于爪哇、苏门答腊各地，此时栽培规模进一步扩大，但需求量不再上涨。取而代之的重要商品是棕儿茶。为了生产这种出口中国的商品，中国商人开始向当地的权贵租借土地的使用权，聚集劳动力从事生产。金和锡的情况与此相同。金的产地是加里曼丹的坤甸和三发内陆地区，这里兴起了淘金热，梦想一夜暴富的中国人来到这里。到了18世纪80年代，客家人罗芳伯统治了这些中国人，建立一个名为兰芳公司的共和国。另外，马来半岛以相同的方式进行着锡矿开采，中国人也参与其中。

最后是地中海贸易圈。提到面向欧洲的商品，最为重要的就是前文谈到的咖啡，其次是砂糖、蓝靛、烟草。荷兰东印度公司采用的基本方法是让居民生产这些经济作物，再利用传统的地方行政制度，半强制性地令其出售。

东南亚群岛地区的"开发时代"

就这样，在东南亚群岛地区，陆地和海上都在积极地进行开发。之前东南亚贸易圈的经济活动只发生在散布各地的港口城市及其周边距离海岸至多数十公里的狭长地带，其他地方鲜有人居住，或无人居住。与东南亚"商业时代"息息相关的，几乎都是这一带状地区的居民。但是，从17世纪末开始，邻近海域为了生产出口中国的商品，开始开发海洋资源，内陆也开始开拓土地，生产经济作物。可以说东南亚群岛地区自此从"商业时代"进入了"开发时代"。

中国商人的活动

首先掌握"开发时代"主导权的是中国商人。他们为了收集面向中国的商品，除开发海洋资源之外，还在陆上生产经济作物、矿产品。

如此一来，在南海、东海贸易圈形成了北起虾夷地，南至东南亚群岛地区海域的巨大的海产品贸易圈。提到17世纪末到19世纪初的中国海外贸易，很容易联想到与英国东印度公司等欧洲各国在广东进行的贸易。但实际上，这一时期，从中国各地港口出海的中式平底帆船进行的海产品贸易也极为重要。

在东南亚群岛地区的海域，和中国商人联手在海洋资源的开发和贸易中发挥重要作用的是马来人、布吉人、爪哇人等马来裔海民。另外商人、海盗，以及伊斯兰教的领袖波斯人、阿拉伯人，尤其是阿拉伯半岛南部哈德拉毛出身的阿拉伯人，其发挥的作用也不可忽视。

英国东印度公司进入东南亚群岛地区

英国东印度公司在广州开展茶叶贸易，取得了巨大收益，为了获取对华贸易所需商品，进入东南亚群岛地区。但是，这并不是通过其自身的贸易，而是通过"地方贸易"（公司员工或民间商行进行的贸易）进行的。换言之，英国东印度公司进入东南亚群岛地区，是为了加入海产品贸易圈。公司忙于印度的活动，没有想过积极进入这片地区，但是于1786年将槟榔屿变为殖民地。公司为了获得更多商品，试图促进同西班牙和荷兰东印度公司统治区域的贸易。这时，能作为正当理由而被利用的口号就是"自由贸易"。

荷兰、西班牙和东南亚群岛地区

17世纪末在东南亚群岛地区活动的欧洲国家有荷兰、西班牙、葡萄牙。葡萄牙在帝汶岛和索洛岛都经营着小规模的殖民地。荷兰方面，当然是荷兰东印度公司以巴达维亚（雅加达）为基地开展活动，西班牙殖民地政府以马尼拉为基地开展活动，但是活动范围有限。

西班牙对菲律宾的统治，在财政上依靠帆船贸易和来自西班牙领地墨西哥的补助金，但是 1762 年至 1764 年英法七年战争时，英国东印度公司的海军占领了马尼拉。之后西班牙为了确立在菲律宾的统治体制，开始了对菲律宾的大规模开发。当时的作物是烟草。

荷兰东印度公司自 1675 年起，插手马打兰王国内乱，将爪哇西部完全置于统治之下，进入 18 世纪后通过三次爪哇战争（1704—1708 年，1718—1723 年，1749—1757 年）逐渐统治了爪哇岛的大部分。但是要进行领土统治，必须维持行政组织和军队，荷兰东印度公司因此苦于财政困难。不仅如此，从 1652 年第一次英荷战争开始，欧洲各国在全世界范围内对抗，各国间战争不断。荷兰东印度公司与日本保持贸易往来，也是为了获取铸造大炮所需的青铜中的铜，企图垄断马来半岛的锡贸易也是出于同样的目的。可以说，荷兰东印度公司基于这些事实，迫切需要强化"殖民地掠夺"。由于不得不进行这些活动，公司收益越来越难，只能通过不断做假账给股东分红。1795 年受法国革命的影响，荷兰本国发生革命，巴达维亚共和国成立后，1799 年政府拒绝更换特许状，令公司解散。公司的领土成为政府直辖的殖民地，即成为荷属东印度。

拿破仑战争、维也纳体系^①和东南亚群岛地区

尼德兰共和国执政官威廉五世（1751—1795 年在位），在 1795 年法军入侵引发革命后，逃亡英国，下令将海外殖民地交给英国保护。大部分殖民地都遵从了指令，只有爪哇没有服从命令。于是英国东印度公司于 1811 年派舰队占领爪哇，托马斯·斯坦福·莱佛士任副总督统治到 1816 年。虽然只统治了 5 年，但莱佛士的统治给爪哇带来了巨大的影响。尤其是他引进的中央政府直接统治爪哇全境、征收地税这一制度，成为后来荷兰统治爪哇的基础。

随着拿破仑战争的结束，英国将爪哇归还给荷兰。英国最终也没有打算进入东南亚。但是莱佛士对于政府的这种态度表示不满，于 1819 年从柔佛王国获得在新加坡建设商馆的许可，不久将新加坡岛全部变成了英国东印度公司的殖民地。英国、荷兰两国于 1824 年缔结了《英荷条约》，商定苏门答腊属荷兰势力范围，马来半岛属英国势力范围。之后荷兰在爪哇正式开展殖民地经营。英国东印度公司将槟榔屿、马六甲、新加坡作为海峡殖民地，并欲在此生产出口中国的贸易商品，但是全部失败，这些地方只发挥了贸易中转基地的功能。英国东印度公司为维持这种功能，将新加坡、槟榔屿、马六甲定为自由贸易港。

---

① 亦被称为"均势体系"。核心内容是通过保持体系内大国实力的相对均衡，避免大国间的战争，以实现体系稳定。

群岛地区各王国的命运

群岛地区各王国也随着形势的变化分别走向了不同的命运。爪哇的马打兰王国被封闭在内陆地区，分为几部分，受荷兰东印度公司或荷兰殖民地政府保护。对他们来说，只要仍以宫廷为中心，保留着传统文化，就是自己尚存的证明。柔佛王国之后的廖内-林加王国被新加坡夺走了国际贸易中心这一角色，不久王国也消失不见。但是群岛地区其他各王国，只要继续生产海产品并开展海盗活动，就能维持繁荣。英国曾努力镇压海盗活动，杜绝奴隶贸易，但是收效甚微。直至蒸汽船出现，海盗船的速度比不上蒸汽船，这才有效地终结了海盗活动。

有过国产化的尝试吗

关于开发新商品用于出口，前文已有叙述。这些新商品均为初级产品（农水产品、矿产品）。在东南亚群岛地区，没有像日本那样为了替换进口产品而开发、生产新商品。

进口商品"国产化"的一个新动向，就是爪哇的棉织品生产日益繁荣。但除此之外，进口商品的绝对优势地位并未被撼动。且这种状况自19世纪中期起，在殖民统治下，因自由贸易的强劲势头而愈发凸显。另一方面，大部分居民从事初级产品的生产，产品大都出口到海外，在这种状况下，在城市化与文化、经济发展中发挥重要作用的城市居民没有条件出现。

强化殖民地统治

在荷属东印度，爆发了两次大规模反抗运动，分别是1821—1832年的比达里战争①、1825—1830年的第博尼哥罗战争②。荷兰政府也是为了筹集军费，自1830年起实施强迫种植制度，这一强制性的制度增加了百姓负担。

维也纳会议上形成的尼德兰王国由今荷兰、比利时两国组成，王国从一开始就存在很多冲突与对立。因此，1831年革命爆发，比利时分离出来，得以独立。荷兰想通过增加殖民地的收益弥补这一损失。强迫种植制度因此得以严格实施。

菲律宾于1834年对外国船只开放马尼拉，之后国内正式开始生产经济作物。由此，荷兰、西班牙的殖民统治自19世纪30年代起，进入了新时期。

对英国东印度公司来说，最要紧的是如何统治在印度取得的领土，1824年开始的先后三次英缅战争，起因也是公司要保全在印度的领土。对于英国东印度公司和1858年继承公司统治权的英国政府来说，海峡殖民地的重要性只能是次要的。进入19世纪后，在欧洲和美国，随着镀锡白铁皮制造以及罐头工业的发展，锡作为国际商品愈发重要。因此，马来半岛加大了锡的生产，与此同时各地的马来人领主之间围绕锡的出口税的纠纷愈发激烈。由于担心这会招致法国、德国干涉马来半岛，英国于1874年开始干涉马来各国，不久便将这些国家全部置于其统治之下。

---

① 比达里战争（Padri War），亦称米南加保战争（Minangkabau War）。
② 亦称爪哇战争（Java War）。

第十一章　中南半岛传统社会的变容
——向近代的萌动

开疆拓土——越南人进入湄公河三角洲

占据湄公河三角洲以及解决人口问题

　　17世纪初，越南人移居今越南南部地区。迫于饥饿的流民和移民渐渐进入边和地区。边和地区人烟稀薄，同时也是高棉人疏于管控之地。1623年，阮氏获得柬埔寨国王许可，在普利安哥开设市场。这里成为越南人扩张的立足点。之后，阮氏以维持治安为借口向当地派兵，制造了一个又一个占据的既成事实。阮氏甚至在17—18世纪利用柬埔寨王国内乱，吞并了柬埔寨数州领地。随后，越南人在1698年从柬埔寨手中夺取了西贡，1759年又夺取了永隆和朱笃。

对湄公河三角洲广大平原地区的占据，解决了人口膨胀问题，而且这是建立新型开放农村社会的有效手段。在当时称作"交趾支那"的湄公河三角洲一带，因为自古以来的高棉农民、河仙地区鄚氏等华侨势力，以及新加入的越南农民的辛勤耕耘，扩大了耕地面积，发展了三角洲农业。在北部，郑氏欲让红河三角洲的居民迁至靠近山岳地带的人烟稀少之地，但以失败告终。郑氏强制性将民众迁往地广人稀之地，这一措施招致叛乱。另外，伴随着郑氏主导的官僚政治的膨胀，租税变得沉重不堪，17世纪中叶，农民开始逃离居住村。

尽管北部郑氏与南部阮氏处于对抗之中，但其与中国、日本、葡萄牙、荷兰、英国、法国等的通商活动却得以发展。其最重要的三个贸易港为南部的会安（Faifo）、土伦（岘港）以及北部的庸宪（今兴安）。在那里交易的商品有生丝、丝绸、香料、香木、砂糖、肉桂皮、胡椒、当地出产的陶器和大米等。作为重要的贸易商品，日本的银和铜、中国和越南出产的生丝风靡一时。越南还从中国运进瓷器和金属制品，交换欧洲的武器、硫黄、硝石、铅。不过，由于北部郑氏与南部阮氏的分裂，商品无法自由流通，本土商业资本在当地并未得到发展，商品经营者也未增多。在这种环境下，主要的商业贸易为荷兰与郑氏、葡萄牙与阮氏之间的贸易。

西山起义和阮氏反击

17与18世纪是郑阮二主南北对立、分庭抗礼的武士政治时代。二者皆为御敌竭力储蓄物资，故而向农民征收重税。在这种长期的暴政之下，再加上官僚腐败、物价飞涨、严重饥荒等原因，农民起义爆发。1771 年，平定省西山村的阮文岳三兄弟发动农民起义。虽同为阮姓，但他们与顺化都城的阮主毫无关系。这是一场反政府的农民运动。在弟弟阮文惠将军的指挥下，起义军很快便在越南中部以及南部获得胜利。阮文惠接着又讨伐郑氏一族，于 1786 年攻入升龙（河内）城。至此黎朝灭亡。清军高举复兴黎朝的口号，再次攻打越南，但被阮文惠这个青年豪杰所击败（1788 年）。

新兴势力西山一族得到农民和流民群体的大力支持，登上历史舞台，统治范围迅速扩大。1787 年，阮文岳登基，却未满足农民的夙愿，也未实行耕地改革以及租税和徭役的减免。政治上，虽然在西山党领导下的新官僚登台，然而，国家诸项制度并无根本上的改变。和平稳定并未持续太久，南北统一也未恢复。而且，三兄弟对峙，导致西山党分裂，持续 13 年的统治落下帷幕。与此同时，顺化都城的阮氏一族虽被西山党所灭，但流亡于泰国（暹罗）的阮氏后裔阮福映却于 1788 年夺回"交趾支那"。阮福映借法国神父之力，使用最新武器，力压敌军，在归仁炸毁敌舰，于 1801 年攻陷顺化，1802 年打入升龙。阮福映于顺化登基，称为嘉隆帝。他是阮朝的创建者，实现越南南北统一之人。这位嘉隆帝一统自中国国境线到暹罗湾的现越南领土，是首位实现越南统一的君王。1804 年，清朝封嘉隆帝为越南国王，同年将其国号改为越南。

阮朝首次统一越南南北

非要说的话，阮朝比历代王朝都更像是小中华帝国王朝。嘉隆帝大量采用中国的各项制度，如各地创设文庙（孔子庙），制定《皇越律例》（模仿清朝的《大清律例》）。明命帝（1820—1841 年在位）统治期间，在强有力的中央集权制度下，整合了政治机构。中央政府设置六部（吏部、户部、礼部、兵部、刑部、工部）。增加了决议重大国事的内阁，尤其是机密院。国内有 32 省，总督被委以民事与军事所有权限。官吏只能领取年薪。他们过去还曾领受田地和村落，现已被新制度取代。高级官员的录用（科举）不限于官僚子弟，而是面向所有人开放，形式是举行竞考。在这样的中央集权体制中，只有村级行政仍由一直以来的村官和当地的头面人物负责。

首都顺化汇集了文化精粹，是一座艺术之都。这个时代也是字喃文学的鼎盛时代。诗文作品有 18 世纪就已名声大振的《征妇吟》（出征士兵妻子之哀诗）、《宫怨吟曲》（宫女之诉）等杰作，再加上阮攸的《金云翘传》，达到了文学创作的最高潮。在这个与宿命抗争的爱情悲剧中，作者依照古代社会现实展开情景描写，文体的魅力、和谐的韵律，以及对人性的深度挖掘，使《金云翘传》成为世界文学瑰宝。该时期运用字喃创作了大量独特的文学作品。学问已经成为入朝为官的捷径。科举考试制度并非通向近代国家的民主体制。阮朝的王朝文化是以大量引入中国文化，部分模仿的形式而发展的。阮朝还编纂了庞大的史料集《大南实录》、法令集《大南会典事例》、地理与历史书籍《大南一统志》和《越史通鉴纲目》。

这些冠以大南的称呼，反映越南人意识到了"这是南部又一个中华帝国"。

阮朝官僚制度的凋落以及开国——社会矛盾以及抗击西欧的农民

　　因为嘉隆帝身边有法国顾问，所以嘉隆帝时期虽说延续了闭关锁国政策，但天主教传教士的活动得到允许。在致力于儒教治国的明命帝统治下，阮朝拒绝了法国的通商要求（1824 年）。另外，由于传教士被认为参与了国内的叛乱，基督教被禁止，传教士遭到杀害。阮朝基于对邻国的政策，将老挝川圹地方纳入越南属地（1832 年），并暂时吞并了柬埔寨（1841 年）。

　　明命帝之后，推出更加封闭的对欧锁国政策。第四代嗣德帝（1847—1883 年在位）欲推进行政、教育、经济、军事近代化，却因处死了传教士，使得岘港于 1847 年和 1856 年两次遭到法国海军的炮击。根据第一次《西贡条约》（1862 年），越南割让了南部三省，这是沦为法国殖民地的开始。而后发生了法属交趾支那的成立（1862 年）等事件，直至 1887 年，越南成为法属印度支那。

　　阮朝一边维持着前近代的政治体制，一边选择性吸收西欧文化事物，提出了尝试近代化的政策，但它在穷于应对各种局面的同时，也暴露了社会、经济体制的内部矛盾。农民承担着文人官僚（文绅）不必承担的兵役、租税和劳役等一切重担，生活条件与前一代相比并未改善。农村中手握实权的文绅

（知识分子、官僚或级别较低的科举考试合格者等），制造各种借口搜刮民膏。有能力的文绅或者耽于储蓄自己的财产，或者不顾公共土地的平均分配原则，根据自己的意愿擅自分配土地。这种高官的恶行流毒于世。

经济混乱和自然灾害，使陷入饥馑与绝望的农民不得不发动农民起义。村落里出现了小规模的农民流失。各地土匪搅乱了治安，尤以越南北部最为严重。北部地区人口稠密，可耕地面积达到极限，而且红河泛滥成灾。

此外，黎朝传统势力根深蒂固，对阮朝展开各种斗争，由此爆发了1833年的黎维良之乱以及农文云之乱等事件。在中部和南部，官僚的专横与腐败引发少数民族和侨民起义，有的起义军还曾短暂夺取交趾支那六省。在越南传统社会中，墨守传统和对欧政策的矛盾，使阮朝在面对西欧列强侵略之时，从内部开始土崩瓦解。阮朝第五代皇帝以后，朝廷内部围绕继承权混乱不断，这成为法国入侵的有利条件。

拉达那哥欣王朝迁都曼谷——近代国家泰国

曼谷都城和湄南河流域

1767年，阿瑜陀耶都城化为焦土，被破坏殆尽的泰国被郑信将军所拯救。郑信将军组织残余兵力，驱逐缅甸军，定都湄南河下游的吞武里，自立为王（1767—1782年在位）。他提出重建祖国，对国内各地方势力采取怀柔之策，其统治前三年，终日东征西战。此外，他击退再次袭来的缅军势力，还与柬埔寨和老挝等国开战。

但是，长期战争导致他精神错乱，行为乖张。他的暴政激起武将们的愤怒，却克里将军发动政变，登上王位，结束了持续15年的郑信王统治。他成为现在泰国王朝的创始者拉玛一世（1782—1809年在位），从吞武里迁都到对岸即湄南河左岸的曼谷。该王朝也称却克里王朝，或曼谷王朝。1785年，其宿敌缅甸再次率10万大军发起进攻，但被拉玛一世击退。泰国历史从此进入曼谷港口城市时代。

19世纪初期，泰国终于重返繁荣景象。拉玛一世再次对柬埔寨、老挝、马来半岛各国施行领土扩张政策，确立宗主权。他将自己定位为阿瑜陀耶王朝的后继者，提倡尊重、复兴传统文化，包括复兴古典礼仪、编纂《三印法典》等，给人留下了正统王权继承者的印象。泰国拥有得天独厚的"富足"之源——广阔、肥沃的湄南河三角洲地区，这片土地不仅供养着当地居民，还向中国和马六甲输出大米。其米谷与山林物产（柚木、香料、树脂）、棉花、咖啡豆、砂糖一样，是重要的贸易商品。

1854年法国神父帕里果瓦（Jean-Baptiste Pallegoix）记述称："王国处处充满活力，运河与河川里有数之不尽的小船，交通四通八达，这些船只向店铺及城内繁华街区运送着商品物资。"

新都曼谷是一座巨大的贸易城市。据说当时人口约有40万，半数为中国人，泰国人不过30%。其余还有越南、柬埔寨等邻国之人。因为这里对诸国开放，所以他们向泰国人透露了当时国际政治形势的动态，同时也帮助泰国人掌握了顺应政治潮流的策略。在邻国缅甸、越南、老挝、柬埔寨、马来亚等依次沦为殖民地的过程中，唯有泰国踏上了完全不同的道路。

拉达那哥欣王朝对邻国实行领土扩张政策

拉玛一世果断在马来半岛开启对缅之战，局势时好时坏。普吉岛便是其战果之一。同时，为了将势力扩大至保护国柬埔寨，拉玛一世在 1795 年扶持柬埔寨的安英王（Ang Eng）即位，作为交换条件，吞并了马德望与暹粒两州。

拉玛二世（1809—1824 年在位）于 1814 年吞并了柬埔寨的美罗普瑞（Melouprey 或 Mlu prey），1819 年在马来半岛与侵略新加坡的英国相遇。拉玛二世承认马来半岛的吉打州和霹雳州的苏丹为封臣，其后在马来半岛的问题上，也展开了与英国的争斗。

拉玛三世（1824—1851 年在位）时期爆发了第一次英缅战争（1824—1826 年）。这场战争使泰国解除了来自缅甸的军事威胁。同时，缅甸部分领土沦为英国属地，这使泰国从英国对其领土的关注中得以喘息。1826 年，泰国一边关注政治形势，一边与英国东印度公司的代表亨利·伯尼缔结了亲和条约。这致使进入曼谷的欧美人愈发增多。美国也派来了基督教新教传教士。另外，老挝万象国的国王昭阿努误听闻英泰已开战，认为此乃恢复独立不可多得的机会，便攻入泰国。拉玛三世将其击败，1828 年万象国被泰国吞并。如上所述，拉达那哥欣王朝为了扩张领土而推进着吞并政策。此外，泰国围绕柬埔寨的宗主权，与越南阮朝发生冲突，发动了两次战争。1845 年，双方承认了对柬埔寨的共同宗主权，柬埔寨安东王在两国合意之下即位。

拉玛四世（1851—1868 年在位），即马古大帝（Mongkut），1855 年与英国签订《鲍林条约》（香港总督 J. 鲍林）。根据条约，泰国改变一贯奉行的外交政策，全面打开国门。同时条约旨在废除王室的贸易独占权。拉玛四世的先见性，获得欧美各国的好评，世界各国纷纷以该条约为蓝本，缔结友好通商航海条约。条约签订后，大米出口解禁，湄南河三角洲一带的新田开发得以大规模推进，泰国大米进入外国市场。

1868 年，朱拉隆功，即拉玛五世（1868—1910 年在位）即位。该时期被称为泰国的明治维新时期，其特色首先是人才培养与逐步进行的制度改革。1892 年，拉玛五世设立了以王弟为中心的内阁，向国内外展现了泰国近代国家的风貌。当时东部的柬埔寨、老挝是法国殖民地，西部和南部的缅甸、马来半岛是英国殖民地。国王拉玛五世在两殖民地势力伺机侵食泰国的情况下，致力于实施弹性外交以及确立国内体制。泰国的弹性外交政策使其不得不向法国割让与越南、老挝、柬埔寨接壤的部分领土，向英国割让与缅甸、马来半岛接壤的部分领土，向两国共计割让土地约 30 万平方公里。这是维持独立的高昂代价。其结果，泰国免于沦为殖民地的命运，1896 年，英法之间达成共识，将泰国留作缓冲地带。此外，可以说，拉玛五世在近代司法的完善、军队、财政等方面，对近代国家泰国的确立做出了巨大贡献。

19 世纪前半叶的泰国社会

拉达那哥欣王朝历代国王十分关心的国事便是复兴传统，确立权威。历代国王尤其需要采取措施，尽可能地减少王权中枢内部的权力斗争。他们还规定有继承权的王子们代代削阶，到第五代变为平民身份。名义上王子们任职政府各部门长官，但实际业务由高官们负责运营。在 19 世纪前半叶，拉达那哥欣王朝依然原封不动地继承着前近代的各项制度。另外，百姓需承担徭役和兵役，也可上交一些实物代替服役。

当时大部分百姓为农民，过着勉强糊口的生活。在农村，与以往相同，维持着自给自足的生产体制。村民拥有田地使用权，按族分配，按照田地面积交纳相应税金。开发新田时，所有权会得到保障。村民须交纳贡物，从事徭役。与缅甸常年战争的结果是人口锐减，据说在拉玛三世统治初期有 475 万人。

工匠集团按专业，主要分为银匠、金匠、漆工等部门，以物物交换的方式交易其产品。

对青年男子来说，在上座部佛教出家既是接受教育的机会，又是培养价值观的宝贵经历。

拉达那哥欣王朝时期的美术有时可称为折中主义。拉玛二世和拉玛三世时期，与阿瑜陀耶王朝后期一样，流行宝冠佛。从拉玛九世的祖父拉玛五世这一时期起，倾向于将佛像塑造成有富有人情味的形象。约 19 世纪中叶的拉玛四世时期，西洋文明流入泰国，泰国的壁画师们开始模仿西洋远近法绘画。建筑上体现了折中主义，豪华的王宫也建成了西洋风格，而却克里楼阁搭建着具有泰国古典美术风格的屋檐。曼谷的大理石寺院属于泰国古典美术与西洋建材相融合的建筑物。

战略要地——围绕下缅甸

缅甸史上第三次国内统一——雍籍牙王

18 世纪的缅甸，群雄割据，政治形势难以预料。上缅甸瑞保地区的酋长雍籍牙（Alaungpaya，1714—1760 年）联合附近 46 村，拥兵造反。作为上缅甸"救世主"登上历史舞台的雍籍牙，与刚刚占领阿瓦都城的宿敌孟人势力交锋，击破孟军的一个又一个要塞。1757 年，雍籍牙历时 7 个月，攻陷孟人主城勃固。进而，他实现了缅甸史上的第三次国内统一，创建了雍籍牙王朝（1752—1885 年）。对外，他于 1758 年攻占了曼尼普尔（Manipur，印度东北部的州，首府英帕尔）。在攻打勃固途中，他于 1754 年占领了圣地大光，改名仰光（"战争结束"之意，旧称兰贡）。1758 年，他从泰国手里夺回德林达伊，还占领了土瓦。接着，他又向泰国发起进攻，包围了都城阿瑜陀耶，但最终败退。

仰光著名的仰光大金塔是 18 世纪后半叶重建的。第三代国王孟驳（Hsinbyushin，1763—1781 年在位）曾于 1774 年为佛塔捐赠新伞盖，并将圣塔增高至现在的 120 米左右。孟驳王将都城从瑞保迁至阿瓦。基于国内统一与政治稳定，雍籍牙王朝一直延续着对外扩张政策。

后来国王再次围攻泰国的都城阿瑜陀耶，在 1767 年将整座华丽的都城烧毁。延续 416 年的古都彻底化为灰烬。据历

史文献记载，当时约有 10 万泰国人被强行带至缅甸。1765 年
至 1769 年，清朝军队曾四度进攻缅甸，但均被缅军击退。第
六代孟云王（Bodawpaya，1782—1819 年在位）迁都至曼德勒
附近的阿马拉布拉（Amarapura），于 1785 年征服了若开。这
片土地成为缅甸王国的新领地。国王将该时期著名的玛哈牟尼
（Mahamuni）大佛带回国，并为佛像建设玛哈牟尼佛塔。另一
方面，在远征若开之际，当地多数居民越境逃亡到孟加拉地
区，这也成为第一次英缅战争爆发的间接原因。在孟云王的统
治下，缅甸版图达到最大，构成了今缅甸联邦的雏形。

　　1477 年，上座部佛教在达摩悉提王的迦梨耶尼结界再次
实现统一，但从 17 世纪开始戒律解释争论再度兴起，18 世纪
初始现分裂之兆。按照此前的习惯，僧侣外出时身披包覆双肩
的袈裟。然而，在 1700 年，瞿那毗楞伽罗（Gunabhilankara）
由于露出右肩，使用多罗叶的扇子和遮帘遮阳，作为违反戒律
者被除名。前者称为通肩派，后者称为偏袒派，佛教分成两
派，争论不断。在先前的东吁王朝时期，通肩派占据优势；而
在雍籍牙王朝创建者雍籍牙王的统治期间，偏袒派的阿都罗僧
正 ① 就任国师之位，依诏书立偏袒派为正统派，违反者将受到
处罚。但是，1784 年孟云王召集两派进行辩论，结果认定偏
袒派缺乏典据，下令统一归为通肩派。由此上座部佛教僧团结
束了长久以来的分裂，再次实现统一。

---

① 僧官名，管理众僧的官。

第一次英缅战争与下缅甸的英国殖民地化

第七代孟既王（1819—1837 年在位）将都城迁回阿瓦。国王为了追讨缺席加冕仪式的曼尼坡太守，派缅军攻入阿萨姆。这次远征成为第一次英缅战争（1824—1826 年）爆发的导火索。印度总督立即宣布向缅甸开战，沿海路派出军队。军火武器先进的英军顷刻间压制了下缅甸。

英军攻入距离都城 40 公里的地方，孟既王投降，并以赔款 4 万英镑（1000 万卢比），割让若开、德林达伊等地为条件，结束战争。孟既王在战败的打击下精神错乱，因而被废黜。在一直缺乏王位继承制度的雍籍牙王朝，总是存在围绕王位继承权而发生斗争的危险。孟既王在位时，清除和流放了一些有夺位嫌疑的王族，又通过指名等方式做了顺利继承王位的准备。其兄弟及兄弟之子相继登上王位，但两位国王面对内忧外患显得束手无策。

第九代蒲甘王（1846—1853 年在位）统治期间，1852 年2 月在仰光逮捕了两艘英国船的船长，第二次英缅战争爆发。1852 年 12 月，印度总督宣布吞并了包括勃固在内的下缅甸一带。缅甸因此失去海岸线，处于被封闭在内陆的状态。在两国军队激战的最高潮之际，敏东王（Mindon，1853—1878 年在位）即位，立即停战。但是，国王面对屈辱的吞并宣言表现出无言的抗议，也不签署任何媾和条约。此后，英国对下缅甸地区进行了开发，三角洲中心地仰光作为商业港口城市取得了飞速的发展。仰光作为连通英属印度的孟加拉湾与马来半岛的战略要地，具有重要意义，成为后来英属缅甸的行政和经济中心。但是，在 1867 年的《英缅贸易协定》中，国王虽在原则上同意废除国王的专卖制度，但对英国所需要的木材、石油以及贵金属，要求拥有占有权。国王对英国的对缅政策感到反感，开始接近其宿敌法国，但在可否放弃商品专卖权这一问题上，同法国产生了分歧。

下缅甸的殖民地化对缅甸是一个沉重打击。为了向国内外展示复兴雍籍牙王朝的决心，1857 年国王在曼德勒丘陵西南脚下兴建新都，并迁都于此。这就是现在的曼德勒古都。该都城为了纪念佛历 2400 年，将城墙建成 2400 taung（约 10 公里）见方的正方形。另外，国王为了彰显独立后的缅甸的意气风发，致力于同法国、意大利、美国缔结邦交，派遣留学生，整顿税制等。1872 年，缅甸派遣了访欧使团，但一无所获。1853 年，僧正瑞琴（shwegyin）法师创设了戒律严明的瑞琴派。

英属缅甸的成立

1871 年举行了第五次佛典结集活动，有来自斯里兰卡以及东南亚各国的约 2400 名僧侣出席，历时 6 个月。为举办这次结集活动，人们雕刻了 729 块巴利语佛典碑刻，现存于固都陶佛塔（Kuthodaw Pagoda）内。这次结集的目的是夸耀敏东王的政治、宗教立场。从曼德勒丘陵山顶望去，伊洛瓦底江畅通的河流尽收眼底，对岸的实皆丘陵连绵起伏。曼德勒丘陵自古就是远近闻名的佛教圣地。其平缓的斜坡上，佛塔错落、寺院林立，蔚为壮观。

敏东王驾崩后，锡袍王（Thibaw，1878—1885 年在位）继位，他首先处死了具有王位继承资格的 80 位王族。这次事件也是缺乏王位继承制的雍籍牙王朝的悲剧。英国封锁了下缅甸一带，向这个位于内陆地区的朝廷施加种种压力。国王为了对抗这一措施，接近法国并与法国缔结贸易协定。英国明显对此不满。在这种紧张的政治形势下，爆发了第三次英缅战争（1885—1886 年）。其发端是英裔商会对作为罚金的课税表示不服，向印度总督提出申诉。印度总督采取强行措施，下达最后通牒，出动军队占领了都城曼德勒。锡袍王被俘，被押送至印度的马德拉斯。至此缅甸雍籍牙王朝灭亡，1886 年 1 月的布告称缅甸沦为英属印度的一个省份。

参考文献

以下所列，是以日语单行本为中心，推荐给普通读者的参考文献。与所列内容有关的详细信息或其他文献，请参考"研究动向""文献目录"栏。至于用西语发表的研究成果，请参考 Nicholas Tarling, ed., *The Cambridge History of Southeast Asia,* Vol I, From Earliest Times to c.1800, Cambridge University Press, 1992 以及 D. G. E. Hall, *A History of Southeast Asia,* 4th Edition, St.Martin's Press,1981。

杂志

『東南アジア研究』 京都大学東南アジア研究所　一九六三年創刊　季刊

『東南アジア・歴史と文化』 東南アジア学会編　一九七一年創刊　山川出版社　年刊

『南方文化』 一九七四年創刊　天理大学南方文化研究会　年刊

『上智アジア学』 一九八三年創刊　上智大学アジア文化研究所　半年刊

研究动向

史学会编『日本歴史学界の回顧と展望18　南・東南アジア　一九四九—
一九八五』　山川出版社　一九八八

『史学雑誌』（月刊）每年五月号刊登的是上一年的"回顾和展望"。其中有
"东南亚"栏目。

文献目录

『東南アジア・歴史と文化』中刊载了之前一年发表的研究文献的目录。另
外，『史学雑誌』各月号刊载的文献目录中也包含东南亚相关内容。

『東洋学研究文献類目』　京都大学東洋学文献センター　一九三五年創刊
年刊

Bibliography of Asian Studies, Association of Asian studies, Annual

研究方法入门

『世界歴史事典第23巻　史料集成東洋史』　平凡社　一九五五（之后作为
『アジア歴史事典』別巻第2巻『東洋史料集成』再版）

島田虔次他編『アジア歴史研究入門5　南アジア・東南アジア・世界史
とアジア』　同朋舎出版　一九八四

上智大学東南アジア研究所編『新版　東南アジア研究入門』　めこん
一九九九

藤巻正己・瀬川真平編『現代東南アジア入門』　古今書院　二〇〇三

桃木至朗編『海域アジア史研究入門』　岩波書店　二〇〇八

东南亚史概说

生田滋『東南アジア近代史　1500—1900』　大東文化大学国際関係学部
二〇〇七

生田滋『東南アジア現代史　1900—2000』　大東文化大学国際関係学部
二〇〇九

石井米雄・桜井由躬雄『東南アジア世界の形成』〈ビジュアル版世界の歴
史〉12　講談社　一九八五

大林太良編『東南アジアの民族と歴史』〈民族の世界史〉6　山川出版社
一九八四

ミルトン・オズボーン、山田秀雄・菊池直樹訳『東南アジア史入門』　東
洋経済新報社　一九八七

河部利夫『東南アジア』〈カラー版世界の歴史〉18　河出書房新社
一九六九（河出文庫　一九九〇）

桐山昇他『東南アジアの歴史　人・物・文化の交流史』〈有斐閣アルマ〉
有斐閣　二〇〇三

桜井由躬雄『東南アジアの歴史』〈放送大学教材〉　放送大学教育振興会
二〇〇二

鈴木峻『東南アジアの経済と歴史』　日本経済評論社　二〇〇二

G・セデス、山本智教訳『東南アジア文化史』　大蔵出版　一九八九

永積昭『東南アジアの歴史』〈新書東洋史〉7　講談社現代新書
一九七七

ブリアン・ハリソン、竹村正子訳『東洋アジア史』　みすず書房
一九六七

レイ・タン・コイ、石澤良昭訳『〔改訂新版〕東南アジア史』〈文庫クセ
ジュ〉　白水社　二〇〇〇

綾部恒雄・永積昭編『もっと知りたい東南アジア』1〜6　弘文堂
一九八二〜八三

　　　*

飯島茂『祖霊の世界　アジアのひとつの見方』　日本放送出版協会

一九七三

石井米雄『戒律の救い—小乗仏教』〈世界の宗教〉8 淡交社 一九六九

石井米雄『上座部仏教の政治社会学 国教の構造』 創文社 一九七五

石井米雄編『差異の事件誌 植民地時代の異文化認識の相剋』 巌南堂書店 一九八四

石井米雄編『東南アジア世界の構造と変容』 創文社 一九八六

石澤良昭編『文化遺産の保存と環境』 朝倉書店 一九九五

伊東照司『東南アジア仏教美術入門』 雄山閣出版 一九八五

岩田慶治『東南アジアの少数民族』 日本放送出版協会 一九七一

岩田慶治『コスモスの思想 自然・アニミズム・密教空間』 岩波書店 一九九三

内海愛子・田辺寿夫編著『アジアからみた「大東亜共栄圏」』 梨の木舎 一九八三

内海愛子・田辺寿夫編著『日本の敗戦—アジアの独立—賠償 語られなかったアジアの戦後』 梨の木舎 一九九一

川勝平太編『アジア太平洋経済圏史 1500—2000』 藤原書店 二〇〇三

北原淳編『東南アジアの社会学 家族・農村・都市』 世界思想社 一九八九

小泉允雄『東南アジアの現在 開発のなかの人びと』 日本貿易振興会 一九八七

越田稜編著『アジアの教科書に書かれた日本の戦争・東南アジア編』 梨の木舎 一九九〇

権藤興志夫・弘中和彦編『アジアの文化と教育』 九州大学出版会 一九八七

滝川勉他『東南アジア現代史 民族自立への模索』 有斐閣 一九八二

谷川榮彦『東南アジア民族解放運動史 太平洋戦争まで』 勁草書房

一九七二

土屋健治・白石隆編『東南アジアの政治と文化』東京大学出版会
一九八四

坪内良博『東南アジア人口民族誌』〈東南アジア学選書〉11　勁草書房
一九八六

鶴見良行『マングローブの沼地で　東南アジア島嶼文化論への誘い』朝
日新聞社　一九九四

寺田勇文編『東南アジアのキリスト教』めこん　二〇〇二

永井浩『見えないアジアを報道する』晶文社　一九八六

J・ボワスリエ、石澤良昭監・関根秋雄他訳『アジア・美の様式　下（東
南アジア編）』連合出版　一九八九

松山晃『東南アジアの伝統食文化　その形成と系譜』ドメス出版
一九九六

水島司編『アジア祝祭カレンダー1990年』平凡社　一九八九

永積昭編『東南アジアの留学生と民族主義運動』巌南堂書店　一九八一

原覚天『アジア経済発展論』日本経済新聞社　一九七五

J・M・プルヴィーア、長井信一監訳『東南アジア現代史　植民地・戦
争・独立』上・下　東洋経済新報社　一九七七

星野龍夫・森枝卓士『食は東南アジアにあり　未知の味への招待』弘文
堂　一九八四

H・マセダ、高橋悠治編訳『ドローンとメロディー　東南アジアの音楽思
想』新宿書房　一九八九

松本三郎・川本邦衛編著『東南アジアにおける中国のイメージと影響力』
大修館書店　一九九一

宮尾慈良『アジア舞踊の人類学　ダンス・フィールド・ノート』パルコ
出版　一九九〇

村井吉敬他編著『アジアと私たち 若者のアジア認識』 三一書房 一九八八

矢野暢『東南アジア世界の論理』 中央公論社 一九八〇

矢野暢編著『東南アジア学への招待』上・下 日本放送出版協会 一九八三

矢野暢『東南アジア世界の構図』 日本放送出版協会 一九八四

山影進『ASEAN シンボルからシステムへ』 東京大学出版会 一九九一

山下晴海『東南アジア華人社会と中国僑郷 華人・チャイナタウンの人文地理学的考察』 古今書院 二〇〇二

山田憲太郎『南海香薬譜 スパイス・ルートの研究』 法政大学出版局 一九八二

吉川利治編著『近現代史のなかの「日本と東南アジア」』 東京書籍 一九九二

ルーベン・アビト、山田経三『解放の神学が問いかけるもの アジアの現実と日本の課題』 女子パウロ会 一九八五

J・C・レブラ、村田克巳他訳『東南アジアの解放と日本の遺産』 秀英書房 一九八一

早稲田大学社会科学研究所『アジアの伝統と近代化』 早稲田大学社会科学研究所 一九九〇

鈴木中正編『千年王国的民衆運動の研究 中国・東南アジアにおける』 東京大学出版会 一九八二

鈴木佑司『東南アジアの危機の構造』 勁草書房 一九八二

戴國輝編『東南アジア華人社会の研究』上・下 アジア経済研究所 一九七四

讲座・论文集

池端雪浦編『変わる東南アジア史像』山川出版社　一九九四

池端雪浦他編『岩波講座　東南アジア史』岩波書店　二〇〇一一〇二
全 8 冊　付巻 1 冊

石井米雄編『東南アジアの歴史』〈講座　東南アジア学〉4　弘文堂
一九九一

石井米雄他編著『東南アジア世界の歴史的位相』東京大学出版会
一九九二

矢野暢他編〈講座　東南アジア学〉1 ー 10、別巻　弘文堂　一九九〇～九二

『南アジア世界の展開』〈世界の歴史〉13　筑摩書房　一九六一

『山本達郎博士古稀記念　東南アジア・インドの社会と文化』上・下　山
川出版社　一九八〇

樺山紘一他編『南アジア世界・東南アジア世界の形成と展開』〈岩波講座
世界歴史 6〉岩波書店　一九九九

『東アジア・東南アジア　伝統社会の形成』〈岩波講座世界歴史 13〉岩波
書店　一九九八

地图

高橋彰監修『最新地図で知る東南・南アジア』平凡社　二〇〇〇

东南亚大陆地区的历史

石井米雄『インドシナ文明の世界』〈世界の歴史〉14　講談社　一九七七

G・セデス、辛島昇・桜井由躬雄・内田晶子訳『インドシナ文明史（新
版）』みすず書房　一九八〇

G・W・スキナー、山本一訳『東南アジアの華僑社会　タイにおける進

出・適応の歴史』東洋書店　一九八一

木村哲三郎編『インドシナ三国の国家建設の構図』アジア経済研究所
一九八四

桜井由躬雄・石澤良昭『東南アジア現代史Ⅲ　ヴェトナム・カンボジ
ア・ラオス』〈世界現代史〉7　山川出版社　一九七七

白鳥芳郎編『東南アジア山地民族誌　ヤオとその隣接諸種族』講談社
一九七八

荻原弘明・和田久徳・生田滋『東南アジア現代史Ⅳ　ビルマ・タイ』〈世
界現代史〉8　山川出版社　一九八三

E・ハマー、河合伸訳『インドシナ現代史』みすず書房　一九七〇

J・V・ヒネケン、山田侑平・鈴木佳明訳『インドシナ現代史』上・下
連合出版　一九八三

本多勝一『戦場の村』朝日文庫　一九八一

东南亚群岛地区的历史

池端雪浦・生田滋『東南アジア現代史Ⅱ　フィリピン・マレーシア・シ
ンガポール』〈世界現代史〉6　山川出版社　一九七七

池端雪浦他編『東南アジア史　島嶼部』〈新版世界各国史〉6　山川出版
社　一九九九

尾本恵市他編『海のアジア』岩波書店　二〇〇〇―〇一　全6巻

N・J・クロム、有吉巌編訳『インドネシア古代史』天理教道友社
一九八五

鈴木静夫『物語フィリピンの歴史　盗まれた「楽園」と抵抗の500年』
中公新書　一九九七

鶴見良行『海道の社会史　東南アジア多島海の人びと』朝日新聞社
一九八七

鶴見良行『ナマコの眼』筑摩書房　一九九〇

永積昭『アジアの多島海』〈世界の歴史〉13　講談社　一九七七

村井吉敬『スラウェシの海辺から　もうひとつのアジア・太平洋』同文館出版　一九八七

ジョン・D・レッグ、中村光男訳『インドネシア歴史と現在　学際的地域研究入門』サイマル出版会　一九八四

和田久徳・森弘之・鈴木恒之『東南アジア現代史 I　総説・インドネシア』〈世界現代史〉5　山川出版社　一九七七

序章

AD・E・イエンゼン、大林太良他訳『殺された女神』弘文堂　一九七七

鈴木秀夫『風土の構造』大明堂　一九七五（講談社学術文庫　一九八八）

高谷好一『東南アジアの自然と土地利用』〈東南アジア学選書〉1　勁草書房　一九八五

高谷好一『マングローブに生きる　熱帯多雨林の生態史』〈NHKブックス〉日本放送出版協会　一九八八

高谷好一『「世界単位」から世界を見る　地域研究の視座』京都大学学術出版会　一九九六

古川久雄『インドネシアの低湿地』〈東南アジア学選書〉7　勁草書房　一九九二

山田勇『東南アジアの熱帯多雨林世界』創文社　一九九一

吉野正敏『気候学』〈自然地理学講座〉2　大明堂　一九七八

第一章

石川栄吉編『オセアニア世界の伝統と変貌』〈民族の世界史〉14　山川出版社　一九八七

坂井隆他『東南アジアの考古学』〈世界の考古学〉8　同成社　一九九八

佐々木高明『東・南アジア農耕論　焼畑と稲作』　弘文堂　一九八九

佐藤洋一郎『DNA が語る稲作文明 起源と展開』〈NHK ブックス〉　日本放送出版協会　一九九六

中尾佐助『栽培植物と農耕の起源』　岩波新書　一九六六

ピーター・ベルウッド、植木武他訳『太平洋　東南アジアとオセアニアの人類史』　法政大学出版局　一九八九

渡部忠世『稲の道』〈NHK ブックス〉　日本放送出版協会　一九七七

蔀勇造「新訳『エリュトラー海案内記』」『東洋文化研究所紀要』一三二　東京大学東洋文化研究所　一九九七

第二章

大林太良・生田滋『東アジア民族の興亡　漢民族と異民族の四千年』　日本経済新聞社　一九九七

宮治昭『インド美術史』　吉川弘文館　一九八一

劉欣如、左久梓訳『古代インドと古代中国　西暦一～六世紀の交易と仏教』　心交社　一九九五

ジャン＝ノエル・ロベール、伊藤晃・森永公子訳『ローマ皇帝の使者中国に至る　繁栄と野望のシルクロード』　大修館書店　一九九六

班固、永田英正・梅原郁訳注『漢書食貨・地理・溝洫志』〈東洋文庫〉　平凡社　一九八八

山崎元一他編『南アジア史1　先史・古代』〈世界歴史大系〉　山川出版社　二〇〇七

第四章

足立喜六訳註『大唐西域求法高僧傳』 岩波書店　一九四二（一九九四第四刷）

義浄撰、宮林昭彦他訳『現代語訳 南海寄帰内法伝七世紀インド佛教僧伽の日常生活』 法蔵館　二〇〇四

桑田六郎『南海東西交通史論考』 汲古書院　一九九三

桑原隲蔵『蒲寿庚の事蹟』〈東洋文庫〉 平凡社　一九八九

鈴木峻『シュリヴィジャヤの謎　海のシルクロードの要』 朝日クリエ 二〇〇八

千原大五郎『インドネシア社寺建築史』 日本放送出版協会　一九七五

千原大五郎『東南アジアのヒンドゥー・仏教建築』 鹿島出版会 一九八二

弘末雅士『東南アジアの港市世界　地域社会の形式と世界秩序』〈世界史選書〉 岩波書店　二〇〇四

溝口史郎『シャカムニの生涯　ボロブドウル遺跡のレリーフに見る』 丸善　一九九四

小谷汪之他編『南アジア史2　中世・近世』〈世界歴史大系〉 山川出版社　二〇〇七

門田修『海のラクダ　木造帆船ダウ同乗記』 中公文庫　一九九八

家島彦一『海が創る文明　インド洋海域世界の歴史』 朝日新聞社 一九九三

家島彦一『海域から見た歴史　インド洋と地中海を結ぶ交流史』 名古屋大学出版会　二〇〇六

山形欣哉『歴史の海を走る　中国造船技術の航跡』 農山漁村文化協会 二〇〇四

G.R.Tibbetts, *A Study of the Arabic Texts containing Material on South-East Asia*, Brill, 1979

第六章

坂井隆夫『遺品に基づく貿易古陶磁史概要　海を渡った中国陶磁』　京都書院　一九八九

藤善真澄訳註『諸蕃志』〈関西大学東西学術研究所訳註シリーズ〉5　関西大学出版部　一九九一

生田滋「東南アジアの建国神話」伊藤清司・大林太良編『日本神話研究』Ⅰ　学生社　一九七七

章巽校註『法顕傳校註』　上海古籍出版社　一九八五

陳元靚『事林廣記』　中文出版社　一九八八

深見純生訳「ケン・アンロク伝」『国際文化論集』27　桃山学院大学総合研究所　二〇〇三

深見純生訳「シンガサリ諸王伝」『国際文化論集』28　桃山学院大学総合研究所　二〇〇三

深見純生訳「マジャパヒト諸王伝」『国際文化論集』29　桃山学院大学総合研究所　二〇〇三

Th.Pigeaud,*Java in the Fourteenth Century.A Study in Cultural History*,5vols.,The Hague,1960（《爪哇史颂》的原文、英译、注释）

第八章

イブン・バットゥータ著、イブン・ジュザイイ編、家島彦一訳注『大旅行記』〈東洋文庫〉　平凡社　一九九六～二〇〇二、全8巻（印度、东南亚的部分在第6巻）

小川博編『中国人の南方見聞録　瀛涯勝覧』吉川弘文館　一九九八

杉山正明『クビライの挑戦　モンゴル海上帝国への道』〈朝日選書〉　朝日新聞社　一九九五

鶴見良行『マラッカ物語』時事通信社　一九八一

マルコ・ボーロ、愛宕松男訳『東方見聞録』〈東洋文庫〉　平凡社　全2冊　一九七〇～七一

宮崎正勝『鄭和の南海大遠征　永楽帝の世界秩序再編』中公新書　一九九七

ルイーズ・リヴァシーズ、君野隆久訳『中国が海を支配したとき　鄭和とその時代』新書館　一九九六

蘇繼廎校釋『島夷誌略校釋』〈中外交通史籍叢刊〉　中華書局　一九八一

家島彦一訳注『中国とインドの諸情報』〈東洋文庫〉　平凡社　全2冊　二〇〇七

第九章

生田滋『大航海時代とモルッカ諸島　ポルトガル、スペイン、テルナテ王国と丁字貿易』中公新書　一九九八

岩生成一『南洋日本町の研究』岩波書店　一九六六

岩生成一『続南洋日本町の研究　南洋島嶼地域分散日本人移民の生活と活動』岩波書店
一九八七

アレサンドロ・ヴァリニャーノ、高橋裕史訳『東インド巡察記』〈東洋文庫〉　平凡社　二〇〇五

榎一雄編『西欧文明と東アジア』平凡社　一九七一

合田昌史『マゼラン　世界分割を体現させた航海者』京都大学出版会　二〇〇六

坂井隆『港市国家バンテンと陶磁貿易』同成社　二〇〇二

科野孝蔵『オランダ東インド会社の歴史』同文舘出版　一九八八

アンソニー・ジェンキンソン他、朱牟田夏雄他訳注『イギリスの航海と植民』1〈大航海時代叢書〉第二期 17　岩波書店　一九八三

鈴木静夫『物語フィリピンの歴史 「盗まれた楽園」と抵抗の 500 年』中公新書　一九九七

永積昭『オランダ東インド会社』〈講談社学術文庫〉　二〇〇〇

永積洋子『朱印船』〈日本歴史叢書〉吉川弘文館　二〇〇一

日蘭学会編、栗原福也・永積昭監『オランダとインドネシア　歴史と社会』山川出版社　一九八六

コルネリス・デ・ハウトマン他、生田滋・渋沢元則訳注『東インド諸島への航海』〈大航海時代叢書〉第二期 10　岩波書店　一九八一

ジョアン・デ・バロス、生田滋・池上岑夫訳注『アジア史』〈大航海時代叢書〉第二期 2・3　岩波書店　一九八〇～八一

トメ・ピレス、生田滋他訳注『東方諸国記』〈大航海時代叢書〉第一期 5　岩波書店　一九六六

メンデス・ピント、岡村多希子訳『東洋遍歴記』〈東洋文庫〉平凡社全 3 冊　一九七九

レオナルド・ブリュッセイ、栗原福也訳『おてんばコルネリアの闘い 17 世紀バタヴィアの日蘭混血女性の生涯』平凡社　一九八八

ライクロフ・ファン・フーンス他、生田滋訳注『オランダ東インド会社と東南アジア』〈大航海時代叢書〉第二期 11　岩波書店　一九八八

ニック・ホアキン、橋本信彦他訳『物語マニラの歴史』明石書店二〇〇五

増田義郎『大航海時代』〈ビジュアル版世界の歴史〉13　講談社一九八四

Ｙ・Ｂ・マングンウイジャヤ、舟知恵訳『香料諸島綺談　鯨や鰹や小鰯たちの海』めこん　一九九六

宮崎正勝『ザビエルの海　ポルトガル「海の帝国」と日本』原書房　二〇〇七

アントニオ・デ・モルガ、神吉敬三・箭内健次訳注『フィリピン諸島誌』〈大航海時代叢書〉第一期7　岩波書店　一九六六

アンソニー・リード、平野秀秋・田中優子訳『大航海時代の東南アジアⅠ　貿易風の下で』法政大学出版局　一九九七

アンソニー・リード、平野秀秋他訳『大航海時代の東南アジアⅡ　拡張と危機』法政大学出版局　二〇〇二

ヤン・ハイヘン・ファン・リンスホーテン、岩生成一他訳注『東方案内記』〈大航海時代叢書〉第一期8　岩波書店　一九六八

第十章

ハッサン・アムバリィ、坂井隆編『肥前陶磁の港バンテン　インドネシアのイスラム港市遺跡』穂高書店　一九九四

Ｒ・Ｊ・ウィルキンソン、古藤次郎訳『マレー原住民の研究と南方マレー史　マレーを研究課題とする小論文集』近代文芸社　一九九七

Ａ・Ｒ・ウォーレス、新妻昭夫訳『マレー諸島　オランウータンと極楽鳥の土地』上・下　ちくま学芸文庫　一九九三

大橋康二・坂井隆『アジアの海と伊万里』新人物往来社　一九九四

大橋康二『海を渡った陶磁器』〈歴史文化ライブラリー〉吉川弘文館　二〇〇四

坂井隆『「伊万里」からアジアが見える　海の陶磁路と日本』講談社選書メチエ　一九九八

信夫清三郎『ラッフルズ伝　イギリス近代的植民政策の形成と東洋社会』

〈東洋文庫〉　平凡社　一九六八

林田芳雄『鄭氏台湾史　鄭成功三代の興亡実紀』〈汲古選書〉　二〇〇三

レオナルド・ブリュッセイ、深見純生他訳『竜とみつばち　中国海域の
オランダ人400年史』　晃洋書房　二〇〇八

宮本謙介『インドネシア経済史研究　植民地社会の成立と構造』　ミネル
ヴァ書房　一九九三

早瀬晋三『海域イスラーム社会の歴史　ミンダナオ・エスノヒストリー』
岩波書店　二〇〇三

ナイジェル・バーリー、柴田裕之監訳『スタンフォード・ラッフルズ
シンガポールを創った男』　凱風社　一九九九

門田修『海賊のこころ　スールー海賊訪問記』　筑摩書房　一九九〇

第三、五、七、十一章

越南

真保潤一郎『ベトナム現代史』（増補版）　春秋社　一九七九

片倉穣『ベトナムの歴史と東南アジア・前近代篇』　杉山書店　一九七七

川本邦衛『ベトナムの詩と歴史』　文藝春秋　一九六七

後藤均平『ベトナム救国抗争史』　新人物往来社　一九七五

谷川榮彦編『ベトナム戦争の起源』　勁草書房　一九八四

坪井善明『ヴェトナム「豊かさ」への夜明け』　岩波新書　一九九四

潘佩珠、川本邦衛・長岡新治郎編訳『ヴェトナム亡国史他』〈東洋文庫〉
平凡社　一九六六

藤原利一郎「ヴェトナム諸王朝の変遷」〈岩波講座　世界歴史（旧版）〉
12　岩波書店　一九七一

古田元夫『ベトナム人共産主義者の民族政策史　革命の中のエスニシテ

ィ』　大月書店　一九九一

古田元夫『ベトナムから見た中国』　日中出版　一九七九

ベトナム社会科学院編、石澤良昭・富田春正訳『チャム彫刻』　連合出版
一九八八

矢島鈞次・窪田光純『新ドイモイの国ベトナム』　同文館出版　一九九四

吉沢南『ハノイで考える』　東京大学出版会　一九八〇

吉沢南『ベトナム・現代史のなかの諸民族』　朝日新聞社　一九八二

陸井三郎編『資料・ベトナム戦争』上・下　紀伊国屋書店　一九六九

小倉貞男『朱印船時代の日本人　消えた東南アジア日本町の謎』　中公新
書　一九八九

小倉貞男『ドキュメント　ヴェトナム戦争全史』　岩波書店　一九九二

権上康男『フランス帝国主義とアジア　インドシナ銀行史研究』　東京大
学出版会　一九八五

坪井善明『近代ヴェトナム政治社会史　阮朝嗣徳帝治下のヴェトナム
1847–1883』　東京大学出版会　一九九一

友田錫『裏切られたベトナム革命』　中公文庫　一九八六

中村梧郎『母は枯葉剤を浴びた　ダイオキシンの傷あと』　新潮文庫
一九八三

古田元夫『歴史としてのベトナム戦争』　大月書店　一九九一

吉沢南『ベトナムの日本軍』　岩波ブックレット　一九九三

古田元夫『ベトナムの世界史　中華世界から東南アジア世界へ』　東京大
学出版会　一九九五

穴吹允『ベトナム人と日本人』　PHP研究所　一九九五

栗村良一『越南（ベトナム）物語—1990–1991』　共同通信社　一九九二

桜井由躬雄『ハノイの憂鬱』　めこん　一九八九

片倉穣『ベトナム前近代法の基礎的研究』　風間書房　一九八七

五島文雄・竹内郁雄編『社会主義ベトナムとドイモイ』 アジア経済研究所 一九九四

小沼新『ベトナム民族解放運動史』 法律文化社 一九八八

桜井由躬雄『ベトナム村落の形成 村落共有田＝コンディエン制の史的展開』 創文社 一九八七

白石昌也『ベトナム 革命と建設のはざま』〈東アジアの国家と社会〉5 東京大学出版会 一九九三

白石昌也『ベトナム民族運動と日本・アジア』 巌南堂書店 一九九三

日本ベトナム研究者会議編『海のシルクロードとベトナム』 穂高書店 一九九三

三尾忠志編『インドシナをめぐる国際関係 対決と対話』 日本国際問題研究所 一九八八

三尾忠志編『ポスト冷戦のインドシナ』 日本国際問題研究所 一九九三

柬埔寨

明石康『忍耐と希望 カンボジアの560日』 朝日新聞社 一九九五

井川一久・竹田昭二郎『カンボジア黙示録』 田畑書店 一九八七

石川文洋『アンコール・ワット 遺跡と民衆』 朝日ソノラマ 一九八一

石澤良昭監修『埋もれた文明 アンコール遺跡』 日本テレビ放送網 一九八一

石澤良昭・坪井善明・遠藤宣雄編『カンボジアの文化復興』1～15 上智大学アジア文化研究所 一九八四～九八

石澤良昭『古代カンボジア史研究』 国書刊行会 一九八二

石澤良昭『アンコール・ワット 甦る文化遺産』 日本テレビ放送網 一九八九

石澤良昭『アンコール・ワット 大伽藍と文明の謎』 講談社現代新書

一九九六

今川幸雄・川瀬生郎・山田基久『アンコールの遺跡』ぱんたか
一九九六

岩宮武二『アンコール　岩宮武二写真集』　岩波書店　一九八四

大石芳野『女の国になったカンボジア』　講談社文庫　一九八四

大橋久利『赤い王国　シアヌークとクメール・ルージュ』　河出書房新社
一九七五

小倉貞男『ポル・ポト派とは』　岩波書店　一九九三

M・オズボーン、石澤良昭監訳『シハヌーク』　岩波書店　一九九六

カンボジア総合研究会『カンボジアの社会と文化』　一九九五

熊岡路矢『カンボジア最前線』　岩波新書　一九九三

クリストフ・ペシュー、友田錫監訳『ポル・ポト派の素顔』　日本放送出
版協会　一九九四

重枝豊『アンコール・ワットの魅力　クメール建築の味わい方』　彰国社
一九九四

N・シアヌーク、友田錫他訳『シアヌーク回想録』　中央公論社
一九八〇

N・シアヌーク、友田錫訳『シアヌーク最後の賭け』　河出書房新社
一九八八

高垣謹之助『柬甫塞物語』　中公文庫　一九九三

高橋保『カンボジア現代政治の分析』　日本国際問題研究所　一九七二

デービッド・P・チャンドラー、山田寛訳『ポル・ポト伝』　めこん
一九九四

W・バーチエット、土生長穂・小倉貞男・文京洙訳『カンボジア現代史』
連合出版　一九八三

フーオッ・タット、今川幸雄編訳『アンコール遺跡とカンボジアの歴史』

めこん　一九九五

深作光貞『現代カンボジャ考　反文明の世界』河出書房新社　一九七五

ブリュノ・ダジャンス、石澤良昭監修、中島節子訳『アンコール・ワット　密林に消えた文明を求めて』創元社　一九九五

J・ボワスリエ、石澤良昭・中島節子訳『クメールの彫像』連合出版　一九八六

ポンショー、北畠霞訳『カンボジア・ゼロ年』連合出版　一九七九

本多勝一『カンボジアの旅』朝日新聞社　一九八一

三宅一郎・中村哲夫『考証　真臘風土記』同朋舎出版　一九八〇

三好範英『カンボジアPKO　地域紛争解決と国連』亜紀書房　一九九四

H・ムーオ、菊池一雅訳『アンコール・ワットの発見』学生社　一九七四

ルイ・ドラポルト、三宅一郎訳『アンコール踏査行』〈東洋文庫〉平凡社　一九七〇

泰国

青木保『タイの僧院にて』中公文庫　一九七九

赤木攻『タイの政治文化　剛と柔』勁草書房　一九八九

赤木攻『タイの永住日本人』めこん　一九九二

天城勲編『タイの経済発展と教育計画』アジア経済研究所　一九六六

綾部恒雄『タイ族　その社会と変化』弘文堂　一九七一

飯島茂『カレン族の社会・文化変容』創文社　一九七一

石井米雄編『タイ国　ひとつの稲作社会』創文社　一九七五

石井米雄・吉川利治『日・タイ交流600年史』講談社　一九八七

石井米雄『タイ仏教入門』めこん　一九九一

石澤良昭編『タイの寺院壁画と石造建築』めこん　一九八九

市川健二郎『タイの近代化と権力構造』アジア経済研究所　一九六六

市川健二郎『日本占領下タイの抗日運動　自由タイの指導者たち』勁草書房　一九八七

伊東照司『タイ国美術』雄山閣出版　一九八七

上東輝夫『タイ王国　民族の伝統と外交の歴史』原書房　一九八二

河部利夫『タイ　その変動の中で』泰流社　一九七七

北原淳編『タイの農村の構造と変動』勁草書房　一九八七

ククリット・プラモート、吉川敬子訳『王朝四代記』全五巻　井村文化事業社発行・勁草書房発売　一九八〇～八二

G・W・スキンナー、山路健訳『タイ国における華僑社会』アジア経済研究所　一九六一

高谷好一『熱帯デルタの農業発展　メナム・デルタの研究』創文社　一九八二

タック・チャルームティアロン、玉田芳史訳『タイ　独裁的温情主義の政治』井村文化事業社発行・勁草書房発売　一九八九

田中忠治『新タイ事情』上・下　日中出版　一九八一

トリーシン・ブンカチョーン、吉川利治編訳『タイの小説と社会』井村文化事業社発行・勁草書房発売　一九八五

樋口英夫・杉江幸彦『タイ・黄衣のゆらぎ　戒律の知恵』平河出版社　一九九一

プオイ・ウンパーコーン、赤木攻訳『タイ現代史への一証言』井村文化事業社発行・勁草書房発売　一九八七

福井捷朗『ドンデーン村　東北タイの農業生態』創文社　一九八八

プラヤー・アヌマーンラーチャトン、森幹男編訳『タイ民衆生活誌1　祭りと信仰』『タイ民衆生活誌2　誕生・結婚・死』井村文化事業社発行・勁草書房発売　一九七九、一九八四

プラヤー・アヌマーンラーチャトン、森幹男訳『回想のタイ・回想の生涯』上・中・下　井村文化事業社発行・勁草書房発売　一九八一～八六

星野龍夫・田村仁『濁流と満月　タイ民族史への招待』弘文堂　一九九〇

水野浩一『タイ農村の社会組織』創文社　一九八一

矢野暢『タイ・ビルマ現代政治史研究』京都大学東南アジア研究センター　一九六八

吉川利治・赤木攻編訳『タイの昔話』三弥井書店　一九七六

レヌカー・ムシカシントーン『タイの花鳥風月』めこん　一九八八

ロン・サヤマナン、二村龍男訳『タイの歴史』近藤出版社　一九七六

老挝

綾部恒雄『タイ及びラオスの村落生活』有隣堂　一九六五

系賀滋編『バーツ経済圏の展望』アジア経済研究所　一九九三

上東輝夫『ラオスの歴史』同文館出版　一九九〇

上東輝夫『現代ラオス概説』同文館出版　一九九二

迫政則『ラオス独立の真相　「マ号」作戦始末紀』朝雲新聞社　一九六四

長谷川善彦『ラオス・ヴィエンチャン平野　自然・社会・経済』アジア経済研究所　一九八一

プーミ・ボンビチット、藤田和子訳『人民のラオス』新日本出版社　一九七〇

マルシャル・ダッセ、福田和子訳『ゲリラは国境を越える　インドシナ半島の少数民族』田畑書店　一九八六

安田靖『小さな国の大きな実験　ラオスの市場経済移行』NRI野村総合研究所　一九九四

山根良人『ラオスに捧げたわが青春』　中央公論社　一九八四

緬甸

生野善應『ビルマ佛教　その実態と修行』　大蔵出版　一九七五

生野善應『ビルマ上座部仏教史　「サーサナヴァンサ」の研究』　山喜房佛書林　一九八〇

泉谷達郎『ビルマ独立秘史』　徳間書店　一九八九

ウー・ペーマウンティン、大野徹監訳『ビルマ文学史』　井村文化事業社発行・勁草書房発売　一九九二

NHK取材班『ビルマからの報告　イラワジ川筏紀行』　日本放送出版協会　一九八五

太田常蔵『ビルマにおける日本軍政史の研究』　吉川弘文館　一九六七

大野徹・桐生稔・斎藤照子『ビルマ　その社会と価値観』　現代アジア出版会　一九七五

大野徹『ビルマの社会と経済』　アジア経済研究所　一九七二

大野徹・井上隆雄編『パガンの仏教壁画』　講談社　一九七八

大野徹・井上隆雄『ビルマの仏塔』　講談社　一九八〇

大野徹『知られざるビルマ　イラワジ川に民族と歴史をたずねて（増補改訂版）』　芙蓉書房　一九八一

桐生稔『ビルマ式社会主義　自立発展へのひとつの実験』　教育社　一九七九

佐久間平喜『ビルマ（ミャンマー）現代政治史（増補版）』　勁草書房　一九九三

鈴木孝『ビルマという国　その歴史と回想』　国際PHP研究所　一九七七

田辺寿夫『ドキュメント・ビルマ民主化運動1988』　梨の木舎　一九八九

長沢和俊『パゴダの国へ　ビルマ紀行』　日本放送出版協会　一九七五

バー・モウ、横堀洋一訳『ビルマの夜明け』 太陽出版　一九七三

樋口英夫写真・大野徹他『黄金のパゴダ　ビルマ仏教の旅』 佼成出版社
一九八九

ボ・ミンガウン、田辺寿夫編訳『アウンサン将軍と三十人の志士』 中公
新書　一九九〇

森山康平・栗崎ゆたか『証言記録　大東亜共栄圏　ビルマ・インドへの道』
新人物往来社　一九七六

文库版补充参考文献

（概说及大陆地区相关部分）

事典

石井米雄・吉川利治編、石井米雄監修『タイの事典』〈東南アジアを知るシリーズ〉 同朋舎社出版 一九九三

京都大学東南アジア研究センター編『事典東南アジア　風土・生態・環境』 弘文堂 一九九七

桜井由躬雄・桃木至朗編、石井米雄監修『ベトナムの事典』〈東南アジアを知るシリーズ〉 同朋舎社出版 一九九九

鈴木静夫・早瀬晋三編、石井米雄監修『フィリピンの事典』〈東南アジアを知るシリーズ〉 同朋舎社出版 一九九二

土屋健治・加藤剛・深見純生編、石井米雄監修『インドネシアの事典』〈東南アジアを知るシリーズ〉 同朋舎社出版 一九九一

桃木至朗他編、石井米雄他監修『（新版）東南アジアを知る事典』 平凡社 二〇〇八

杂志

東南アジア考古学会編『東南アジア考古学』 一九九四年創刊　年刊

研究动向

東南アジア学会監修、東南アジア史学会 40 周年記念事業委員会編『東南アジア史研究の展開』 山川出版社　二〇〇九

早瀬晋三・桃木至朗編集協力『東南アジア史研究案内』〈岩波講座東南アジア史〉別巻　岩波書店　二〇〇三

文献目录

前載『東南アジア史研究の展開』及『（新版）東南アジアを知る事典』中，有详细的文献介绍。

研究方法入门

桃木至朗編『海域アジア史研究入門』 岩波書店　二〇〇八

矢野暢他編『東南アジア学入門』〈講座東南アジア学〉別巻　一九九二

东南亚史概说

秋道智彌編『図録メコンの世界　歴史と生態』 弘文堂　二〇〇七

アンソニー・リード、平野秀秋・田中優子訳『大航海時代の東南アジア』1・2巻　法政大学出版局　一九九七、二〇〇二

生田滋『大航海時代とモルッカ諸島　ポルトガル、スペイン、テルナテ王国と丁子貿易』 中公新書　一九九八

石井米雄・桜井由躬雄『東南アジア世界の形成』〈ビジュアル版　世界の歴史〉12　講談社　一九八五

石澤良昭『東南アジア多文明世界の発見』〈興亡の世界史〉11　講談社
二〇〇九

石澤良昭・樺山紘一『東洋の心、西洋の心』ユーラシア旅行社
二〇〇二

今永清二『東南アジアのイスラーム』渓水社　二〇〇〇

小倉貞男『朱印船時代の日本人　消えた東南アジア日本町の謎』中公新
書　一九八九

クリフォード・ギアツ、小泉潤二訳『ヌガラ　19世紀バリの劇場国家』
みすず書房　一九九〇

肥塚隆編『世界美術大全集　東洋編12　東南アジア』小学館　二〇〇一

斉藤照子『東南アジアの農村社会』山川出版社　二〇〇八

桜井由躬雄『東南アジアの歴史』放送大学教育振興会　二〇〇二

桜井由躬雄『前近代の東南アジア』放送大学教育振興会　二〇〇六

上智大学アジア文化研究所編『新版　入門東南アジア研究』めこん
一九九九

ジョルジュ・セデス、辛島昇・内田晶子・桜井由躬雄訳『インドシナ文
明史』みすず書房　一九六九

杉原薫『アジア間貿易の形成と構造』ミネルヴァ書房　一九九六

高谷好一『東南アジアの自然と土地利用』勁草書房　一九八五

鶴見良行『海道の社会史　東南アジア多島海の人びと』朝日新聞社
一九八七

鶴見良行・山口文憲『越境する東南アジア』平凡社　一九八六

長澤和俊『海のシルクロード史　四千年の東西交易』中央公論社
一九八九

永積洋子『朱印船』吉川弘文館　二〇〇一

長谷部楽爾『東洋陶磁史研究』中央公論美術出版　二〇〇六

早瀬晋山『海域イスラーム社会の歴史　ミンダナオ・エスノヒストリー』
岩波書店　二〇〇三

早瀬晋山『未来と対話する歴史』　法政大学出版局　二〇〇八

早瀬晋山『歴史空間としての海域を歩く』　法政大学出版局　二〇〇八

弘末雅士『東南アジアの港市世界　地域社会の形成と世界秩序』　岩波書
店　二〇〇四

藤田和子『モンスーン・アジアの水と社会環境』　世界思想社　二〇〇二

ベネディクト・アンダーソン、白石さや・白石隆訳『想像の共同体　ナ
ショナリズムの起源と流行　増補版』　NTT 出版　一九九七

ベネディクト・アンダーソン、糟谷啓介他訳『比較の亡霊　ナショナリ
ズム・東南アジア・世界』　作品社　二〇〇五

桃木至朗『歴史世界としての東南アジア』　山川出版社　一九九六

家島彦一『海域から見た歴史：インド洋と地中海を結ぶ交流史』　名古屋
大学出版局　二〇〇六

山田憲太郎『東亜香料史研究』　中央公論美術出版　一九七六

山本達朗編『東南アジアにおける権力構造の史的考察』　竹内書店
一九六九

山本信人ほか『東南アジア政治学　地域・国家・社会・ヒトの重層的ダ
イナミズム』　成文堂　一九九七

讲座、论文集

青柳洋治先生退職記念論文集編集委員会編『地域の多様性と考古学　東
南アジアとその周り』　雄山閣　二〇〇七

池端雪浦編　『東南アジア史Ⅱ　島嶼部』〈世界各国史〉6　山川出版社
一九九九

池端雪浦他編　『岩波講座　東南アジア史』全 9 巻＋別巻　岩波書店

二〇〇一—二〇〇三

石井米雄・辛島昇・和田久徳編『東南アジア世界の歴史的位相』 東京大
学出版会　一九九二

石井米雄・桜井由躬雄編『東南アジア史Ⅰ　大陸部』〈世界各国史〉5
山川出版社　一九九九

大野徹編『東南アジア大陸の言語』大学書林　一九八七

大林太良編『東南アジアの民族と歴史』〈民族の世界史〉6　山川出版社
一九八四

加藤剛編著『変容する東南アジア社会　民族・宗教・文化の動態』 めこ
ん　二〇〇四

北原淳編『東南アジアの社会学　家族・農村・都市』 世界思想社
一九八九

倉沢愛子編『東南アジア史のなかの日本占領』 早稲田大学出版部
一九九七

坂井隆他『東南アジアの考古学』〈世界の考古学〉8　同成社　一九九八

角田文衛他監修『古代王権の誕生Ⅱ　東南アジア・南アジア・アメリカ
大陸編』 角川書店　二〇〇三

寺田勇文編『東南アジアのキリスト教』 めこん　二〇〇二

矢野暢編集代表『講座東南アジア学』全10巻＋別巻　弘文堂
一九九〇—一九九二

山崎元一他『南アジア世界・東南アジア世界の形成と展開』〈岩波講座世
界歴史〉6　岩波書店　一九九九

东南亚大陆地区的历史（第三、五、七、十一章）

越南

鮎京正訓『ベトナム憲法史』 日本評論社　一九九三

伊藤正子『エスニシティ〈創生〉と国民国家ベトナム　中越国境地域タイー族・ヌン族の近代』三元社　二〇〇三

片倉穣『ベトナム前近代法の基礎的研究　「国朝形律」とその周辺』風間書房　一九八七

菊池誠一『ベトナム日本町の考古学』高志書院　二〇〇三

重枝豊、チャン・キィ・フォン『チャンパー遺跡　海に向かって立つ』連合出版　一九九七

立川京一『第二次世界大戦とフランス領インドシナ　「日仏協力」の研究』彩流社　二〇〇〇

桃木至朗・樋口英夫・重枝豊『チャンパ　歴史・末裔・建築』めこん　一九九九

柬埔寨

青柳洋治・佐々木達夫編著『タニ窯跡の研究　カンボジアにおける古窯の調査』連合出版　二〇〇七

石澤良昭『古代カンボジア史研究』国書刊行会　一九八二

石澤良昭『アンコール・ワット　大伽藍と文明の謎』講談社現代新書　一九九六

石澤良昭、内山澄夫写真『アンコール・ワットへの道　クメール人が築いた世界遺産』JTB　二〇〇〇

石澤良昭、大村次郷写真『アンコールからのメッセージ』山川出版社　二〇〇二

石澤良昭『アンコール・王たちの物語　碑文・発掘成果から読み解く』日本放送出版協会　二〇〇五

石澤良昭、大村次郷撮影『アンコールの仏像』日本放送出版協会　二〇〇七

石澤良昭編『文化遺産の保存と環境』〈講座文明と環境〉12　朝倉書店　一九九五

石澤良昭編『おもしろアジア考古学』　連合出版　一九九七

石澤良昭編『アンコール・ワットを読む』　連合出版　二〇〇五

遠藤宜雄『遺跡エンジニアリングの方法　歴史・文化資源をどう活かす』　鹿島出版会　二〇〇一

片桐正夫編、石澤良昭監修『アンコール遺跡の建築学』〈アンコール・ワットの解明〉3　連合出版　二〇〇一

北川香子『カンボジア史再考』　連合出版　二〇〇六

北川香子『アンコール・ワットが眠る間に　カンボジア歴史の記憶を訪ねて』　連合出版　二〇〇九

坂本恭章訳、上田広美編、Nava Rataneyya編纂『カンボジア　王の年代記』　明石書店　二〇〇六

笹川秀夫『アンコールの近代　植民地カンボジアにおける文化と政治』　中央公論新社　二〇〇六

ジャン・デルヴェール、及川浩吉訳、石澤良昭監修『カンボジアの農民』　風響社　二〇〇二

ジャン・ボワスリエ、石澤良昭・中島節子訳『クメールの彫像』　連合出版　一九八六

周達観、和田久徳訳注『真臘風土記　アンコール期のカンボジア』　東洋文庫　平凡社　一九八九

田畑幸嗣『クメール陶器の研究』　雄山閣　二〇〇八

田村仁写真、石澤良昭文『アンコールの王道を行く』　談交社　一九九九

坪井善明編、石澤良昭監修『アンコール遺跡と社会文化発展』〈アンコール・ワットの解明〉4　連合出版　二〇〇一

中尾芳治編、石澤良昭監修『アンコール遺跡の考古学』〈アンコール・ワ

ットの解明〉1　連合出版　二〇〇〇

ブイユヴォー他、北川香子訳『カンボジア旅行記』連合出版　二〇〇七

藤原貞朗『オリエンタリストの憂鬱　植民地主義時代のフランス東洋学者とアンコール遺跡の考古学』こめん　二〇〇八

ブリュノ・ダジャンス、中島節子訳、石澤良昭監修『アンコール・ワット　密林に消えた文明を求めて』創元社　一九九五

ブリュノ・ダジャンス、石澤良昭・中島節子訳『アンコール・ワットの時代　国のかたち、人々のくらし』連合出版　二〇〇八

ベルナール・P・グロリエ、石澤良昭・中島節子訳『西欧が見たアンコール　水利都市アンコールの繁栄と没落』連合出版　一九九七

マドレーヌ・ジトー、ダニエル・グレ、河野洋子訳、石澤良昭監修『クメールの芸術　アンコール・ワットに見る華麗な美術　伝統の技と流儀』芸術新聞社　一九九七

盛合禧夫編、石澤良昭監修『アンコール遺跡の地質学』〈アンコール・ワットの解明〉2　連合出版　二〇〇〇

泰国

石井米雄『タイ近世史研究序説』岩波書店　一九九九

市川健二郎『日本占領下タイの抗日運動　自由タイの指導者たち』勁草書房　一九八七

柿崎一郎『物語　タイの歴史　微笑みの国の真実』中公新書　二〇〇七

小泉順子『歴史叙述とナショナリズム　タイ近代史批判序説』東京大学出版会　二〇〇六

新谷忠彦『タイ族が語る歴史「センウィー王統紀」「ウンポン・スィーポ王統紀」』雄山閣　二〇〇八

玉田芳史『民主化の虚像と実像　タイ現代政治変動のメカニズム』京都

大学学術出版会　二〇〇三
吉川利治『泰緬鉄道　機密文書が明かすアジア太平洋戦争』 同文舘出版
一九九四

老撾

天川直子・山田紀彦編『ラオス　一党支配体制下の市場経済化』 アジア
経済研究所　二〇〇五
園江満『ラオス北部の環境と農耕技術　タイ文化圏における稲作の生態』
慶友社　二〇〇六
中田友子『南ラオス村落社会の民族誌　民族混住状況下の「連帯」と闘争』
明石書店　二〇〇四
ラオス地域人類学研究所編『ラオス南部　文化的景観と記憶の探求』 雄
山閣　二〇〇七
ラオス文化研究所編『ラオス概説』 めこん　二〇〇三

緬甸

アウンサンスーチー、伊野憲治編訳『アウンサンスーチー演説集』 みす
ず書房　一九九六
伊東照司『ビルマ仏教遺跡』 柏書房　二〇〇三
伊野憲治『ビルマ農民大反乱（1930〜1932年）　反乱下の農民像』〈北九
州大学法政叢書〉16　信山社　一九九八
井上さゆり『ビルマ古典歌謡の旋律を求めて　書承と口承から創作へ』
風響社　二〇〇七
大野徹『謎の仏教王国パガン　碑文の秘めるビルマ千年史』 日本放送出
版協会　二〇〇二
奥平龍二『ビルマ法制史研究入門　伝統法の歴史的役割』 日本図書刊行
会　二〇〇二

新谷忠彦編『黄金の四角地帯 シャン文化圏の歴史・言語・民族』〈東京外国語大学アジア・アフリカ言語文化研究所 歴史・民俗叢書〉Ⅱ 慶文社 一九九八

高橋昭雄『ビルマ・デルタの米作村 「社会主義」体制下の農村経済』〈研究双書〉423 アジア経済研究所 一九九二

武島良成『日本占領とビルマの民族運動 タキン勢力の政治的上昇』 龍渓書舎 二〇〇三

根本敬『アウン・サン 封印された独立ビルマの夢』 岩波書店 一九九六

馬場公彦『「ビルマの竪琴」をめぐる戦後史』 法政大学出版局 二〇〇四

山本宗補『ビルマの大いなる幻影 解放を求めるカレン族とスーチー民主化のゆくえ』 社会評論社 一九九六

吉田敏浩『森の回廊 ビルマ辺境、民族解放区の1300日』 日本放送出版協会 一九九五

相关年表

※ 表示年代不确切，时间栏省略"年"字

东南亚地区		其他地区		日本	
公元前 241 年	秦征服中国南部等地区，设置三郡	前 221	秦始皇统一中国	前 4—前 1 世纪	弥生时代前期
前 204	南越建国，统治中国南部、中南半岛东北部	前 206	秦灭亡		
前 196	南越以汉为宗主国	※ 前 196	罗塞塔石碑完成		
前 183	南越王赵佗号称武王，反抗汉	前 146	迦太基灭亡		
前 111	汉武帝吞并南越，设立七郡				
※ 前 2—1	黄支国使者经海路到访				
40—42	越南北部、征侧、征贰抵抗汉的统治，被镇压	※30	耶稣被害	2—6 世纪	古坟时代
97	掸国向中国朝贡	※98	古罗马的图拉真帝即位，罗马帝国版图达到最大	57	光武帝赐汉倭奴国国王金印

东南亚地区		其他地区		日本	
1 世纪	柬埔寨南部兴起扶南国（—7 世纪）				
131	叶调国、掸国的使者经海路至日南郡	161	古罗马皇帝马可·奥勒留·安东尼即位	107	倭国王帅升向后汉献奴隶
137	蛮人区怜（连）进犯日南郡	184	中国爆发黄巾之乱		
2 世纪	扶南与罗马、印度和中国贸易活跃	※200	在此之前《摩奴法典》完成		
166	大秦王安敦（马可·奥勒留）派使者至日南郡				
187	太守士燮趁三国之乱，于越南北部自立为王（—226）。士燮统治期间佛教传来				
197	区连建林邑国（占婆）？				
2—4 世纪	在越南南部，武竞碑文完成				
※225	扶南王使者前往印度贵霜王国	216	罗马建成卡拉卡拉浴场	239	卑弥呼初向魏遣使，获赐印绶和铜镜等
226	在越南，太守士燮之子士徽造反	※226	波斯萨珊王朝成立	247	卑弥呼最后一次向魏遣使
227	吴国孙权再次占领交州	234	诸葛亮去世	266	壹与向西晋遣使
229	吴国朱应、康泰出使扶南，与贵霜王国的使者相遇	274	古罗马皇帝奥勒良征服巴尔米拉		

续表

东南亚地区		其他地区		日本	
3 世纪前半叶	缅甸南部伊洛瓦底江河谷卑谬附近兴起骠国（室利差呾罗）。扶南大王范（师）蔓讨伐邻近十数国，在征途中去世				
248	占婆占领区粟，形成占婆北境				
250	晋取代吴统治交州				
357	扶南王竺旃檀（印度裔）向中国朝贡	320	印度建立笈多王朝（—520 前后）	391	倭军与百济、新罗开战
4 世纪后半叶	占婆拔陀罗跋摩王建立湿婆神殿。东南亚盛行"印度化"（—5 世纪）	395	古罗马帝国东西分裂		
399	占婆王范须达（380—413 在位）攻打日南郡沿岸				
5 世纪初	婆罗门憍陈如（Kaund-inya）到达扶南，成为扶南王	439	汪达尔在北非建国	413	倭国遣使东晋
412	法显从斯里兰卡，沿海路经东南亚回国	453	匈人阿提拉去世		
5 世纪前半叶	加里曼丹岛古泰碑文（东南亚岛屿地区最古老的梵语碑文）	476	西罗马帝国灭亡		
431	占婆船队入侵交州沿岸				
446	交州刺史檀和之攻破占婆据点				
5 世纪后半叶	爪哇西部婆尔那跋摩碑文（梵文）				
455	占婆王范神成即位				
5 世纪末	下缅甸卑谬巴利语碑文				
※6 世纪	湄南河流域兴起堕罗钵底王国	527	东罗马帝国查士丁尼一世即位（—565）	513	从百济开始送入五经博士

东南亚地区		其他地区		日本	
503	中国赐予憍陈如阇耶跋摩扶南王称号	534	北魏灭亡	538	佛教公传
514	扶南王留陀跋摩即位（—539？）	※570	穆罕默德出生	588	苏我马子在飞鸟兴建法兴寺
544	越南的地区土豪李贲叛乱（—548）	589	杨坚建立隋朝		
545	中国梁朝再次占领越南				
※6世纪后半叶	真腊高棉王国在湄公河中游河谷平原兴起				
6世纪后半叶	扶南迁都吴哥比里				
607	隋炀帝遣使入赤土国（马来半岛？）	604	隋炀帝即位	603	制定冠位十二阶
611	伊奢那跋摩国王制作最古老的高棉语碑文	618	李渊建立唐朝	604	制定宪法十七条
7世纪前半叶	真腊（柬埔寨）吞并扶南	642	阿拉伯军队击败萨珊王朝波斯军	645	大化改新
653	占婆毗建陀跋摩（诸葛地）即位（统治30年）	645	玄奘从印度归国	672	壬申之乱
7世纪中叶	室利佛逝王国建立	661	倭马亚王朝成立（—750）	694	迁都藤原京
671	义净沿海路前往印度	668	高句丽灭亡		
679	唐朝在河内设立安南都护府	676	新罗统一朝鲜半岛		
694	义净从室利佛逝回国	690	武则天即位，改国号为周		
※706	柬埔寨分裂为水真腊和陆真腊	711	西哥特王国灭亡	701	制定《大宝律令》
713	柬埔寨阇耶戴维女王（Jayadevi）的碑文（感叹不幸时代）	732	普瓦提埃战役	710	迁都平城京

东南亚地区		其他地区		日本	
732	康格碑文（记有珊阇耶王名）	750	阿拔斯王朝创立（—1258)	720	《日本书纪》成书
※750	爪哇中部开始建立曼杜陵庙	751	怛罗斯之战	747	建造大佛之诏
※8世纪中叶	水真腊附属于室利佛逝?占婆国南迁，更名环王国	755	唐朝安史之乱（—763)	754	鉴真来日
767	爪哇船队攻击越南北部	756	伊比利亚半岛兴起后倭马亚王朝	757	施行《养老律令》
774	爪哇船队攻打占婆	780	唐朝创立两税法	759	鉴真建立唐招提寺
※775	开始兴建婆罗浮屠（810年前后竣工）	786	哈伦·拉希德即位（—809)	794	迁都平安京
787	爪哇船队再次攻打占婆				
802	吴哥王朝阇耶跋摩二世即位	831	阿拉伯军队占领西西里岛巴勒莫	838	圆仁入唐
832	云南的南诏国消灭缅甸骠国	870	《梅尔森条约》	853	圆珍入唐
9世纪中叶	爪哇中部建设普兰巴南	875	唐朝黄巢起义（—884)	894	中止遣唐使
863	南诏国占领交州的安南都护府				
875	占婆兴起因陀罗补罗王朝。中国称为占城				
889	耶输跋摩一世第一次建造吴哥都城				
10世纪前半叶	中国任命越南的地区首领曲承裕为节度使	907	唐朝灭亡。开始五代十国时代	905	《古今和歌集》成书

续表

东南亚地区		其他地区		日本	
※926	爪哇中部的默拉皮火山爆发	916	耶律阿保机建立契丹国（后来的辽国）	935	平将门之乱爆发
939	越南吴权击退中国军队，实现独立	936	高丽灭后百济后，统一朝鲜半岛	936	藤原纯友之乱
950	柬埔寨军队进攻占婆，被击败	960	赵匡胤建立宋朝	988	尾张郡司及百姓控诉国守
967	吴哥王朝完成寺院杰作女王宫	962	奥托一世获教皇约翰十二世加冕，建立神圣罗马帝国		
968	越南丁部领再次统一国内，取得完全独立	986	加兹尼王朝开始入侵北印度		
979	越南黎桓击破中国军队				
980	越南黎桓即位，黎朝开始（—1009）				
982	黎桓征讨占婆				
※990	谏义里王朝达玛旺沙国王编纂法典等				
995	占婆进攻越南（997年再攻）				
988	占婆迁都佛誓				
10世纪	高棉的耶输跋摩一世建设新都吴哥（耶输陀罗补罗）				
1002	吴哥王朝苏利耶跋摩一世即位	1004	宋与契丹"澶渊之盟"	1016	藤原道长摄政
※1006	爪哇谏义里王朝达玛旺沙国王战死	1005	欧洲各地大饥荒（—1006）	1019	刀伊入寇

东南亚地区		其他地区		日本	
1009	越南李太祖即位，李朝开始（—1225）	1018	诺曼人入侵南意大利	1027	藤原道长去世（966—1027）
1022	吴哥王朝挺进湄南河流域（—1225）	1038	图格鲁勒·贝格建立塞尔柱帝国。李元昊创建西夏	1051	前九年之役（—1062）
※1025	南印度朱罗王朝讨伐室利佛逝	1055	塞尔柱军进入巴格达	1069	设置记录庄园券契所
1037	谏义里王朝的爱尔朗卡王征服爪哇全境	1066	诺曼底公爵威廉征服英格兰，诺曼王朝开始	1083	后三年之役（—1087）
1042	占婆攻击越南北部沿岸	1069	宋朝开始王安石变法	1086	白河上皇开始院政
1044	李太宗征讨占婆，俘获约5000名俘虏，占婆首都失陷。缅甸阿奴律陀王即位，开创蒲甘王朝	1077	"卡诺莎之辱"，神圣罗马帝国皇帝亨利四世向教皇屈服		
1050	吴哥王朝开凿大型水库（Baray）（—1066）	1096	第一次十字军东征（—1099）		
1057	阿奴律陀王远征下缅甸孟人据点				
1059	阿奴律陀王建仰光大金塔				
1068	朱罗王朝再次远征室利佛逝（—1069）				
1069	李朝攻打占婆，占婆首都佛誓失火				

东南亚地区		其他地区		日本	
1070	占婆向越南割让北部三州				
1071	李朝建设文庙				
1075	斯里兰卡向蒲甘王朝寻求复兴佛教的援助				
1076	李朝引入科举制。李朝开设国子监				
1084	李朝击退北宋军队，获得胜利				
11世纪末	蒲甘王朝江喜陀王即位。江喜陀王建立阿南达寺				
1104	李朝占领越南中部，迁入越南人	1115	完颜阿骨打建立金国	1105	藤原清卫建中尊寺的多宝塔
1108	李朝筑堤			1129	鸟羽上皇开始院政
1112	完成妙泽蒂碑文——最古老的缅甸语碑文	1122	因为《沃尔姆斯宗教协定》，叙任权之争暂时平息	1156	保元之乱
1113	吴哥王朝苏利耶跋摩二世即位。开始兴建吴哥窟。蒲甘王朝第四代阿隆悉都王即位（—1167）	1125	金灭辽	1159	平治之乱
1115	罗斛第一次向中国遣使（1155年再遣使）	1126	靖康之变。北宋被金所消灭	1167	平清盛任太政大臣
1116	吴哥王朝向中国遣使（1120，1128—1129，1131）	1127	宋朝复兴。建立南宋	1180	大火烧毁东大寺
1118	蒲甘王朝军队远征若开	1147	第二次十字军东征（—1149）	1185	平氏灭亡

东南亚地区		其他地区		日本	
1128	吴哥王朝远征大越国（1138年、1150年再征）	1167	意大利成立伦巴第城市同盟	1192	源赖朝任征夷大将军，开辟镰仓幕府
1131	蒲甘国王建立瑞古意塔	1169	萨拉丁在埃及建立阿尤布王朝（—1250）		
1144	蒲甘国王建立最大的佛塔他冰瑜寺	1187	萨拉丁夺回耶路撒冷		
1145	吴哥王朝军队占领占婆（—1149）	1189	第三次十字军东征（—1192）		
1167	法阿育王（Dharmasoka）统治罗斛	※1200	印度那烂陀寺遭到破坏		
1173	蒲甘王朝第七代国王拿那拔地薛胡即位				
1174	南宋朝廷封李英宗为"安南王"				
1177	占婆水军攻打并占领吴哥都城				
1181	吴哥王朝阇耶跋摩七世即位				
1183	蒲甘国王建立苏拉玛尼寺。呈现出建寺王朝景观。猜亚发现与摩罗游有相同的造像碑的佛像				
1186	阇耶跋摩七世建立塔普伦寺				
1190	从斯里兰卡传入上座部佛教大寺派				
1191	阇耶跋摩七世攻打占婆都城。阇耶跋摩七世建立圣剑寺				

东南亚地区		其他地区		日本	
12 世纪末	开始营建吴哥通王城				
13 世纪初	吴哥王朝营建都城耶输陀罗补罗，领域内设医馆和驿站，兼并占婆（1203—1220）	1206	铁木真称成吉思汗	1205	《新古今和歌集》成书
1222	爪哇谏义里王朝灭亡，兴起新柯沙里王国	1215	英格兰完成《大宪章》	1219	源实朝遇害，北条氏执政
1225	越南李朝灭亡，陈守度（太宗）开辟陈朝（—1400）	1219	成吉思汗西征（—1225）	1221	承九之乱
※1238	泰族酋长驱走素可泰的高棉势力，素可泰王朝兴起	1234	蒙古灭金	1232	制定《御成败式目》
1252	陈太宗远征，要求占婆返还北部三州	1241	汉萨同盟成立	1274	文永之役
1257	元军攻入越南	1243	钦察汗国建立	1279	无学祖元赴日
1268	新柯沙里王朝格尔达纳卡拉王统治期间国家强盛起来	1258	阿拔斯王朝灭亡。伊儿汗国成立	1281	弘安之役
1271	犹太人雅各布·德·安科纳沿海路，从印度前往中国。首次记载了有关伊斯兰港市国家巴赛（Pasai）的情况	1267	海都之乱	1285	霜月骚乱
1272	黎文休著《大越史记》，共30卷	1271	忽必烈建立元王朝。马可·波罗游历中国和东南亚	1297	永仁德政令

续表

东南亚地区		其他地区		日本	
1277	元军远征各地，攻打蒲甘王朝（1287、1300）、占婆（1282—1284）、越南（1284—1287）、爪哇（1293）	1279	元朝灭南宋		
※1279	素可泰王朝第三代国王兰甘亨大帝即位	1282	西西里晚祷事件。阿拉贡国王佩德罗三世成为西西里王		
1287	元军占领蒲甘城，允许缅甸王族存留。在下缅甸，伐丽流王创建勃固王朝（—1539）	1295	英格兰爱德华一世召集模范议会		
1289	新柯沙里王朝驱走元朝招抚使节	1299	奥斯曼王朝建立（—1922）		
1291	孟人国家哈里奔猜灭亡				
1292	完成兰甘亨碑文（最古老的泰语碑文）。马可·波罗沿海路从中国前往忽鲁谟斯				
1293	元军攻打爪哇。新柯沙里王国灭亡，满者伯夷王国成立				
1296	中国周达观访问吴哥都城（—1297），后著见闻录《真腊风土记》。泰族势力建设清迈王国				
1299	泰裔掸人酋长烧毁蒲甘都城				
1306	越南女王下嫁占婆国王。割让顺化	1302	法国第一次三级会议	1331	元弘之乱（—1332）
1321（1325？）	意大利传教士和德里停泊占婆	1331	奥斯曼帝国占领尼西亚	1333	镰仓幕府灭亡

东南亚地区		其他地区		日本	
1326	占婆王制阿难摆脱越南宗主权	1339	英法百年战争爆发（—1453）	1334	建武中兴
※1330	满者伯夷王国加查·马达出任宰相（—1364）	1347	地中海沿岸、欧洲等地鼠疫肆虐（—1349）	1338	足利尊氏出任征夷大将军，开创室町幕府
1345	素可泰王朝立泰副王著《三界经》	1353	土耳其军入侵欧洲	1350	该时期的倭寇侵略变得频繁
1346	伊本·白图泰沿海路从印度前往中国	1356	神圣罗马皇帝查理四世颁布《金玺诏书》	1368	足利义满任大将军（—1394）
1347	缅甸东南部创建缅人的东吁王朝	1368	朱元璋建立明朝		
1350	满者伯夷王国哈奄·武禄即位（—1389）	1370	帖木儿建立帖木儿帝国（—1500）		
1351	泰国的湄南河三角洲地区兴起阿瑜陀耶王朝	1378	罗马和阿维尼翁分立教皇，天主教会大分裂（—1417）		
1353	老挝的琅勃拉邦地区兴起澜沧王国	1392	李朝建立		
※1353	阿瑜陀耶王朝一时占领吴哥都城	1395	帖木儿帝国征服西亚		
1354	阿瑜陀耶王朝远征素可泰王朝				
1361	占婆王制蓬峨攻打越南陈朝				

东南亚地区		其他地区		日本	
1364	缅甸掸人创建阿瓦王朝（—1527）				
1365	满者伯夷王国的宫廷诗人普腊班扎创作《爪哇史颂》				
1371	柬埔寨向明朝朝贡				
1376	澜沧王国桑森泰即位，进行人口普查				
1378	素可泰王朝被阿瑜陀耶吞并				
1385	缅甸勃固王朝将国土分为32区，进行统治				
1400	越南的地区首领胡季犛篡夺王位，开辟胡朝（—1407）				
※1400	马六甲王国成立				
1405	明朝郑和先后七次到达东南亚（—1433）	1402	帖木儿在安卡拉战役中，击破奥斯曼军。明朝永乐帝即位（—1424）	1402	足利义满接受明朝国书
1407	明朝永乐帝攻打越南，并将其置于统治之下。胡朝灭亡。马六甲国王受阿瑜陀耶压迫，向明朝求助	1413	奥斯曼帝国复兴	1404	勘合贸易开始
1428	越南黎利驱走明军，开辟黎朝（—1527，1532—1789）	1422	奥斯曼帝国军队包围君士坦丁堡	1419	朝鲜兵进攻对马岛（应永外寇）
1432	柬埔寨遭阿瑜陀耶军队进攻，放弃吴哥	1443	朝鲜制定训民正音（谚文）	1428	正长土一揆

东南亚地区		其他地区		日本	
1434	吴哥王朝，迁都金边	1453	英法百年战争结束（1339—1453）。君士坦丁堡沦陷。拜占庭帝国灭亡	1441	赤松满祐杀死将军足利义教
1445	阿瑜陀耶军入侵马六甲王国（1456年再入侵）	1480	莫斯科大公国脱离钦察汗国独立	1457	太田道灌建江户城
1446	越南黎朝军攻占占婆都城佛誓	1492	哥伦布登上新大陆	1467	应仁之乱（—1477）
1448	阿瑜陀耶王朝戴莱洛迦纳王即位（—1488）。制定诸法，整顿官制	1494	《托德西拉斯条约》	1489	东山山庄银阁建造完成
1470	越南黎朝圣宗下令编纂《洪德法典》（—1496）	1498	瓦斯科·达·伽马船队到达印度		
1471	越南黎朝军进攻占婆，占婆走向亡国	1500	帖木儿帝国灭亡		
1476	缅甸勃固王朝建立迦梨耶尼结界，上座部佛教取得新发展				
1479	越南黎朝军攻打老挝澜沧王国。编纂越南正史《大越史记全书》				
1496	意大利人斯坦福那（Stefano）到访勃固王朝				
1511	葡萄牙占领马六甲，马六甲王国转移到宾丹岛	1517	路德《九十五条论纲》	1523	大内、细川两家争夺对明贸易
1512	爪哇北海岸的淡目攻打葡萄牙占领的马六甲	1519—1522	麦哲伦船队环行世界	1531	一向宗暴动，在越前破朝仓义景

东南亚地区		其他地区		日本	
1520	亚奇王国兴起	1526	印度成立莫卧儿帝国。倭寇在浙江双屿岛建立贸易基地（—1548）	1538	大内氏从朝鲜引入佛典、儒书
1522	葡萄牙在马鲁古群岛的特尔纳特岛建设要塞	1529	《萨拉戈萨条约》	1543	葡萄牙人漂流到种子岛，带来枪支
※1525	万丹王国建立	1534	英国国教会成立	1549	方济各·沙勿略到鹿儿岛（基督教传入）
1526	葡萄牙攻打宾丹岛	1545	玻利维亚的波托西银矿开始运转	1555	川中岛之战
1527	越南军阀莫登庸推翻黎朝即位，战乱时代开始	1552	俄罗斯征服喀山汗国	1560	桶狭间之战
1531	缅甸莽瑞体开辟东吁王朝	1556	西班牙国王腓力二世即位（—1598）	1568	织田信长入京，拥立足利义昭为将军
1532	越南军阀阮淦在琅勃拉邦立黎朝后裔为庄宗	1558	伊丽莎白一世即位（—1603）	1573	室町幕府灭亡
1538	莽瑞体占领勃固	1562	法国宗教战争——胡格诺战争（—1598）	1575	长篠之战
1546	越南的黎庄宗在清化建立行在。郑氏军阀强大起来	1567	明朝放宽禁海令	1582	本能寺之变

东南亚地区		其他地区		日本	
1547	莽瑞体包围阿瑜陀耶	1568	尼德兰开始反抗西班牙	1583	贱岳合战
1551	缅甸莽应龙即位,重建东吁王朝。葡萄牙佣兵带来若开、吉大港的黄金时代	1571	勒班陀海战	1587	颁布传教士驱逐令
1555	莽应龙从掸邦高原远征并占领清迈	1576	莫卧儿王朝吞并孟加拉	1590	丰臣秀吉统一天下
1558	阮氏在越南中部顺化独立,开始南北分裂时代	1580	西班牙吞并葡萄牙(一1640)	1592	丰臣秀吉出兵朝鲜(一1596,1597—1598)
1564	缅甸军包围阿瑜陀耶,割让丹老港	1581	尼德兰独立宣言	1600	关原之战
1565	西班牙的雷加斯比船队占领菲律宾宿务岛,西班牙开始统治菲律宾	1588	英国歼灭西班牙无敌舰队		
1569	莽应龙占领阿瑜陀耶,泰国成为缅甸属国	1589	法国波旁王朝建立		
1571	雷加斯比设立马尼拉市	1598	南特敕令保障新旧两教信仰自由		
1574	葡萄牙人被逐出特尔纳特岛	1600	设立英国东印度公司		
1578	葡萄牙人在蒂多雷岛建立要塞				
※1580	苏塔·威查亚·森纳帕提(Suta Wijaya Senapati)成为马打兰国王				
1584	泰国纳瑞宣宣布脱离缅甸独立				
1586	森纳帕提在爪哇中部建立马打兰王国				

东南亚地区		其他地区		日本	
1587	纳瑞宣在阿瑜陀耶的包围战中获胜，将缅军驱出泰国。泰军入侵柬埔寨，紧逼洛韦				
1592	越南清化郑氏驱逐莫氏，进入河内城，莫氏被困在中越国境				
1593	泰军占领马来半岛西海岸的德林达伊、土瓦				
1596	荷兰船到达万丹				
1599	纳瑞宣的泰军进入勃固、马达班、清迈、掸人各国等均成为其属国				
1602	葡萄牙人德·布里托在缅甸锡里安建设王国	1602	荷兰东印度公司成立	1601	创设朱印船制度
1605	荷兰东印度公司占领安汶	1607	英国在北美东海岸建设詹姆斯敦城	1603	江户幕府成立
1618	燕·彼德尔斯逊·昆建设巴达维亚（今雅加达）	1616	建立后金	1609	荷兰在平户开设商馆
1620	爪哇中部的马打兰王国占领泗水（—1625）	1618	三十年战争爆发(—1648)	1613	英国东印度公司在平户开设商馆（—1623）
1623	越南中部的阮氏进入普利安郡。安汶事件。英国东印度公司从东南亚撤退	1620	清教徒前辈移民至北美	1615	大坂夏之阵。丰臣氏灭亡
1627	河内郑氏进攻阮氏的顺化地区	1622	荷兰东印度公司建设热兰遮城（—1661）	1623	英国关闭平户商馆

东南亚地区		其他地区		日本	
1628	马打兰王国包围巴达维亚（—1629）	1626	荷兰西印度公司购入曼哈顿岛	1630	禁止传入基督教相关书籍
1629	顺化的阮氏在洞海修筑长城。亚齐王国进攻马六甲失败	1631	明朝李自成叛乱	1636	长崎出岛筑成
1636	马打兰王国军队占领格雷西	1636	后金的皇太极登基，国号更为清	1641	荷兰人移居出岛
1641	荷兰东印度公司占领马六甲	1642	英国清教徒革命	1649	颁布《庆安御触书》
1650	荷兰与马鲁古群岛岛民发生战争	1661	郑成功收复热兰遮城	1669	松前藩阿伊努族长沙牟奢允起义
1653	荷兰-望加锡战争（—1655）	1670	俄罗斯拉辛农民起义（—1671）	1673	分地制限令
1667	望加锡因《旁卡耶协定》而被置于荷兰保护下	1673	清朝三藩之乱（—1681）	1678	幕府再次严禁天主教
1672	越南郑氏袭击中部阮氏战败，之后处于休战状态	1683	清朝收复台湾	1680	德川纲吉任第五代将军
1675	反抗爪哇马塔兰王国的特鲁诺佐约叛乱	1689	英国爆发光荣革命	1689	清朝在长崎设置商馆
1677	荷兰介入特鲁诺佐约叛乱（—1678）	1691	莫卧儿王朝的版图达到最大		
1678	明朝臣子陈上川等附属于越南中部阮氏，驻扎在南部，推进湄公河三角洲的发展				

东南亚地区		其他地区		日本	
1680	荷兰介入万丹内乱（—1683）				
1685	法国与阿瑜陀耶王朝缔结通商协议				
1688	阿瑜陀耶王朝那莱王去世，荷兰垄断泰国贸易				
1694	荷兰在爪哇西部的勃利央安最先实行义务交售（强迫种植）制度				
1698	在西贡建立阮氏的政治据点嘉定府。越南开始占据湄公河三角洲				
1699	柔佛王国马哈茂德遭到暗杀				
1704	爪哇马打兰王国第一次王位继承战争（—1708）	1701	西班牙王位继承战争爆发（—1714）	1703	近松门左卫门初演《曾根崎殉情》
1707	老挝分裂为万象王国和琅勃拉邦王国	1703	俄罗斯彼得一世着手建造新都圣彼得堡	1714	严禁与外国船只秘密交易
1708	顺化阮氏征服南部河仙的中国人势力郑氏	1711	爪哇的咖啡进入阿姆斯特丹市场	1716	德川吉宗成为第八代将军。享保改革（—1745）
1709	华侨王国港口国成立	1713	缔结《乌得勒支和约》	1720	放宽引进汉译西洋书籍
1713	占巴塞从万象王国分裂出来，老挝三国时代开始	1716	清朝完成《康熙字典》	1732	享保大饥荒爆发

东南亚地区		其他地区		日本	
1717	马打兰王国第二次王位继承战争（—1723）	1723	清朝禁止基督教	1741	禁止农民强诉、逃散
1722	在巴达维亚，欧亚混血人安贝尔菲尔德由于涉嫌对抗荷兰东印度公司，被处死	1727	清朝与俄罗斯缔结《恰克图条约》	1748	竹田出云初演《假名手本忠臣藏》
1731	柬埔寨向阮氏割让湄公河三角洲的两个州	1733	波兰王位继承战争（—1735）	1765	向朝鲜出口铜
1733	阿瑜陀耶发生暴动	1735	清高宗乾隆帝即位	1768	田沼意次担任老中
1736	越南河仙的莫天赐成为顺化阮氏的河仙都督	1740	奥地利王位继承战争（—1748）	1772	前野良泽等人翻译《解体新书》
1738	北部越南爆发黎维襟之乱（—1770）	1756	七年战争爆发（—1763）	1774	首次进口荷兰金银钱
1740	巴达维亚发生虐杀华人事件	1763	《巴黎条约》签订。英国得到加拿大等	1783	天明大饥荒爆发
1749	第三次马打兰王位继承战争（—1757）	1768	库克开始太平洋航海探险（—1771，1772—1775，1776—1779）	1786	最上德内等人探险千岛
1752	勃固孟人占领阿瓦，东吁王朝灭亡。雍籍牙收复阿瓦，建立雍籍牙王朝	1775	美国独立战争爆发（—1783）	1787	松平定信宽政改革（—1793）

续表

东南亚地区		其他地区		日本	
1755	爪哇的马打兰王国分裂为梭罗和日惹	1783	《巴黎条约》签订。承认美国独立	1790	宽政异学之禁
1756	雍籍牙占领锡里安，建设仰光	1787	俄土战争爆发（—1792）	1800	伊能忠敬着手测量虾夷地
1757	雍籍牙占领勃固，孟人大量逃亡泰国	1789	法国大革命爆发		
1762	马尼拉发生虐杀华人事件。英国占领马尼拉	1796	清朝禁止进口鸦片		
1765	乾隆皇帝远征缅甸（—1769）				
1767	缅军占领泰国阿瑜陀耶，阿瑜陀耶王朝灭亡，郑信将军在曼谷自立为王，在缅军撤退后于吞武里建立新王朝				
1771	在越南中部，西山阮文岳兄弟举兵占领归仁				
1777	在越南南部，除了阮福映，在顺化的阮氏一族灭亡				
1782	郑信被处死，拉玛一世即位，迁都曼谷，创立拉达那哥欣王朝				
1784	拉玛一世援助流亡曼谷的阮福映，出兵越南南部，但战败而退				
1785	西班牙设立菲律宾皇家公司（—1830）				
1786	西山阮文惠攻入越南北部，郑氏灭亡。英国弗朗西斯·莱特宣布对马来半岛西岸槟榔屿的领有权				

东南亚地区		其他地区		日本	
1787	阮福映离开曼谷，回到越南南部				
1789	清朝封西山阮文惠为安南国王				
1799	荷兰东印度公司解散				
1800	英国东印度公司占领槟榔屿对岸				
1802	越南阮福映在顺化建立阮朝（—1945）	1804	拿破仑登基（—1815）	1804	俄罗斯使节雷扎诺夫到访，请求通商
1804	阮朝将国号更为越南	1806	神圣罗马帝国解体	1808	间宫林藏开始探险桦太（库页岛）
1811	英国占领爪哇（—1816）	1814	拿破仑退位，被放逐至厄尔巴岛。维也纳会议（—1815）	1815	杉田玄白著《兰学事始》
1814	英国依照《伦敦协定》返还旧荷兰殖民地	1815	在滑铁卢战役中，拿破仑大败。复辟政权被称百日王朝	1821	伊能忠敬绘制完成《大日本沿海舆地全图》
1815	西班牙废除菲律宾的大帆船贸易	1821	希腊独立战争（—1829）	1825	异国船驱逐令
1819	莱佛士在新加坡建立殖民地	1824	美俄缔结《关于太平洋和美洲西北海岸的协定》	1827	赖山阳完成《日本外史》
1821	在苏门答腊爆发比达里战争（—1832）	1826	巴拿马大会召开	1828	西博尔德事件

东南亚地区		其他地区		日本	
1824	英国与荷兰签署协定，调整两国殖民地整体利害关系，特别是确定亚洲势力范围。越南拒绝法国通商要求。第一次英缅战争爆发	1830	法国爆发七月革命	1832	天保大饥荒爆发
1825	爪哇爆发第博尼哥罗战争（—1830）	1832	第一次土埃战争爆发（—1833）	1837	大盐平八郎之乱
1826	缅甸与英国缔结《杨达波条约》。第一次英缅战争结束，英国获得若开、德林达伊。泰国与英国东印度公司缔结《伯尼条约》	1834	英属殖民地废除奴隶制	1839	蛮社之狱
1830	荷兰在爪哇开始实行强迫种植制度。法国军舰抵达越南土伦（今岘港）	1837	英国女王维多利亚即位（—1901）	1841	水野忠邦的天保改革
1830 年代	菲律宾鼓励中国移民	1840	第一次鸦片战争爆发（—1842）	1853	美国使节佩里抵达浦贺，俄罗斯使节普提雅廷抵达长崎
1841	越南（顺化）吞并柬埔寨	1848	欧洲各地爆发 1848 年革命	1854	《日美和亲条约》签订。与英、俄也缔结条约
1847	法国军舰炮轰土伦，开始侵略越南	1850	洪秀全太平天国运动（—1864）	1858	《日美友好通商条约》签订

东南亚地区		其他地区		日本	
1848	马来半岛霹雳地区开始开采锡矿，中国劳动力涌入。爪哇中部大饥荒（—1850）。西班牙政厅购入三艘蒸汽船，再次攻打摩洛人（菲律宾南部伊斯兰教徒）	1851	《中俄伊犁塔尔巴哈台通商章程》签订	1859	安政大狱
1852	第二次英缅战争爆发，英国吞并缅甸勃固地区	1852	拿破仑三世即位	1862	生麦事件
1855	泰国与英国缔结《鲍林条约》	1857	印度民族大起义	1867	德川庆喜大政奉还，王政复古
1856	泰国、美国、法国缔结友好通商协议	1861	美国爆发南北战争（—1865）。俄罗斯颁布解放农奴的法令。意大利王国建立	1868	明治维新
1857	敏东王在曼德勒建立新王都	1863	美利坚合众国废除奴隶制度	1871	废藩置县
1859	马辰（加里曼丹）战争，法军占领西贡	1867	奥匈帝国成立	1875	同俄罗斯签订《桦太千岛交换条约》
1862	下缅甸三地成为英属地区。菲律宾居士的权利维护运动开始。越南与法国缔结《第一次西贡条约》（割让南部三省）	1869	美国完成横跨大陆的铁路修筑	1877	西南战争
1863	法国与柬埔寨签订保护条约	1870	普法战争开始（—1871）	1885	福泽谕吉发表《脱亚论》

东南亚地区		其他地区		日本	
1867	法国占领西部交趾支那三省。泰国承认柬埔寨属法国保护国	1871	德意志帝国建立。巴黎公社成立	1889	颁布《大日本帝国宪法》
1868	拉玛五世在暹罗即位	1875	英国购买苏伊士运河公司股权	1890	第一次总选举
1872	菲律宾卡比特兵器厂工人暴动	1882	美国禁止中国人移民的法案生效	1891	大津事件
1873	苏门答腊岛爆发亚齐战争（—1904）。法军占领河内，在清朝黑旗军的支援下，法军被击退	1884	柏林会议中列强瓜分非洲	1894	日清战争爆发
1874	泰国却克里改革。根据《第二次西贡条约》，法国获得红河通商权	1885	印度国民大会党成立	1895	签订《马关条约》
1882	菲律宾爆发宣传运动	1886	美国劳工联合会（AFL）成立		
1883	根据《第一次顺化条约》，越南成为法国的保护国	1890	美国制定谢尔曼反托拉斯法		
1884	《第二次顺化条约》签署，导致清法战争爆发	1891	俄罗斯着手建设西伯利亚铁道		
1885	缔结《天津条约》。清朝承认法国对越南的保护权。第三次英缅战争，缅甸灭亡	1899	南非战争爆发（—1902）		
1887	法属印度支那联邦成立				
1890	爪哇中部爆发萨敏运动				
1892	菲律宾成立卡提普南激进党				
1896	菲律宾革命爆发				

东南亚地区		其他地区		日本	
1897	菲律宾形成以阿奎纳多为总统的革命政府组织				
1898	根据清法协定，广州湾纳入印度支那联邦。美西战争的结果，菲律宾归美国领有				
1899	菲律宾（第一次马洛洛斯）共和国成立，对美宣战				
1902	美国总统罗斯福宣布平定菲律宾	1904	缔结《英法协约》	1902	签署《英日同盟条约》
1905	印度尼西亚组成国营铁路工会	1905	第一次摩洛哥危机	1904	日俄战争开始
1906	在马来亚怡保设立首个印度人协会	1907	缔结《英俄协约》，成立三国协约	1905	签订《朴次茅斯和约》
1907	美国开设菲律宾议会	1908	青年土耳其革命	1906	在韩国设置统监府
1908	成立首个印度尼西亚民族主义团体至善社	1910	南非联邦成立	1907	签订第一次《日俄协约》
1910	曼谷华侨大罢工，遭镇压而失败	1911	中国爆发辛亥革命。第二次摩洛哥危机	1909	伊藤博文在哈尔滨遭暗杀
1911	伊斯兰教同盟成立。最早提倡印度尼西亚独立的东印度党成立（一1912）	1912	中华民国成立	1910	大逆事件。签署《日韩合并条约》
1913	菲律宾劳动评议会成立	1914	第一次世界大战爆发（一1918）。巴拿马运河开通	1914	对德宣战（参加第一次世界大战）

续表

东南亚地区		其他地区		日本	
1914	荷兰社会民主工党成员马林（原名斯内夫利特）指导的东印度社会民主联盟成立	1917	俄国革命	1915	向中国政府提出21条要求
1916	荷兰东印度总督的咨询机构约定开设国民参议会。琼斯法案（菲律宾自治法）成立	1919	朝鲜爆发三一独立运动	1918	出兵西伯利亚
1919	菲律宾国会通过决意独立的宣言	1920	国际联盟成立	1923	关东大地震
1920	印度尼西亚共产党成立	1923	土耳其共和国成立	1925	公布治安维持法。公布普通选举法
1923	英国对缅甸实行"双头制"	1924	中国第一次国共合作	1927	金融危机爆发
1924	胡志明在广东成立"越南青年革命同志会"	1927	蒋介石反共政变	1928	张作霖被炸死事件
1926	印度尼西亚共产党武装起义（—1927，失败）。泰国修订与英法等主要国家的不平等条约	1928	《巴黎非战公约》签订	1930	昭和经济危机
1928	第二次印度尼西亚青年大会	1929	世界经济危机爆发	1931	九一八事变爆发
1930	菲律宾、越南成立共产党	1930	伦敦裁军会议	1932	五一五事件
1931	印尼党成立。越南义静苏维埃运动失败	1933	德国希特勒内阁成立	1933	退出国际联盟
1932	泰国人民党发动立宪革命	1936	西班牙内战爆发	1936	二二六事件
1938	越南建立印度支那民主统一战线	1937	中国第二次国共合作	1937	卢沟桥事变
1939	印度尼西亚政治联盟成立	1939	第二次世界大战爆发（—1945）	1939	诺门坎事件

续表

东南亚地区		其他地区		日本	
1940	日军入侵中南半岛北部	1943	开罗会议。德黑兰会议	1940	德意日三国同盟成立
1941	越南建立"越南独立同盟会"（越盟）组织	1945	德国向同盟国投降	1941	太平洋战争爆发
1942	日本侵略印度尼西亚。菲律宾成立抗日人民军	1948	第一次中东战争爆发（—1949）	1945	接受《波茨坦公告》，向盟军投降
1945	日本直接统治中南半岛，越南民主共和国临时政府成立	1949	中华人民共和国成立	1946	颁布《日本国宪法》
1946	在河内，越军与法军发生冲突（第一次中南半岛战争）	1950	朝鲜战争爆发（—1953）	1949	发布道奇计划
1947	缅甸昂山遭暗杀	1951	旧金山会议	1951	签署《日美安保条约》
1948	缅甸独立	1955	华沙条约组织成立	1956	签署了日苏恢复邦交的共同宣言
1953	菲律宾南部穆斯林的反政府斗争激化	1956	埃及苏伊士运河国有化。第二次中东战争	1960	《日美新安保条约》生效
1954	奠边府陷落，缔结《日内瓦协议》	1961	建造柏林墙	1961	颁布《农业基本法》
1957	马来亚联合邦独立	1963	美国民权运动活跃	1964	东京奥运会召开
1958	泰国沙立·他那叻总揽大权	1966	中国"文化大革命"	1965	签署《日韩基本条约》

续表

东南亚地区		其他地区		日本	
1959	印度尼西亚苏加诺总统组建内阁。老挝内战激化	1968	签署防止核扩散的条约	1968	小笠原诸岛回归日本
1960	越南南方民族解放阵线成立。缅甸吴努出任总理	1969	中苏边界发生争端。提出"尼克松主义"	1970	《日美安保条约》自动延长
1961	马来亚拉赫曼总理提出"马来西亚"构想	1971	中国恢复在联合国合法席位	1972	冲绳返还
1963	马来西亚联邦成立	1973	两德加入联合国。智利军事政变，阿连德政权垮台	1973	物价狂涨
1965	美军轰炸越南北方。新加坡从马来西亚独立。印度尼西亚九三〇事件	1976	毛泽东、周恩来去世	1976	洛克希德事件败露
1967	东盟（ASEAN）成立	1978	缔结《中日友好和平条约》	1977	200海里宣言
1968	南越春节攻势	1979	中美邦交正常化。伊朗革命。东京首脑会议	1982	中国国务院总理赵紫阳访日
1969	马来西亚发布紧急事态宣言	1980	两伊战争（—1988）。波兰成立波兰团结工会	1983	三宅岛火山爆发
1970	柬埔寨军事政变，朗诺政权建立	1986	苏联改革	1986	王储查尔斯王子与黛安娜王妃访日
1972	菲律宾戒严令	1989	柏林墙崩塌	1988	里库路特事件败露

东南亚地区		其他地区		日本	
1973	越南《巴黎和平协约》达成并生效。泰国学生运动	1990	德国统一	1989	实施消费税制度
1975	中南半岛三国解放势力取得胜利。印度尼西亚军事介入东帝汶。西贡解放，越南战争结束	1991	海湾战争	1990	天皇即位典礼
1976	波尔布特出任柬埔寨首相。越南社会主义共和国成立。泰国军事政变				
1978	柬埔寨救国民族统一战线成立。中南半岛难民问题国际化				
1979	柬埔寨人民共和国政府成立。中越战争				
1981	缅甸确立吴山友政权				
1983	贝尼尼奥·阿基诺在菲律宾被暗杀				
1984	文莱独立				
1986	菲律宾马科斯政权垮台，阿基诺政权确立				
1988	缅甸苏貌发动军事政变				
1989	越南军撤离柬埔寨				
1990	缅甸大选中全国民主联盟获胜				
1991	泰国政变				

现代版"东南亚历史的传统与发展"之思考

石泽良昭

1　我们从"东南亚史"中学习到了什么

我对当今东南亚各国沿着怎样的历史脉络建立国家这一问题进行了考察,期待能从中学习到 21 世纪下半叶地球人跨越人种与语言的共生共存方式。

在迄今为止世界历史的脉络中,轻易看不到不同文化共存的理性社会状态。我们希望能够以东南亚的历史发展为例,从东南亚的历史发展中,学习这方面的历史教训。

东南亚世界与现今的微型地球村一样。宗教上,存在着泛灵论、伊斯兰教、佛教、基督教,以及部分本土化的印度教;政治上,除泰国以外,都是在殖民地-宗主国体制下通过战争取得了独立。1976 年东西方冷战达到白热化之际,创立了东盟，即东南亚国家联盟（ASEAN）。现在东盟有 10 个成员国 ①，君主立宪制、议会内阁制、共和制、立宪共和制、人民民主共和制、社会主义共和制、军事体制等各种政体的国家共同组成东盟。它们跨越体制上的差异，民族、文化、语言上的差异，求大同存小异，以东盟自己的方式形成一个整体，进而成为冷战后协商亚太地区多国间安全保障的场所。在这个意义上，如今东盟备受世界瞩目。东盟提倡地域主义，这一主张在我们思考亚太国际关系时，具有重要的政治意义（山影进先生所言）。但是另一方面，东盟内部存在着向心与扩散两种倾向，这关系到面对中国与印度发展的威胁，东盟能否加强联合，从而推动亚洲的亚洲化（古田元夫先生所言）。

东盟成立的历史意义是什么？我们应虚心学习。首先，东南亚各国拥有怎样的历史和文化？那里的居民过着什么样的生活？我想从这里获得启发。举例来说：

①可能也是因为东南亚世界处于急剧动荡的现代社会之中，人类的生存条件能得到满足，所以各国拥有纯朴的生活文化，人们大多虽贫穷但积极向上。我们希望能够从这样的生活文化中学习人类的生存方式。

②拥有不同理念与文化的人比邻而居，一直共同生活着。尤其是与相邻各民族共生共存的方法论和处世之道等，是值得学习的。

---

① 截至本书日本原著出版时为 10 个成员国，现已更为 11 个成员国。

③东南亚除了都市，其他地区几乎不通水电，虽然有人称之为落后文化，但从中可以学到与自然共生之道，以虚心的态度去思索地球的未来，包括环境问题，不是很好吗？

④我们在迈向 21 世纪下半叶之时，能否通过亲身感受与己相异的地区与文化，特别是从东南亚的生活方式出发，构思新想法，生成新动力？

⑤感受热带只有旱季和雨季这一残酷的自然环境，与日本一年四季的自然环境进行对比，去学习各地风土以及由此养育出来的民族特性的差异，承认并尊重彼此的固有文化，这样如何？

⑥学习邻邦民族独特的固有文化和生活技巧，能否从中创造出以变革为目标的崭新的"地球文化盐卤"？

诸如此类，不胜枚举。

在东南亚，自古以来大、中、小的多文明社会历经千年绵延至今。虽然在社会人类学上，东南亚被认为是缺乏整体性的地区、结构松散的社会等，但他们却跨越国籍和民族，将迄今为止的异质、多文化、多民族社会统一到"东盟"这一框架之下，形成具有统一方向性的政治、经济、文化共同体，向世界昭告"东南亚"这一史无前例的存在。然而在东盟，内部矛盾爆发、分裂与内乱、民族独立与国家架构等问题，来来回回，往复至今。或许将来会发展出成熟的东盟关系，而东盟是蕴含着这种可能性的。

2　东南亚的共同基础是什么

尽管这样的多民族、异文化社会一直在各地延续着，没有形成整体，但是从生活方式到精神价值体系，东南亚都潜藏着很多共通性。譬如稻作随处可见，似乎自史前时代起以农耕文化为核心的基层文化社会便一直沿袭着。虽然自然环境、人种、宗教、语言等方面千差万别，但是从深层可以看到共同的价值观和整体性。

第一，该地区的共同文化基础是什么？若以时间和空间为坐标，来看东南亚各地的村落社会的话，首先应该立足于各地多样的生活基础。多达数百种语言的数百个少数民族和部族，还有主要民族，他们都是在自然环境中，一直延续着地区自营式的村落社会。在山地、高原、河岸阶地、平原三角洲等地，大大小小的地区自营式的村落社会，一如既往地延续着其生活文化和生计形态。在这里，固有的生活价值体系不断凝聚着，进而在村落习俗中得以继承和深化，精神上的满足感得以实现。于是产生了独特的社会纽带，并形成了一个整体。

第二，气候水土的统一性。东南亚几乎都属于热带季风地区，有旱季和雨季，生活方式基本相似。例如在平原地区水源充沛的水田里，在利用小山斜坡建成的阶梯状梯田上，仿佛从谷底一直到天际都有人们耕种。男人们在拉犁的两头黄牛或水牛身后推犁，插秧时节姑娘们在插秧，这样的景象随处可见。

第三，从地理位置上看，东南亚夹在中国和印度两个世界之间，吸收来自两个世界的多种文化，这有助于地区社会的形成。也就是说，人们把这些外来的异质文化，作为"文化盐卤"而吸收，经过长年累月，改造为地区通用型文化，从而使文化发生了改观。可以说，东南亚是一个通过文化多层叠加及融入生活的方式，逐步演绎出"东南亚独特性"的地区。总之，它是一个在历史形成的过程中，一直从外部吸收各种要素的地区。

第四，东南亚人创造了以人与自然和谐相处为基础的生活文化。如果将这种多元、多文明世界的集合体与共通的整体性视为"东南亚式"的独特文化，那么，"东南亚文明世界"——这一与东亚、南亚不同的世界便成立了。

第五，东南亚的民族社会是在漫长的历史形成过程中，不断发挥着积淀传统、深化精神价值体系职能的地区固有的基础社会。这种基础社会，被持续地涂抹上外来的异质文化及价值体系，它以融入生活的方式引进文化要素，借用独特的拼贴手法，赋予自身价值观。但其发展的过程，却未必一直伴随着技术上的进步。

第六，在这种地区固有的社会中，其独特的精神文化随时间的流逝也在悄无声息地深化，自我充实的、尽管天气火热却也相当舒适的生活体系得以延续。随着这种潮流，每个地区的历史都在缓慢地发展。如此想来，东南亚的历史形成有着怎样独特且固有的历史模式呢？

3 东南亚历史的形成过程——卷入历史，实现发展

东南亚原本有着茂密的热带丛林或者说未经开发的大自然。当地人创造了东南亚神灵信仰体系，创造了作为生活基层文化的共通基盘。这是一个拥有丰富的精神价值体系的地区。这里可能存在着文献史料无法记录的时间与空间。研究东南亚

历史时，的确缺乏正式的文献史料。贝叶史料也已被虫蛀。我在研究吴哥王朝历史时，利用碑文残片的同时，也借助于建筑、美术、口口相传的资料。有人指出，仅凭借非文献史料来讲述历史是相当困难的（早濑晋三所言），这一点值得听取。

东南亚自公元前就一直延续着铁器文化和南岛系沙黄文化。此外，也是在公元前，通过海路贸易从印度和西方世界传来了各种文化事物。沙金、玳瑁、珍珠、香辛料、香木、宝石等地区特产，作为交易商品出口。4世纪末之后，整个地区一直有组织地接受印度文化。交易愈发频繁，印度文化作为一种"盐卤"逐渐进入当地社会。随着交易经济的盛行，财富不断积累，在此基础上，各交易地逐渐形成了大大小小的港口城市国家。这些港口城市国家在进行交易的同时，也接受了印度文化。大约从7—8世纪开始，印度文化的本土化逐步推进。到了9—10世纪，成为日后东南亚大陆地区霸主的吴哥王朝开始萌芽；受中国文化影响的越南大越王朝，着手于红河三角洲的开发。

东南亚将外来文明以融入生活的方式加以消化，创造了独特的地区文化。例如：

①基于独特的地区宇宙观而建的婆罗浮屠、吴哥、蒲甘、素可泰等石制或砖制的大型建筑，还有装饰正殿的雕刻、壁画、浮雕、灰浆塑像等独特的美术作品。

②依据印度系文字，创造出本土拼写文字；改编梵语文学，撰写新王朝编年史；创造了哇扬戏、宫廷古典舞蹈、独特的音乐文化佳美兰等；还有越南语的字喃。

③在宗教方面，事实上，作为基础文化的缅甸纳特神教、泰国秕教（phi）、柬埔寨涅达神等神灵信仰，都通过吸收印度教、佛教的教义，对自身进行了理论上的武装，并一直共生共存下来。在越南也有土地神，据说 15 世纪时，佛教也曾有过和道教、儒教的融合。

④到了 13—14 世纪，东南亚也曾出口爪哇的棉布、陶瓷器、牛骨工艺品。作为重要的贸易基地，东南亚为世界所熟知，形成了繁荣的地区据点，以致招来元世祖忽必烈的远征。

⑤进入大航海时代，亚洲地区的海上贸易开始活跃，占婆的沉香、三佛齐的乳香和香辛料经占婆商人、伊斯兰教商人以及中国商人运至东西方世界。

⑥自 13 世纪开始，东南亚大陆地区的傣-泰民族势力持续扩大，孟-高棉国家开始衰落。宗教上，上座部佛教和伊斯兰教取代缺乏融通的印度教、大乘佛教而渗透开来。这是因为实际上上座部佛教和伊斯兰教能够灵活应对交易、物流，承认世俗经济。这在后来也成为立国思想。

⑦到了 15 世纪，阿瑜陀耶王国强盛起来。越南的黎朝在施行儒教和中国式法制的同时，攻打其南部邻国占婆。

⑧亚洲海上贸易于 15 世纪复兴，枪被传播与使用，这正是大航海时代。而西方则期望保证并增加供应欧洲需要的香辛料。16 世纪马六甲繁荣起来，同时伊斯兰化得以推进。

⑨与此同时，苏门答腊岛的亚齐、爪哇岛的万丹和马打兰等伊斯兰教王国一直扩张着势力。到了 17 世纪，荷兰垄断了香辛料，但香辛料渐渐失去了国际贸易商品的地位。自 17

世纪下半叶起，高度依赖贸易的岛屿地区国家大部分失去了活力。荷兰等国从控制贸易转变为在所辖殖民地生产经济作物，实行咖啡、砂糖、烟草以及砂糖的强迫种植制度，进而将其编入近世界贸易体系。

⑩18 世纪下半叶英国寻求中转基地，于公元 1826 年成立了海峡殖民地。

在东南亚大陆地区，流动的多民族社会存续下来，形成巨大的地方势力。结果，主要民族一边吞并周边的中小民族，一边建设豪华的王宫和金碧辉煌的寺院。越南在 16—18 世纪分裂为南北两部分，阮氏一族进入湄公河三角洲，之后爆发西山叛乱。阿瑜陀耶王朝通过贸易扩张创造了繁荣景象，缅甸于 17 世纪实现统一。

4　被称作殖民地时代的近代史——日本眼中的东南亚

19 世纪是民族重生和反抗的时代。在东南亚，殖民地分割统治开始了。反抗帝国主义侵略的战斗开始了。在欧美列强的统治下，许多动乱和起义被镇压，行政权确立，为有利可图的殖民地建设投入资本，并开发经济作物。东南亚在 20 世纪诞生了肩负民族主义使命的当地新社会阶层。在世界历史发展的脉络中，如何理解经历第一次世界大战后走向独立的东南亚历史呢？

①从东南亚史中可以看到其独特的历史形成和社会发展。究其根源，是一个新的社会阶层——被迫协助进行有利可图的殖民地建设的阶层产生了，他们最终成为民族觉醒和理论武装

自身的人群的一部分。东南亚任何时代的历史形成，都受到外部政治力量和文化的影响。

②世界经济危机给以初级产品和农产品出口为基础的地区社会带来打击，各地发生叛乱。泰国裁减官员，进行增税，废除人头税。

③在日本，人们尤其厌恶与自己习惯、文化不同的人。这是因为他们长期把自己封闭在单一民族的环境中。重新审视日本式思维的不足，从同样拥有亚洲基础，但有不同历史轨迹的东南亚世界中，我们能学习的东西有很多。至今，日本缺少向落后于自己的地区学习的态度。

④战后的日本忘记了败战苦楚，赔偿结束之后，一直以经济发达国家自居。日本有必要转变思路，明确物质丰富并不是最高价值，而应追求精神上的富足。而且，要承认世界是一个多文明的世界，将与这些国家的共生共存一直构建下去。

5　东南亚研究即将改变

以东南亚各国为首，摆在日本面前的问题和课题都很复杂，若像之前那样，只局限在狭窄的专业领域和地区研究的话，很难找到解决方法。在日本高等教育机构和大学，不断涌现出国际社会通用人才，但是，全球气候变暖、环境破坏、地区纷争、贫困问题、全球化问题等，都是东南亚面临的大问题。这需要东南亚地域研究者们，在解决这些问题时，掌握横跨多个领域的准确数据，具备广阔的视野，还要有能够看清问题本质的灵活思维。研究者需要立足于地区和专业两个领域，同时还要放眼于其他领域，以具有批判性的广域视角来把握问题，用多种学科解释、说明地区的固有性与复杂的传统社会深层部分的巨大变革，弄清问题整体面貌的同时，提出解决方案。

我们一起从东南亚出发，考虑一下全球化以及作为全球化现象的全球性问题（Global issue）究竟为何物。这种全球化的急剧变化趋势，便是人、物、财、信息跨越了国界。这里有两个问题：

其一，破坏了该地区存续至今的"淳朴待人"的东南亚传统社会，对此无法适应的人们的生活也正在遭到破坏。全球化将这一地区社会纳入世界经济之中，结果造成了弱肉强食的局面，问题不断扩大。东南亚社会背负着贫富差距、经济停滞、环境破坏和物质主义等各种缺陷与矛盾。其二，全球化带来的有利的一面也不能忽视。尤其是随着中国和印度的经济发展，两国的贫困阶层减少，据美国哥伦比亚大学的马丁教授所言，世界上每天收入少于 1 美元的绝对贫困阶层在这 20 年间减少了两亿人。东南亚的贫困问题如何呢？更重要的是，全球化使全球范围内的问题共享与课题解决成为可能。上智大学已做好加入该研究领域的准备。

6　为了柬埔寨，由柬埔寨人之手，保存修复柬埔寨遗址

我于 1961 年开始研究东南亚史，是通过吴哥窟等遗址的保存修复工作研究起东南亚史的。遗址保存修复工作，始终以由当地柬埔寨人亲自进行为原则。能够向世界说明民族固有文

化的，还是生活在当地的人。因此，保存修复和人才培养事业的相关合作，其基础必须是对生活在当地的人们的援助。这是一项国际合作。

柬埔寨从 1970 年进入内战，吴哥遗址在直至 1993 年实现和平为止的 24 年间，一直被搁置。波尔布特政权之下（1975—1979 年），遗址保存官（据推测有 36 名）下落不明。

1991 年，金边的艺术大学重新启动，和平迹象显现。我们上智大学吴哥遗址国际调查团（以下简称调查团）为了培养遗址守护人，自 1991 年 3 月起，开启了"人才培养特别计划"。这个计划同时开展三项培养——能够指挥考古发掘调查和保存修复的保存官、拥有中级技术水平的骨干，以及石匠，一直延续至今。

上智大学研究生院地域研究专业的柬埔寨人中，截至 2009 年 3 月，取得保存官硕士学位的有 13 人，博士学位的有 7 人。他们现在活跃在各个领域，有柬埔寨王国政府阁僚评议会专业委员、文化艺术部部长、金边市旅游局局长、吴哥窟区域保护及管理局（APSARA）的局长级官员、柏威夏保存机构的副总裁、金边大学教授、皇家艺术大学教授等。

7　从学习柬埔寨"综合智慧"的遗产开始

我们通过对包括吴哥遗址在内的亚洲文化遗产进行保存修复、调查研究，从而将过去、现在及未来联系起来，从地区固有性立场出发，重新把握人类的生产与生活，进而科学地解释封存于遗址中的当时人们的愿望与祈祷，提出假说。接下来，我们要调查研究生活在文化遗产周边的村民们的村落社会传统文化，进行农村经济调查和自然环境调查。我们渴望学习在当地一直发挥作用的日常生活中的"综合智慧"。

我们与柬埔寨当地的研究人员合作，开始了一个项目计划。即，在深刻认识历史的背景下，重新验证地区固有性，从广域的视角把握当今全球性问题与地区社会的关系，从柬埔寨与日本发现并获取这些常规活动的数据，进而将信息储存起来。我们持续进行着对附近自然森林环境（植物生态等）的调查、遗址周边村落的农村调查和水质调查等，还有一个项目是对暹粒省的非物质文化财产的调查研究以及民间故事的收集。

8 事例研究：通过上智大学校外共同研究取得"ISO14001"

针对游客激增引发的垃圾问题和环境恶化问题，2003年5月成立了"吴哥窟环境教育项目"。这一项目的实施，获得了日本质量保障协会（JQA）、废旧循环利用工业协会（ISRI）、品质保证综合研究所（JQAI）的协助。经过对吴哥窟区域保护及管理局的政府官员、技术官员、小学教师等的训练，吴哥窟区域保护及管理局于2006年4月取得了国际标准"ISO14001"（环境管理体系认证）。

我们的国际义务活动始于遗址的保护与修复，而从一开始我们就将其视为遗址（文化）、村落（人类）、森林（自然环境）共生共存的项目，不仅仅局限于遗址，还将周边村民纳入环境教育之中。我们将热带的亚洲文化遗产定位为地区文化资源，构建了新的方法论，使这项资产能够在社会发展、观光振兴、终生教育和学术振兴等方面，有效地发挥作用。

9　构筑无国界的信赖关系

我们通过遗址项目，历经 20 多年，与柬埔寨人建立了牢固的信赖关系。基本立场很单纯，即"国际合作即人类合作"。在遗址保存活动领域，这与突破肤色、语言的壁垒，在每一个人的层面构建多大程度的无国界信赖关系息息相关。

我们首先认识到柬埔寨有值得我们学习的"智慧"遗产，同时将日本的"智慧"持续传播给柬埔寨人。这种尊敬、尊重彼此文化的态度，提高了我们在柬埔寨人心中的信任度（ credibility ）。

1992 年在金边召开的与联合国教科文组织的御前会议上，前国王西哈努克谈道："在柬埔寨面临困难的时期，你们为保护吴哥遗址伸出了援助之手。我们不会忘记最初的挖井人。"

调查团从 20 世纪 80 年代开始就频繁进入吴哥遗址现场，所以已经融入了当地，"Sophia Mission"的名字无人不晓。在柬埔寨，可以感受到四处洋溢着生活的喜悦。明明贫困却为何如此？是因为人们内心得到满足，人类的本心充分发挥着作用，让人们坦诚地面对大自然，在各自的生活中感到满足。对任何人都淳朴相待，这大概是因为自信以及内心的充盈吧。日本的确物质富足，但待人的淳朴之心如何呢？我总是希望日本学生前往柬埔寨，在贫困中学习淳朴待人以及内心充盈。

10　从一线发布世纪性的发掘——与柬埔寨人的合作结出硕果

①从"濒危遗产"名单中解除的吴哥遗址群

联合国教科文组织记录在册的世界遗产有 830 处，其中濒危遗产有 34 处（截至 2006 年 3 月）。柬埔寨的吴哥遗址群于 1992 年被列入濒危遗产，2004 年被解除。原因是柬埔寨专家们稳步进行着遗址的保护工作。调查团用时 16 年，培养了包括 7 名博士、13 名硕士在内的约 60 名骨干力量和石匠等，在遗址现场从事保存修复工作 20 余年。这些人才培养的结果与遗址解除濒危的成绩密切相关。为了培养保存官候补人才，建筑系的研修生被安排到吴哥窟的西参道，考古系的研修生被安排到 12 世纪末的佛教寺院斑蒂喀黛遗址实习。

②世纪大发现——274 尊佛像的发掘

2001 年，调查团进行考古发掘的第 33 次研修时，发掘出了 274 尊佛像。柬埔寨首个千体佛石柱也在此时被发掘。发掘研修工作从开始到现在已历经 11 年的岁月。

发掘地址位于斑蒂喀黛遗址院内，距离东参道入口 180 米处的北侧小祠堂前，佛像埋藏于深约 2.5 米、底面边长约 2 米的四方形的坑中。由于地下恒温、恒湿，时隔约 1000 年，其细腻的容颜和身体装饰仍生动美丽，反映了当时的笃信状况。这些佛像大约塑于 10 世纪到 13 世纪下半叶之间。

柬埔寨考古学研修生发掘出这些佛像是一件令人称快的大事。这次考古发掘引起国内外巨大反响。柬埔寨自 1970 年起，发生过内战、地雷爆炸、屠杀等事件。但是这次发掘把灰暗的过去吹得烟消云散。发掘工作连续多日被报纸、电视报道。果然，作为一个缔造了伟大历史的民族，柬埔寨人重拾了自信与骄傲。吴哥遗址被世人所知，大约已过了145年，在吴哥遗址的调查过程中，出土如此之多的佛像还是首次。而且通过对这些佛像的详细解读，颠覆了以往的历史通说，改写了吴哥王朝末期的历史，从这个意义来看，这也是划时代的发掘、世纪性的发现。

③西哈努克-永旺博物馆的落成

冈田卓也先生（永旺集团名誉社长）于2002年3月30日，为植树造林来到柬埔寨暹粒省时，在上智大学亚洲人才培养研究中心观赏了这些佛像，被佛像美丽的颜面深深打动，提议建设博物馆展览这些佛像。这成为博物馆建设的开端。

建设经费全部由冈田卓也先生赞助，由石泽良昭负责协调。在16200平方米的国有用地上，建成了一座建筑面积1728平方米的两层博物馆。该馆的建设用地由柬埔寨王国政府无偿提供。新博物馆的落成仪式于2007年11月2日（星期五）举行，柬埔寨国王西哈莫尼陛下莅临现场，政府和省的相关人士、日本大使等约500人出席，随后新博物馆被直接捐给柬埔寨王国政府。这是吴哥遗址地区第一座国立博物馆，博物馆入口正面悬挂着柬埔寨王国国徽。

④西参道修复第一工区完成前的艰难过程

亚洲最大的石造伽蓝吴哥窟被绘于柬埔寨国旗中央，现在仍是柬埔寨民族的心之归所。它的入口是200米长的西参道，在 20 世纪 60 年代，由法国远东学院修复了南侧半段，北侧半段因内战等因素一直没有修复。

调查团自 1993 年 12 月开始了对西参道的预备调查。1996 年 8 月举行动工仪式，重整阵容后于 2000 年开始拆除工程。首先开始的是训练柬埔寨石匠。

回想起来，摸索尝试中，错误时有发生。劳动习惯的不同、第一次对石材进行处理、守护遗址意识的缺乏等，调查团面临着不胜枚举的困难。例如，遵守时间这种理所当然的事情也没有被理解，文化冲突经常发生。尽管如此，调查团还是多次劝导，将佛教信仰和修复活动相提并论，反复宣传，这才将拆除、修复活动进行下来。多亏了一位叫特伊的石匠头领将大家团结在一起。于是，建筑系年轻干部、石匠研修生、作业人员约 60 人，用时约 11 年，将约 6000 个红土块砌成 12 段护墙，完成第一工区的 100 米。

2007 年 11 月 3 日（星期六），在索安副首相的莅临指导下，参道举行了竣工仪式。当地居民约 2400 人出席，共贺参道完工。

约 900 年前的吴哥窟是一座剃刀刀片也插不进去的结构精巧的石制大伽蓝。我真切地感受到探明遗址与探索我们的未来紧密相连。通过西参道的修复工作，我们详细了解了吴哥遗址建造时代的建筑技术，其水平之高以及时至今日仍纹丝不动的 65 米高的大尖塔建筑令人叹为观止。

11　日本的东南亚研究

最后，我想分析一下我们保存修复调查团的研究成果与迄今为止的东南亚研究状况之间的联系。

我们在世界史的背景下解读东南亚史研究的同时，也在重新思考东南亚的历史性和其地区文化的固有性。我深感只要包括地区固有性在内的多重历史性特征没有解读清楚，就无法明晰东南亚的历史全貌或部分地区的历史面貌。

为了把握此类历史问题以及环境、人口、粮食等地域特征，持续的定点调查和能够延续下去的地区据点，不管怎么说都是必不可少的。因此，必须完善当地的研究据点。这是理所当然的。调查团在柬埔寨当地获得土地，1996 年开设了"上智大学亚洲人才培养研究中心"，作为定点调查的据点。该研究中心面阔 25 米，进深 200 米。他们勤勤恳恳历经 20 余年，在培养遗址保护人才的同时，与柬埔寨研究人员合作，一直开展着调查、研究活动。专职研究人员有两人常驻于此，也有研究生和青年研究人员的住宿设施，到了暑假，就有 30～50 名研究生和青年研究人员来此，拥挤不堪。

这个中心正发挥着天文学上天文台的功能（松原正毅先生言）。作为吴哥地区、柬埔寨全体、中南半岛、东南亚全境的政治、经济、社会、文化等诸多活动的当地研究据点，该中心很是骄傲。中心负责人为研究者准备了 9 个单人房间，对研究生和研究人员开放。

到目前为止，日本的东南亚研究是在缺乏当地据点的情况下推进的。的确开设了大学联络办事处，但是可以说，当地研究据点的设置才是东南亚研究的起点。

日本的东南亚研究学者长期以来一直深入当地，学习当地语言，一丝不苟地进行调查和研究，作为地区研究专家，取得了丰硕的研究成果。也有长期驻留者。但不管怎样，活动的总据点是日本，他们是从日本前往当地，反复进行调查研究的。

迄今为止的东南亚研究，无外乎前往当地几天、几个月，回国后将调查、研究结果整理成论文、书籍或研究报告后发表。大多数成果很少能够返回当地。

我个人认为，如果不在当地定居，就无法准确把握该地区历史的深层部分。为了保持与当地人同样的感受，也应数十年长期驻留，在那里的阳光下、风雨中体验生活。对地区固有性的阐释，大概就是从借住当地开始的吧。其结果就是创造出有分量的研究成果。它会吸引青年研究人员，成为具有先导性的研究指南。

在那些目前为止缺乏固定研究场所的东南亚研究中，将信息积累、现场调研（包括发掘修复）的成果用之于当地，客观上是困难的。完全凭借个人层面的兴趣和努力，东南亚研究在多大程度上能够取得高水平且细致的成果呢？用之于当地比什么都重要，可是如何做呢？

通过在东南亚各地广泛建立当地研究据点，从正面把握东南亚研究，积累的信息和新的调查成果，在质与量两方面都将大幅提高。可以说当地研究据点网的构建，的确可以丰富东南亚学术体系。

已有的当地国内的研究据点，应跨越学术领域和组织的条框，互相借鉴，探索出一条包括信息交换和人事交流在内的共同研究之路。跳出自我约束来思考东南亚研究的存在方式，就能在 21 世纪的下半叶，从东南亚的历史经验中，学习到很多跨越人种与语言，在地区社会共生下去的方法论以及淳朴待人的生存方式。

文库本后记

生田滋

　　适逢此书在中公文库出版，时隔 11 年重读自己执笔的内容。坦率来讲，既有相当一部分晦涩难懂，也有意料之外的错误之处，在此深表歉意。此次出版文库本之际，除了更改部分文章之外，还竭力修正了明显的错误。

　　书中介绍的前近代东南亚群岛地区的历史框架，是我得益于已故大林太良教授之荐，在《东南亚的民族和历史》（《民族的世界史》6，山川出版社，1984）中发表的内容，即自古代至 16 世纪初的东南亚历史纲要中所介绍的内容。文章中，我试着从邻国印度、中国的历史，尤其是这两个国家与东南亚各国的国际贸易的关系这一角度，去理解前近代东南亚的历史。本书中，我也是基于这种想法，试着勾勒出前近代东南亚群岛地区的历史。为此，我尽可能全面收集大量的汉文文献资料，特别是各国的朝贡记录，并加以利用。另外，我之前一直在研究东南亚各国的建国传说，因此，本书也尽可能地将这些研究成果收入其中。不论何时，我都援引史料，努力告诉大家，研究者们是如何分析史料的。编辑部希望我在后记里补充本书执笔以来的研究进展，而我却想明确每一章的书写意图，再加入一些补充说明。诸位读者若能理解此举，我将不胜感激。

序章——东南亚概况

本章，我对东南亚历史的基本情况做了说明。但是现在重读，发现漏写了一个重要之处。若现在去东南亚各地旅行，会发现到处都在搞开发，给人一种众多人口居住于此的印象。然而这是 19 世纪下半叶之后的景象，在那之前，也就是本书所涉及的时代，陆地上几乎都覆盖着人类无法涉足的原始森林，一定是村落分散在各处的景象。即使是现在，相较于日本、中国等地，东南亚各国也算是人口稀少，可以说人口过剩的地区只有越南的红河三角洲、湄公河三角洲，以及爪哇中部和东部。在这种环境下，国家控制土地意义不大。对于国家来说，更重要的是集中人力"开垦"土地。如果不了解当时的这种环境，很难理解以下两件事：爪哇语中表示"历史书"意义的词是"Babad"，而这个词的原意是"土地开发"；17 世纪末荷兰东印度公司在巴达维亚（今雅加达）腹地的勃良安地区集中人力种植咖啡。另外，在这种环境下，没有必要成立强有力的中央集权国家，至多几个村落形成相对宽松的联合体，业已足矣。

第一章 东南亚历史的曙光

新人向东南亚的迁移，始于现在所说的"原住民"，紧随其后的是属于蒙古人种的各个群体。一般认为，"原住民"创造了中尾佐助所说的"复合根栽农耕文化"，蒙古人种的人们带来了稻作，由此，中尾所说的"旱稻为主"的刀耕火种文化得以产生。这是东南亚的基础文化。

一直以来，人们认为迄今为止的东南亚基础文化包括农耕文化、各种物质文化及其衍生的精神文化。但是最近发现，爪哇西部在受印度文明影响之前，已建有阶梯状的金字塔。通过这项发现可知，东南亚群岛地区在受印度文明影响之前，已经产生了高度文明；我们也能置身于基础文化之中，去理解作为大乘佛教寺院的遗址而闻名至今的婆罗浮屠。

第二章 印度文明的传入及国家的形成

我偶然得知，大约在 5 世纪中期，随着以黄金的流通为核心的古代货币经济的崩溃，中国实现了向实物经济的过渡；在印度，笈多王朝陷入分裂，货币经济衰退，转向实物经济，大约也是在 5 世纪。我在考虑二者关系时发现，若将连通中国和地中海世界的丝绸之路，当作以印度为中心，西到地中海世界、东至中国的国际贸易线路的话，就能圆满解释各种纷繁复杂的现象了。这样的话，中国积累的大量黄金，经由陆上和海上丝绸之路进入印度，导致中国国内黄金逐渐匮乏，由古代货币经济进入实物经济；在印度，中国的黄金输入出现中断，导致印度国内流通的黄金被囤积起来，于是和中国一样，古代货币经济崩溃，转而进入以农村为舞台的实物经济。

印度和东南亚的联系，以及印度人进入东南亚都是从这个印度与中国古代货币经济发挥职能的时期开始的。也就是说，印度人进入东南亚基本上是为了获得黄金。

在东南亚，如上所述，随着印度船只的到来，在马来半岛，港口城市开始形成，进而港口城市国家建立，第一次、第二次印度化向前推进着。这种变化，从马来半岛蔓延到东南亚大陆地区、群岛地区，各地纷纷建立起港口城市国家。

第四章　东南亚群岛地区国家的发展

5 世纪下半叶印度古代货币经济崩溃以后，东南亚各国纷纷向中国派遣朝贡船只。目的之一是获取生丝、丝织品等面向印度、西亚的贸易商品。不久，从 7 世纪中叶开始，印度船只、阿拉伯船只、波斯船只开始频繁到访中国。这些船只到来是为了使用当时西亚银矿产的银，购买中国的生丝、丝织品。一定是"独桅三角帆"大型船的建造，使之成为可能。另外，可能至少在东南亚群岛地区到中国广州之间，指南针已经应用于航海。

这些船只从印度奔赴中国时，须在途中的东南亚某地停靠，等待顺风时再开船。这种停泊港最早在爪哇中部各地，特别是北加浪岸，不久转移到巨港、占碑，也就是说，缩短到达中国的航线距离的尝试，一直在进行。

这一章，我尝试阐明国际贸易大趋势与东南亚群岛地区，尤其是爪哇、苏门答腊的国家发展之间的关联性。即使是在这些国家中，位于巨港的室利佛逝王国也是最为重要的。只是关于室利佛逝的文献史料、考古史料匮乏，且不乏互相矛盾之处。我在此章的说明也非常笼统。只是在这里，我想指出的是，室利佛逝的"发展"并非领土上的发展，而是马来人以巨港为起点，向海外的挺进，不一定涉及室利佛逝"国家"政治上的统治；室利佛逝王国的"远征"也不是出于政治统治的目的，而是为了获得劳动力和物资。

总之，海上国际贸易的发展、爪哇中部内陆国家的形成，以及大量寺院的建设三者之间，必定存在密切联系。《大越史记全书》中关于爪哇海盗袭击越南的记述可以证明这一点。此前东南亚群岛地区大乘佛教的发展与海盗活动二者之间的关联，包括上述室利佛逝的情况，几乎没有受到关注，这是今后应当再探讨的问题。

9世纪初，这种以印度船只、阿拉伯船只、波斯船只为主的海上贸易发生了巨大变化，即中国船只挺进东南亚。想必是因为中国国内经济取得了发展，同时也一定是因为改良了独桅三角帆，开发出"中式平底帆船"这种大型船只吧。

第六章　中国船只的到来与东南亚群岛地区

在中国国内，从西亚输入的银逐渐积累起来，不久以银为中心的货币经济开始发挥作用，公元960年随着宋朝的建立，中世结束，近世开始。随着中国国内经济的发展，国际贸易也发展起来。当时东南亚群岛地区的国际贸易中心是巨港。当然，室利佛逝王国也拥有庞大势力。但是公元1035年前后，南印度的朱罗王朝袭击室利佛逝，在当地大肆掠夺。因此巨港失去了作为国际贸易基地的功能，不久，占碑成为室利佛逝的中心。

另一方面，公元 932 年前后，爪哇中部的默拉皮火山喷发，使得爪哇中部处于人类无法居住的状态。于是，人们迁移至爪哇东部。爪哇东部大概是在 11 世纪初曾被室利佛逝袭击，之后陷入混乱。爱尔朗卡王于混乱中脱颖而出，并在公元 1019 年即位，建立谏义里王国。此后，在爪哇东部这片土地上，新柯沙里-满者伯夷王国得以延续，形成了独特的文化。

在这一章里，我认为随着谏义里王国的成立，爪哇东部出现小规模的人口激增，导致爪哇人走向海外。简单说来，室利佛逝作为东南亚群岛地区国际贸易中心的时代，因公元 1035 年前后朱罗王朝的掠夺而终结，爪哇人取代马来人走向海外的时代开始了。

在这一章里，我介绍了《爪哇诸王志》中关于新柯沙里-满者伯夷王国的始祖庚·安禄的记载。但是，没有附上宗谱，导致内容难以理解。另外，满者伯夷王国的统治范围，实际上就是爪哇人到达的地方，这一点也应该在地图上标示出来。适逢此次文库本出版之际，关于前者我转载了深见纯生先生制作的宗谱。另外，我在书中指出，庚·安禄的故事与满者伯夷王国的始祖拉登·韦查耶的事迹存在密切关联，我想说明的是，庚·安禄的故事发生在很久之后，所以这恐怕是为了坚持拉登·韦查耶建立满者伯夷的正统性这一主张而创作或引用的吧。

此外，关于满者伯夷王国的明君哈奄·武禄王和宰相加查·马达，我对所谓的明君与名相的说法一直持有疑问，我认为二人的关系，莫不如说是爪哇东部建国传说里可见的国王与师傅的关系。由于《爪哇诸王志》一书神话色彩浓厚，难辨二人的真实关系。另外，我想补充一句，最近深见纯生先生将荷兰语译本《爪哇诸王志》进行了重译并已发表。

第八章　伊斯兰国家的形成

13 世纪下半叶在苏门答腊岛北端，诞生了伊斯兰国家。其中心是速木都剌-巴赛王国。在这一章里，我谈到了这样的伊斯兰国家的形成，受到了元朝的对外政策，或者说国家层面加入海外贸易政策的影响。速木都剌-巴赛王国诞生了使用马来语的伊斯兰文化，即马来伊斯兰文化。马来伊斯兰文化，之后在马六甲王国进一步发展，进而从该地传播到爪哇的海岸地带、马鲁古群岛、棉兰老岛等地。

这里我想说的是，作为马来伊斯兰文化的一部分，一些相当翔实的历史书涌现出来。而这得益于当时为了用阿拉伯文字抄写马来语，引进了用笔（与欧式的笔不同）在纸上书写的方法，从而取代了此前用铁笔在茭葿（一种干燥后的椰子叶）上刻字的方法。从这一时期开始，就能具体追溯东南亚群岛的各国历史了。另外马可·波罗和伊本·白图泰的记录也提供了重要信息。关于速木都剌-巴赛王国，我在原版第290—291页引用了到访过中国的犹太人雅各布·德·安科纳的记录。当时我参考的是所谓的英译本资料，但是至今原文也没有发表，我愈发怀疑其真实性，于是值此出版文库本之际，便将其删除。

继速木都剌-巴赛王国之后，在马来半岛建立的伊斯兰国家是马六甲王国。关于马六甲王国，汉文史料、葡萄牙语史料、碑文、马来语史料都非常丰富，可以具体把握其历史。在这一章里，基于这些资料，我详细地说明了马六甲王国的成立和发展过程等。另外，关于这一时期给东南亚各国带来巨大影响的明朝海禁令的实施以及郑和下西洋，就二者与马六甲王国之间的关联这一问题，我一并做了探讨。

第九章　东南亚群岛地区的"商业时代"

重读这一章时我发现，关于东南亚的"商业时代"的介绍并不完善。因此在这里做一下大致的说明。

东南亚"商业时代"这一想法，是由安东尼·瑞德首次提出的，指的是大约 16 世纪到 17 世纪东南亚国际贸易繁荣的时期。但是我所说的"商业时代"，意义稍有不同。自 9 世纪初，中国船只开始进入东南亚各地，中国人几乎垄断了东南亚的海上贸易。但是公元 1368 年明朝统治中国后，施行海禁令，禁止民间船只走向海外，另外也只认可来自东南亚的朝贡船作为商船。因此，在东南亚各地开展活动的中国船只数量锐减，同时，定居当地的中国人若不采取国王朝贡船的形式，就也不能派遣商船到中国。由此一来，东南亚各国商船的贸易活动越发活跃，同时各地国王的权力得以加强。我认为东南亚的"商业时代"开始于此。不久，由于东南亚自 16 世纪下半叶起，开始从日本和新大陆进口白银，再加上明朝于公元1565年废除海禁令，东南亚国际贸易取得了进一步发展。这一时期的东南亚各国，是因为与中国、日本、欧洲各国之间的转口贸易而繁荣起来的。但是到了17世纪末，由于日本的金银出口量锐减，以及公元1683年清朝正式认可对外贸易，来自欧洲各国的银没在东南亚停留就直接进入中国。如此一来，东南亚作为转口贸易舞台的角色宣告结束。这就是东南亚"商业时代"的终结。

葡萄牙人挺进亚洲之后，关于东南亚群岛地区，就有详细的葡萄牙语资料可以利用了。我曾经利用多默·皮列士和杜阿尔特·巴尔博扎的记述，尝试弄清楚亚洲的海上贸易结构。这时我才意识到，印度产的棉织品在印度洋贸易圈的国际贸易中，发挥了巨大作用。这使我明白，人们常说的东南亚"香料贸易"，实际上只不过是亚洲巨大的印度产棉织品贸易的一部分，不应该夸大其重要性。

关于亚洲海上贸易圈，我的观点与家岛彦一先生有很大的出入，家岛先生以商船的活动范围为依据进行探讨，而我则以商品的流通为依据来探讨，二者并不矛盾。我还基于其他葡萄牙语史料，就当时的贸易实态做过简单研究。当时的贸易是以胡椒、稻米等商品的买卖为中心的，这可以说是"交易"，而货币是辅助其实现的手段。

在这一章里，我还简要叙述了大航海时代的葡萄牙人、西班牙人、荷兰人、英国人挺进东南亚的情况。同时，也对当时中国人、日本人等走向海外的情况做了介绍。对于他们的行动，我不是从"大航海时代"，而是尽力从东南亚"商业时代"的架构中去理解。

第十章　东南亚群岛地区从"商业时代"到"开发时代"

在这一章里，我首先对东南亚群岛地区各王国，即亚齐、柔佛、马打兰、万丹、望加锡、特尔特纳等国，做了比较详尽的介绍。与一般的概说类书籍不同，我是站在各个王国的立场上阐述的，而不是从荷兰东印度公司的立场，或者说从殖民地统治进程的角度论述的。另外，我将爪哇中部的马打兰王国、爪哇西部的万丹王国的成立与发展，作为爪哇东部的爪哇人扩张过程的一部分进行了阐述。成为东南亚群岛地区"商业时代"舞台的是这些国家及其港口城市，相比较而言，荷兰东印度公司的基地巴达维亚、西班牙的马尼拉总督府发挥作用较小。另外，荷兰东印度公司与马尼拉总督府对扩张领土并加以统治这件事并不积极。

如前文所述，东南亚"商业时代"的结束，是日本金银出口量锐减以及清朝正式认可对外贸易，导致国际贸易形式发生变化的结果。之后东南亚进入了所谓的"开发时代"，生产出口中国、欧洲的商品。概括来说，自18世纪初开始，从东南亚列岛地区到日本群岛的海域开始大量生产用于出口中国的海产干货，可以说这一地区大约在18世纪初，就进入了"开发时代"。

这一时期，将东南亚、日本列岛和中国三地连接起来的是所谓的"帆船贸易"。其贸易规模之庞大，是荷兰东印度公司等无可比拟的。帆船贸易的中心是东南亚群岛地区的文莱王国、日本群岛的长崎。长崎的"唐人贸易"实际上是这种帆船贸易的一部分。

这里我想补充的是，"开发时代"的东南亚群岛地区的海域，正是现代东南亚史、文化人类学、社会人类学的学者最感兴趣和最为关注的领域。当然，优秀的研究成果层出不穷。

另一方面，在东南亚群岛地区的陆地上，各地从"商业时代"向"开发时代"过渡的情况大有不同。我最近出版了两本关于东南亚史的教科书（《东南亚近代史 1500—1900》[2007]，《东南亚现代史 1900—2000》[2009]。两本都是大东文化大学国际关系学院刊，非卖品）。在前一本书中，我就东南亚从"贸易时代"（本书是"商业时代"）到"开发时代"的过渡，按照国别进行了探讨。当时我认为，东南亚并非整体上同时从"商业时代"过渡到"开发时代"的，这一时期，各地存在很大差异。譬如，在爪哇，可以把荷兰东印度公司开始种植咖啡的 18 世纪初看作是"开发时代"的开始。而在菲律宾，则是作为西班牙国内波旁改革的一环，巴斯高·伊·瓦尔加斯总督于公元 1780 年开始烟草专卖制度之时，是"开发时代"的开始。在这一章的最后，我还谈及了从"商业时代"到"开发时代"过渡期的几个相关话题。

本书中，我没有谈及有关东南亚群岛地区真正殖民地化的内容。事实上，关于东南亚近现代史，至今没有一本出色的日语版概述书，本系列丛书中，若能有一本讨论东南亚现代史的书，实则佳矣。

　　在本次出版文库本之际，石泽良昭先生在专有名词的统一方面，给了我很多指导。另外，中公文库编辑部的杉山节夫、香西章子两位也提供了宝贵建议，多有赐教。在此深表谢意。

© 民主与建设出版社，2024

图书在版编目（CIP）数据

东南亚的传统与发展 /（日）石泽良昭，（日）生田
滋著；杨晔译. -- 北京：民主与建设出版社，2024.
11. -- ISBN 978-7-5139-4689-6

Ⅰ. K33

中国国家版本馆CIP数据核字第2024YC7535号

东南亚的传统与发展
DONGNANYA DE CHUANTONG YU FAZHAN

著　　者　[日]石泽良昭　[日]生田滋
译　　者　杨　晔
出版统筹　吴兴元　　　　　　　　责任编辑　王　颂
特约编辑　段　然　　　　　　　　营销推广　ONEBOOK
封面设计　墨白空间·杨阳
出版发行　民主与建设出版社有限责任公司
电　　话　（010）59417749　59419778
社　　址　北京市朝阳区宏泰东街远洋万和南区伍号公馆4层
邮　　编　100102
印　　刷　天津雅图印刷有限公司
版　　次　2024年11月第1版
印　　次　2024年11月第1次印刷
开　　本　880毫米×1194毫米　1/32
印　　张　12.75
字　　数　264千字
书　　号　ISBN 978-7-5139-4689-6
定　　价　60.00元

注：如有印、装质量问题，请与出版社联系。